कांशीराम

बहुजनों के नायक

कांशीराम

बहुजनों के नायक

बद्री नारायण

अनुवाद

सिद्धार्थ

राजकमल प्रकाशन

मूल अंग्रेजी पुस्तक *Kanshiram : Leader of The Dalits* का अनुवाद

ISBN : 978-93-88933-11-7

मूल्य : ₹495

पहला संस्करण : 2019

प्रकाशक : राजकमल प्रकाशन प्रा. लि.
1-बी, नेताजी सुभाष मार्ग, दरियागंज
नई दिल्ली-110 002

शाखाएँ : अशोक राजपथ, साइंस कॉलेज के सामने, पटना-800 006
पहली मंजिल, दरबारी बिल्डिंग, महात्मा गांधी मार्ग, इलाहाबाद-211 001
36 ए, शेक्सपियर सरणी, कोलकाता-700 017

वेबसाइट : www.rajkamalprakashan.com
ई-मेल : info@rajkamalprakashan.com

मुद्रक : बी.के. ऑफसेट
नवीन शाहदरा, दिल्ली-110 032

KANSHIRAM : BAHUJANON KE NAYAK
by Badri Narayan
Translated by Siddharth

रामचन्द्र गुहा
जिन्होंने मुझे प्रेरणा
और
संबल प्रदान किया

दलितेन्द्र कांशीराम
भाषण देते धुरझार
सब रहते हैं दंग
बज रहे दलितों के मृदंग
जय-जय हे दलितेन्द्र

आपसे दहशत खाता केन्द्र
मायावती/आपकी शिष्या
करे चढ़ाई
बाबा विश्वनाथ पर
प्रभो, आपसे शंकित है केन्द्र
जय जय हे दलितेन्द्र

—नागार्जुन
1998, अपने देहान्त से ठीक पहले

दलितों को माँगने वालों की जगह, देने वालों के समुदाय में तब्दील होना होगा।[1]

—कांशीराम
एससी/एसटी पार्लियामेंटरी फोरम, नई दिल्ली
17 जून, 1992 को दिए भाषण से

आंबेडकर ने किताबें इकट्ठी कीं, मैंने लोगों को इकट्ठा किया।[2]

—कांशीराम
अभय भारती में दिया साक्षात्कार
27 मई, 1987

1. *बहुजन नायक कांशीराम के अविस्मरणीय भाषण* (दिल्ली : गौतम बुक सेंटर, 2007), ए. कुमार।
2. *कांशीराम के साक्षात्कार* (दिल्ली : मानक पब्लिकेशन, 2007), ए.आर. अकेला।

क्रम

लेखक की बात

जब 1980 के दशक के अन्त और 1990 के दशक की शुरुआत में राजनीतिक मंच पर कांशीराम का उभार हुआ, उस समय मैंने अपना अकादमिक जीवन शुरू ही किया था। 'मंडल कमीशन रिपोर्ट' से शुरू हुए उपद्रवों, उसके बाद उदारीकरण की नीतियों और बाबरी मस्जिद के विध्वंस के चलते उत्तर प्रदेश की लोकतांत्रिक राजनीति के बदल रहे चेहरे को देखते हुए, मैं कांशीराम और बहुजन समाज पार्टी (बसपा) के उभार और विकास को नजदीक से देख रहा था। अपने अध्ययन के हिस्से के तौर पर दलित राजनीति के काम करने के तरीकों का निरीक्षण करने और दलित मनोविज्ञान को समझने के लिए भी, दलित बहुसंख्या वाले बहुत सारे गाँवों का मैंने दौरा किया। एक गाँव से दूसरे गाँव में जाते हुए मैंने यही पाया कि दलित अब अधीन और दबे रहने वाले नहीं थे। इसकी जगह आत्मविश्वास और पहचान तथा आत्मसम्मान की एक मजबूत भावना से लबरेज एक समूह में उनका रूपान्तरण हो चुका था। मैंने जिन दलितों से भी बात की, उन सभी ने स्वीकार किया कि यह वे कांशीराम ही थे, जिन्होंने उनके अन्दर ऐसी भावना भरी। लोगों ने डॉ. भीमराव आंबेडकर के बाद उन्हें ही दलितों के मसीहा के तौर पर स्वीकार किया। उन्होंने ही दलितों को उन अन्यायों और रोजमर्रा के अपमानों तथा उत्पीड़नों के खिलाफ लड़ने के लिए सामाजिक, सांस्कृतिक और राजनीतिक स्तर पर सशक्त बनाया, जिसका सामना वे ऊँची जातियों और पुलिस वालों से करते थे।

ये टिप्पणियाँ केवल उनके प्रति मेरी प्रशंसा की भावना को बढ़ाती हैं। जब मैं विद्यार्थी जीवन के दिनों में वाम राजनीति का हिस्सा था और मेरे मन में दलितों, दबे-कुचलों और हाशिए के समूहों के प्रति प्रबल सहानुभूति थी, तभी से मैं उनसे गहरे तौर पर प्रभावित था। मैं उनकी उस यात्रा का गवाह रहा हूँ कि कैसे दलित उत्तर प्रदेश के एक सबसे ताकतवर राजनीतिक समुदाय में तब्दील हुए। उनके द्वारा स्थापित पार्टी बसपा, दलितों की स्वतंत्रता, सम्मान और सोचने के बिलकुल नये तरीके का प्रतिनिधित्व करती थी, जिनका वर्षों से कांग्रेस 'बन्धक मतदाता' की तरह इस्तेमाल कर रही थी। कांशीराम की बसपा, दलितों के राजनीतिक सशक्तिकरण के माध्यम से (मुख्यतः हिन्दू) समाज में एक रूपान्तरण ले आने वाली थी।

मूल में लोकतांत्रिक होने के चलते, कांशीराम संविधान और लोकतांत्रिक मूल्यों में विश्वास करते थे। उन्होंने दलितों, अनुसूचित जनजाति के लोगों (एसटी), अन्य पिछड़ी जातियों (ओबीसी) और अन्य अल्पसंख्यकों को 'बहुजन समाज' या बहुसंख्यक समुदाय की छतरी के नीचे लाने की कोशिश की। ये समुदाय उस समय उत्तर प्रदेश के कुल मतदाताओं का 85 प्रतिशत थे।[1] कांशीराम ने उन्हें, उनके वोट के महत्त्व का एहसास कराया और बताया कि कैसे वे लोकतंत्र का चेहरा बदल सकते हैं। उन्होंने 'मनु संहिता' के अनुयायियों को मनुवादी कहने के विचार का भी सृजन किया। मनुवाद ऊँची जातियों की सामाजिक संहिता है। इन लोगों को उन्होंने 'अन्य' या 'विरोधी' कहा, जिनके खिलाफ संघर्ष होना है।

आंबेडकर की तरह ही दलितों और पिछड़ों की चेतना को बढ़ाने और उन्हें सशक्त बनाने की यह कोशिश राज्य को मजबूत करने की थी, न कि उसे उखाड़ फेंकने की। यदि आंबेडकर को भारतीय लोकतंत्र के संवैधानिक आधार को खड़ा करने का श्रेय दिया जा सकता है, तो इस बात का श्रेय कांशीराम को है कि उन्होंने हाशिए के अधिकांश लोगों को राजनीति में लाकर, अपने सांगठनिक उपकरणों और राजनीतिक दाँव-पेच से इसकी वैधता को और मजबूती प्रदान की।

हिन्दू बहुसंख्यक राजनीति के नतीजे के तौर पर 1992 में बाबरी मस्जिद का विध्वंस और आर्थिक उदारीकरण की तेज प्रक्रिया ने भारतीय राज्य के सामने वैधानिकता का संकट पैदा कर दिया था। यह संकट दिखाता है कि धार्मिक पहचान की राजनीति 1990 के दशक की शुरुआत से ही जमीन बना रही थी। 'मंडल कमीशन रिपोर्ट' की अनुशंसाओं के चलते एक आक्रामक जातीय पहचान की राजनीति का भी विकास हुआ, जिसने पिछड़ी जातियों के लिए आरक्षण को केन्द्र में ला दिया। जनता दल और समाजवादी पार्टी (सपा) जैसी राजनीतिक पार्टियाँ भी चुनावी राजनीति में पिछड़ी जातियों की पहचान आधारित राजनीति को बढ़ावा देने में शामिल थीं।

वी.पी. सिंह ने 'मंडल कमीशन रिपोर्ट' लागू करके भारतीय जनता पार्टी (भाजपा), विश्व हिन्दू परिषद (विहिप), शिवसेना आदि की बढ़ती राजनीतिक शक्ति को रोकने की कोशिश की। लोकप्रिय शब्दों में कहें तो हिन्दुओं के धार्मिक प्रतीक 'कमंडल' को, पिछड़ों और दलितों की राजनीतिक गतिशीलता के एक प्रतीक 'मंडल' का इस्तेमाल कर, मात देने की यह एक कोशिश थी। मंडल की राजनीति दलितों और अन्य पिछड़े वर्गों की राजनीति को मजबूत करती दिखाई देती है। जनता दल और समाजवादी पार्टी से जुड़े लालू प्रसाद यादव, नीतीश कुमार, शरद यादव और मुलायम सिंह जैसे नेता हिन्दी भाषी क्षेत्रों में उभरते हैं और इसके विभिन्न हिस्सों में अपनी मजबूत पकड़ कायम करते हैं। इन्होंने हाशिए की जातियों के उत्थान पर आधारित पहचान की राजनीति को स्वर दिया। बाबरी मस्जिद को

लेकर हुआ विवाद, इस तरह उत्तर भारत में पिछड़ी जातियों की आरक्षण आधारित राजनीति के लिए एक कारण बना, चाहे अच्छा रहा हो या बुरा। समय के साथ आरक्षण का यह मुद्दा उत्तर भारतीय राजनीति में पिछड़ी जातियों और मुख्यत: ऊँची जातियों तथा मंडल प्रदर्शन विरोधी धर्मनिरपेक्ष सोच वाले समर्थकों के बीच फूट पैदा करेगा।

अपनी पार्टी को सत्ता में पहुँचाने के लिए कांशीराम ने इस स्थिति का भरपूर फायदा उठाया। अपनी सहयोगी मायावती के साथ उन्होंने उत्तर प्रदेश पर नियंत्रण करने के लिए समाजवादी पार्टी से हाथ मिलाया। मायावती तब से कांशीराम की सबसे वफादार प्रहरी बनी हुई थीं, जब उन्होंने दलितों के लिए सामाजिक और राजनीतिक सशक्तिकरण के लिए अपना मिशन शुरू किया। एक महिला और वो भी दलित जाति की, 37 वर्षीय मायावती को 1993 में मुख्यमंत्री के तौर पर स्थापित करके, उन्होंने सामन्ती और पितृसत्तावादी ताकतों के अहंकार को झटका दिया, साथ ही हाशिए के लोगों के बीच गर्व और आत्मसम्मान की मजबूत भावना भरी।

कांशीराम ने उत्तर प्रदेश से आने वाले राज्य और राष्ट्रीय स्तर के ब्राह्मण नेतृत्व के राजनीतिक प्रभुत्व को भी चुनौती दी। उस समय के भाजपा के अटल बिहारी वाजपेयी और मुरली मनोहर जोशी जैसे शीर्ष नेता और यहाँ तक कि पहले के गोविन्द बल्लभ पन्त और जवाहरलाल नेहरू जैसे कांग्रेसी नेता ब्राह्मण थे। अपने राजनीतिक अस्तित्व के लिए दलित इनके ऊपर निर्भर थे। वो कांशीराम थे, जिन्होंने उत्तर प्रदेश की हाशिए की राजनीति के अन्तर्विरोधों को समझा और दलितों को इस बात के लिए प्रोत्साहित किया कि वे इन राजनीतिक नेताओं के हाथ की कठपुतली या 'चमचे' न बने रहें, बल्कि अपनी राजनीतिक पार्टी के माध्यम से अपना राजनीतिक नेतृत्व विकसित करें। इन विचारों को उन्होंने अपनी एक मात्र किताब 'दी चमचा एज : एन एरा ऑफ दी स्टूजेज' में सूत्रबद्ध किया और जिसने अन्ततोगत्वा बसपा का विचारधारात्मक आधार तैयार किया। यही विचार पिछड़े और अल्पसंख्यक समुदाय के कर्मचारी संघ (बामसेफ) और दलित-शोषित समाज संघर्ष समिति (डीएस-4) की आधारभूत प्रेरणा बने ।

इसके अतिरिक्त कांशीराम ने विभिन्न दलित समुदायों के सांस्कृतिक स्त्रोतों, जैसे—कहावतों, लोकसाहित्य, लोकगीतों आदि का गुणगान कर विभिन्न समुदायों के नायकों और सन्तों के प्रति श्रद्धाभाव बढ़ाकर और दलितों को एक झंडे के नीचे इकट्ठा करने की कोशिश करके उनके बीच एक आत्मसम्मान की भावना विकसित की। उन्होंने अन्य दलित सन्तों और नायकों के साथ पूरे उत्तर प्रदेश में आंबेडकर की प्रतिमा लगाकर उन्हें भी लोकप्रिय बनाया, जो कि इसके पहले उत्तर प्रदेश की बहुसंख्यक आबादी के लिए अनजान ही थे। ऐसा करके वे उत्तर प्रदेश में आंबेडकर

के दलित मुक्ति के विचारों को स्थापित करने और फैलाने में सफल हुए। हालाँकि बहुत सारे लोग मिथकों और पौराणिक नायकों तथा हिन्दू मिथकीय महाकाव्यों में गहरे स्तर पर धँसे हुए थे।

कांशीराम का सम्मान विभिन्न लोगों द्वारा अलग-अलग कारणों से किया जाता था। आंबेडकरवादी उन्हें बहुजन हीरो के तौर पर मानते थे, जिसने आंबेडकर की विरासत को आगे बढ़ाया। मनुवादी उन्हें एक कट्टर दलित नेता के तौर पर देखते थे। सत्ताधारी लोग उन्हें एक सख्त मोलभाव करने वाला मानते थे, जो प्रधानमंत्री के सामने भी डटकर खड़ा हो सकता है; हालाँकि वे उन्हें जातिवाद को बढ़ावा देने वाला भी मानते थे। राजनीतिक विश्लेषक यह समझने में कठिनाई महसूस करते थे कि उनकी भविष्य की योजना क्या है और उन्हें वे पूरी तरह अप्रत्याशित लगे। फिर भी, अपने जीवनकाल में वे दलितों के सबसे बड़े नेता के तौर पर उभर चुके थे, जिन्होंने दलितों को एक ऐसी शक्ति बना दिया, जिसे चुनावी राजनीति में नजरअन्दाज नहीं किया जा सकता था।

जिन लोगों के स्वार्थ उनकी राजनीति से प्रभावित हुए थे, वे उन्हें कुटिल मानते थे, लेकिन समाज और अर्थव्यवस्था के बारे में सोचने के जिस नये तरीके को वे अपने साथ ले आए, उसे देखने से इनकार कर दिया। सामाजिक रूपान्तरण की उनकी दृष्टि जटिल थी, लेकिन उसने परिवर्तन ला दिया। उनके अन्दर दीर्घकालिक रूपांतरकारी राजनीति में सुधारात्मक उपायों से परिवर्तन लाने की क्षमता थी। उनकी 'अवसरवाद' की राजनीति, जिसकी अक्सर आलोचना की जाती थी, दलितों को सत्ता दिलाने के लिए थी। इसी प्रकार से दलित पहचान के राजनीतिकरण ने उत्तर भारत में दलितों को संगठित करने में महत्त्वपूर्ण भूमिका निभाई।

कांशीराम कम्युनिस्टों के प्रति आलोचनात्मक थे, लेकिन विभिन्न अवसरों पर उनका झुकाव कम्युनिस्ट विचारधारा की ओर दिखता है। समाजवादी विचारों को उन्होंने नया मोड़ दिया। वह दृढ़ता से कहते थे कि यदि उनकी पार्टी सत्ता में आती है, तो महत्त्वपूर्ण उद्योगों का राष्ट्रीयकरण कर देंगे। इसके अलावा उन्होंने दावा किया कि वे ऐसी परिस्थिति का निर्माण करेंगे, जिसके चलते श्रमिक एक बेहतर जिन्दगी जी सकें। उनके अनुसार, प्राकृतिक संसाधन सरकार के नियंत्रण में होने चाहिए। आज जब सरकारें इन्हें निजी कम्पनियों को बेच रही हैं, उनकी बात और प्रासंगिक हो गई है। उनका मानना था कि सरकार को बंजर भूमि अधिगृहीत कर लेनी चाहिए और भूमिहीनों में वितरित कर देनी चाहिए। उनका मानना था कि उनकी पार्टी ऐसे उद्योगपतियों का समर्थन नहीं करेगी, जो सरकारी पैसे से उद्योग-धन्धे खड़ा करते हैं और माँग की कि उन्हें पैसे खुद जुटाने चाहिए और श्रमिकों को पर्याप्त फायदा देना चाहिए। वे निजी पूँजीपतियों के विरोध में नहीं थे, लेकिन सरकार द्वारा उन्हें लाभ पहुँचाने के विरोध में थे।

क्या बसपा ने सामाजिक परिवर्तन और दलितों के राजनीतिक सशक्तिकरण के उपकरण के रूप में काम करने के कांशीराम के दोहरे उद्देश्यों से किनारा कर लिया है? वर्तमान समय में इन उद्देश्यों को आगे बढ़ने में विचलन दिखाई देता है। बसपा मजबूत राजनीतिक पार्टी के तौर पर उभर रही है, लेकिन कुछ हद तक यह दोराहे पर खड़ी है। कांशीराम का यह सुनिश्चित करने का उद्देश्य कि बहुजन समाज बराबरी के आधार पर ऊपरी जातियों तथा वर्गों के साथ व्यवहार करे, पूरा हो गया। यह बहुजनों के सशक्तिकरण का परिणाम था। प्रतिष्ठित राजनीति विज्ञानी सुधा पाई स्वीकार करती हैं कि पार्टी ने पहचान और चेतना पर आधारित मजबूत दलित आन्दोलन खड़ा किया, एक ऐसी स्थिति में जहाँ अभी भी कठोर और संकीर्ण सामाजिक संरचना पर मौजूद है। फिर भी वह इस बात को रेखांकित करती हैं कि पार्टी ने उत्तर प्रदेश में 1980 और 1990 के दशकों के दौरान दलितों का बहुत अधिक राजनीतिकरण किया, इसके बावजूद बसपा मनुवादी (ऊपरी जातियों) शक्तियों को अपदस्थ करने और सामाजिक परिवर्तन लाने में असफल रही। उनका इस बारे में भी प्रश्न प्रासंगिक है कि 'क्रान्तिकारी सामाजिक परिवर्तन का मुद्दा लिये हुए, बसपा एक आन्दोलन है या सत्ता हासिल करने की बाध्यताओं से प्रेरित एक राजनीतिक पार्टी बन गई है?'[12]

आज भारतीय लोकतंत्र को ज्यादा समावेशी बनाना बहुत कुछ इस बात पर निर्भर करेगा कि कांशीराम द्वारा जिस राजनीतिक तरीके का अनुसरण किया गया था, वो दलितों के सशक्तिकरण में सफल रहा या नहीं। दलित बहुजन की राजनीति, व्यापक दलित समुदाय के लिए अवसर मुहैया कराने में सफल होगी या इसका चुनावी राजनीति के बाजार में विलोप हो जाएगा, इसे समझने के लिए कांशीराम के जीवन और राजनीति का आलोचनात्मक दृष्टि से पुनरीक्षण करना बहुत महत्त्वपूर्ण हो गया है।

दलित राजनीति संकटग्रस्त रही है जैसे, जब बहुजन एकता के सूत्रीकरण की कांशीराम ने कोशिश की, तो वह आकार नहीं ले पाई। इस सूत्रीकरण के तहत दलितों, अनुसूचित जनजातियों, अन्य पिछड़े वर्गों और अल्पसंख्यकों के निचले हिस्से (पसमान्दा) को एकजुट करना था। लेकिन इसके विपरीत अन्य पिछड़ा वर्ग ही दलितों का मुख्य उत्पीड़क बन गया। बाबरी मस्जिद के विध्वंस के बाद जब मुलायम सिंह और कांशीराम ने एक साथ मिलकर उत्तर प्रदेश में सरकार बनाई, इस गठबन्धन सरकार के दौरान ही दौना गाँव कांड, इस बात का सबसे बड़ा उदाहरण बन गया।

इलाहाबाद के पास की एक बूढ़ी दलित महिला शिवपतिया अन्य पिछड़ा वर्ग के आक्रामक हमले का शिकार बनी। 21 जनवरी, 1994 को उसे नंगा करके घुमाया गया, क्योंकि उसके बेटे ने कुर्मी जाति (अन्य पिछड़ा वर्ग) के कुछ लड़कों को

अपने खेत से सब्जियाँ तोड़ने से मना किया था। गाँव के प्रभुत्वशाली कुर्मी लोग बौखलाकर गाँव के दलित टोली की ओर लपके और शिवपतिया को नंगा करके अपना बदला लिया। यह घटना राष्ट्रीय दैनिक समाचार की सुर्खियाँ बनी। कांशीराम और मुलायम सिंह दोनों एक साथ ही घटनास्थल पर दौड़ पड़े। हालाँकि कांशीराम ने एक बैठक में सार्वजनिक तौर पर मुलायम सिंह को उनके अक्षम प्रशासन के लिए फटकारा, लेकिन अपराधियों को कड़ी से कड़ी सजा देने के सभी वादों के बावजूद मामले को ठंडे बस्ते में डाल दिया गया। भले ही यह समाजवादी पार्टी और बसपा के बीच बढ़ते तनाव का पहला लक्षण था, लेकिन यह घटना सभी पार्टियों द्वारा भुला दी गई थी।[3] दलितों के खिलाफ अन्य पिछड़ा वर्ग के अपराधों की अन्य घटनाओं के उदाहरण भी सामने आए। जैसे 2012 के विधानसभा चुनावों के बाद जब दलितों को खुलेआम अपमानित किया गया, पीटा गया, गोलियाँ चलाकर हत्या की गई, नटों जैसी कमजोर और हाशिए की जातियों की झोंपड़ियों को फूँक दिया गया। ऐसी बहुत सी घटनाएँ हुईं।

इस किताब के माध्यम से मैं लोकतंत्र के बारे में कांशीराम की संकल्पना और इसे हासिल करने के लिए चुनावी राजनीति में उन्होंने क्या भूमिका निभाई, इसकी पड़ताल करना चाहूँगा। यह चीज भविष्य की सम्भावनाओं और दलितों की मुक्ति के संघर्ष में बसपा कितनी दूर तक सफल हो सकती है, इसे सामने लाएगी। साथ ही इस बात को ध्यान में रखते हुए कि और कोई पार्टी नहीं है, जिसका केन्द्रीय एजेंडा दलित हो।

1940 के दशक में लौटकर देखते हैं तो हिन्दी के प्रतिष्ठित कवि सूर्यकांत त्रिपाठी 'निराला' ने इन पंक्तियों में भारत की सच्ची संकल्पना को चित्रित किया था :

जल्दी जल्दी पैर बढ़ाओ, आओ आओ
आज अमीरों की हवेली किसानों की होगी पाठशाला
धोबी, पासी, चमार, तेली खोलेंगे अँधेरे का ताला[4]

1990 के दशक में कांशीराम ने ऐसा ही बहुजन समाज के लिए महसूस किया था और उन्हें 'मास्टर की' (असली कुंजी) उपलब्ध कराने की हाड़तोड़ कोशिश की। इस 'मास्टर की' से वे अपने अँधियारे के कारागार का ताला खोल सकते थे।

***

इलाहाबाद, जहाँ मैंने अपना अकादमिक करियर पूरा किया, यहीं से कांशीराम ने राजनीतिक यात्रा शुरू की थी। उस समय वे चुनावी राजनीति में नौसिखिया थे। वे वीपी सिंह और सुनील शास्त्री जैसे दो भारी-भरकम उम्मीदवारों के खिलाफ चुनावी

मैदान में उतरे थे। उसके बाद हमेशा मैंने कांशीराम की एक जीवनी लिखने का सपना देखा। मुख्य चुनौती अपने विषय से एक आलोचनात्मक दूरी बनाने, अपने पाठकों तक पहुँचने की निर्णायक परीक्षा में सफल होने की थी। रास्ता कठिन था, लेकिन मैंने साहस जुटाया और आगे बढ़ना तय किया। मैं कितना सफल हुआ, यह पाठकों पर छोड़ता हूँ।

यह मेरी कठिन काम की शुरुआत थी। ऐतिहासिक तौर पर शक्तिशाली और प्रभावी लोग अपना संस्मरण लिखते हैं और भावी पीढ़ियों के लिए अपनी जीवन यात्रा का एक विवरण छोड़ जाते हैं। नेहरू अपने संघर्षों के साथ-साथ अपने विचारों को, इन्दिरा को लिखे अपने पत्रों में एक लिखित दस्तावेज के रूप में छोड़ गए। इसे 'पुत्री को पत्र' शीर्षक दिया गया। हमारे पास वर्तमान समय के लगभग सभी महत्त्वपूर्ण दलित बुद्धिजीवियों की आत्मकथाएँ हैं, जिनमें उन्होंने मध्य और ऊँची जातियों के हाथों भोगी पीड़ा का वर्णन किया है। कांशीराम की सहयोगी मायावती ने भी अपना संस्मरण लिखा है, जो इनकी कई जीवनियों का आधार है। कांशीराम कुछ नहीं छोड़ गए हैं। न तो कोई आत्मकथा, न डायरी और न ही मायावती या अन्य किसी को कोई पत्र, अपवादस्वरूप एक चीज को छोड़कर गए और वो है पत्रकार मुहैया जमील अख़्तर द्वारा लिखी किताब 'आयरन लेडी : कुँवारी मायावती' (1999) की एक प्रस्तावना।

क्यों उनकी जिन्दगी, न तो औरों के द्वारा और न तो स्वयं अपने द्वारा, लिपिबद्ध नहीं हुई? क्या इसका कारण यह था कि वह अपनी वेदनाओं की बोली नहीं लगाना चाहते थे या अपने उत्पीड़न की कहानी नहीं कहना चाहते थे? इन चीजों को उन्होंने दलितों के उत्थान के लिए एक उपकरण के तौर पर इस्तेमाल किया? क्या ऐसा इसलिए किया, क्योंकि वह खुद को समुचित रूप में महत्त्वपूर्ण, अनुकरणीय व्यक्ति नहीं मानते थे?

उन्होंने कभी कोई भी महत्त्वपूर्ण सरकारी पद ग्रहण नहीं किया, जिसके चलते राजकीय लेखागार में उनकी जिन्दगी और संघर्षों का कोई लिपिबद्ध दस्तावेज मौजूद नहीं है। बहुजन समाज पार्टी के लेखागारों में भी उनके जीवन तथा संघर्षों के बारे में कोई कागजात मौजूद नहीं हैं। कांशीराम स्वयं अपने संघर्षों के विविध ऐतिहासिक क्षणों का व्यवस्थित दस्तावेजीकरण करने में विश्वास नहीं रखते थे। हमारे पास केवल 'चमचा युग' शीर्षक की उनकी एकमात्र किताब मौजूद है, जिसमें उन्होंने स्वतंत्र भारत में भारतीय राजनीति और दलितों के बीच के रिश्ते को आलोचनात्मक दृष्टि से देखा-परखा है। कांशीराम के सचिव और खजांची अमबेठ रंजन ने 'सन्त चरित वर्णन' शीर्षक से उनका एक शब्दचित्र लिखा है। यह अनपेक्षित नहीं कि इस शब्दचित्र में कांशीराम को सभी सांसारिक इच्छाओं और व्यसनों से मुक्त एक सन्त के रूप में दिखाया गया है।

कांशीराम अपनी प्रचार पुस्तिकाएँ और अखबारों के लिए विविध बयानों के माध्यमों से ही केवल अपनी विचारधारा को प्रकट करते थे। इस परिस्थिति में उनकी जीवनी लिखने के लिए केवल उनके परिवार के सदस्य, उनके राजनीतिक साथी, उनके प्रशंसक, उनके आलोचक ही मुख्य स्रोत थे, इसके अलावा उनके बारे में लेख, उनके भाषण और पत्रिकाओं तथा पुस्तिकाओं में प्रकाशित उनके साक्षात्कार ही केवल वे स्रोत हो सकते थे, जिन्हें मैं उनकी जीवनी के लिए इस्तेमाल कर सकता था। स्वाभाविक तौर पर इतिहासकार द्वारा जिस प्रकार के विश्वसनीय प्रमाणों की माँग होती है, वे उतने प्रामाणिक नहीं हैं और न ही इस प्रकार के स्रोतों के आधार पर किए गए विवरणों से कोई पूरी तरह सहमत हो सकता है। फिर भी मैंने इस किताब में एक प्रामाणिक जीवन चरित्र पुनर्सृजित करने का प्रयत्न किया है, जो मौखिक और लिखित स्रोतों पर आधारित है।

इस अध्याय में चार प्रकार के स्रोतों का उपयोग किया गया है। पहले कांशीराम से नजदीकी से जुड़े लोगों से, जैसे—ए.आर. अकेला, जो अलीगढ़ के बसपा के कार्यकर्ता थे, जिन्होंने कांशीराम के भाषणों और साक्षात्कारों को वर्षों तक संगृहीत और संकलित किया; रामचेत राम 'तूफानी', जो 72 साल के हैं, राजकीय डाक और तार विभाग के पूर्व कर्मचारी थे, जो इलाहाबाद के सोहबतिया बाग की दलित बस्ती में रहते हैं; गुरु प्रसाद मदन, जो इलाहाबाद के सामाजिक कार्यकर्ता और लेखक थे; आर.पी. राम, रायबरेली के बसपा कार्यकर्ता और बस्ती (उत्तर प्रदेश) के सामाजिक कार्यकर्ता आर.बी. त्रिशरान। मेरे सहयोगी ब्रिजेंद्र गौतम ने कांशीराम के भाई दलबारा सिंह और उनकी बहन सबरन कौर (पंजाब), बुंगा साहिब गाँव के रवीन्द्र सिंह (रोपड़) और नई दिल्ली के ओमकार मित्तल से भी साक्षात्कार लिया। दूसरा स्रोत कांशीराम द्वारा विभिन्न दलित कार्यकर्ताओं के लिए लिखे गए पत्र हैं, जैसे—डॉ. देवी सिंह अशोक, वो बामसेफ के सक्रिय दलित कार्यकर्ता थे, तीसरा, कांशीराम की बीमारी से जुड़े दस्तावेज, जैसे—चिकित्सकीय रिपोर्ट का सारांश। भारत के राष्ट्रपति से अपील करने के लिए लिखा गया दलबारा सिंह का पत्र और उनकी बीमारी और मृत्यु के विवादों से जुड़े पर्चे और पुस्तिकाएँ। चौथे स्रोत के रूप में मैंने कांशीराम की सभाओं और गतिविधियों के बारे में 'अमर उजाला', 'दैनिक जागरण', 'संडे मेल', 'आंबेडकर इन इंडिया', 'इंडिया टुडे', 'आंबेडकर टुडे', 'कमेरी दुनिया' आदि के अलावा कई सारे अखबारों और पत्रिकाओं से सहयोग लिया।

अध्याय-1

दलितों के नेता कांशीराम
जीवन के शुरुआती वर्ष

मान्यवर कांशीराम हिमालय की सबसे ऊँची चोटी से भी बड़े हैं। उन्होंने बहुजन समाज के लिए न्याय प्राप्त करने का निश्चय किया और अपने उद्देश्य को प्राप्त करने की अनवरत कोशिश करते रहे। उनकी कोशिशों की कोई सीमा नहीं है। उनके महान प्रयासों के चलते आज बहुजन समाज एक नई ताकत के तौर पर उभर रहा है और वह ब्राह्मणवादी समाज की जड़ों को झकझोर रहा है। **—मायावती**[1]

प्रत्येक वर्ष कांशीराम के जन्मदिन 15 मार्च को, जिसे प्रेरणा दिवस के रूप में भी जाना जाता है, दलितों एवं बहुजनों की भीड़ उनके प्रति अपनी श्रद्धा प्रकट करने, अपने दुख को हल्का करने तथा उनके प्रति सम्मान प्रकट करने के लिए लखनऊ स्थित कांशीराम प्रेरणा स्थल पर जाती है। उस व्यक्ति का ऐसा जादू है, जिसने अपना पूरा जीवन बहुजन तथा दलितों के उत्थान एवं सशक्तिकरण के लिए समर्पित कर दिया। बहुजनों में कांशीराम 'मान्यवर' एवं 'साहिब' के नाम से विख्यात थे। गाँव में जन्मे एक विनम्र व्यक्ति एवं शिक्षित दलित और एक नेता के रूप में कांशीराम ने ही बुद्ध, सिद्ध, कबीर तथा रैदास जैसे सन्तों और समाज सुधारक डॉ. भीमराव आंबेडकर (जिन्हें बाबा साहेब के नाम से जाना जाता है) के द्वारा शुरू किए गए सामाजिक परिवर्तन की लड़ाई को आगे बढ़ाया। आंबेडकर ने जो सपना देखा, उसे वास्तविकता में कांशीराम ने साकार किया, लेकिन अपने तरीके से। उन्होंने दलितों की सोई हुई चेतना को जगाया और उन्हें एक आवाज दी। उन्होंने पूरे देश की यात्रा करके दलितों एवं हाशिए पर फेंके गए समूहों की जीवन स्थितियों को जाना तथा राजनीति का एक ऐसा मॉडल पेश किया, जो उनकी जिन्दगी को बदल देगा। मान्यवर कांशीराम के शब्दों के जादू ने उनको प्रेरणा दी तथा लोगों ने पूरे मनोयोग से संघर्ष में हिस्सा लिया। लोगों ने कांशीराम द्वारा चुने गए नारों को अपना बना

लिया। वह नारा है—'जिसकी जितनी संख्या भारी, उसकी उतनी हिस्सेदारी' अर्थात् लोकतांत्रिक राजनीति में समुदायों की संख्या के अनुपात में हिस्सेदारी होनी चाहिए। जो मिशन उनके पहले असम्भव लग रहा था, वो सफल हो गया और ये मिशन था, दलितों एवं बहुजनों का सशक्तिकरण।

***

जातीय भेदभाव के खिलाफ दलितों की शुरुआती चेतना की अभिव्यक्ति 14वीं से 16वीं शताब्दी में भक्तिकालीन सन्तों की शिक्षाओं में दिखाई पड़ती है। विशेषकर पूर्वी उत्तर प्रदेश तथा पंजाब में। सन्त कबीर, रविदास, शिवनारायण और 19वीं शताब्दी के शुरू में घासीदास ने जाति व्यवस्था की निन्दा की और सभी मनुष्यों की बराबरी की बात की। उनके द्वारा स्थापित कबीरपंथ, रविदसिया पंथ, शिवनारायणी पंथ तथा सतनामी पंथों के माध्यम से इन सन्तों के सन्देशों को हर जगह फैलाया गया। बाद में ब्राह्मणवाद विरोधी विचार गैर ब्राह्मण आन्दोलन के रूप में पूरे देश में 19वीं शताब्दी में फैला और दलितों की चेतना को इसने धार दी। इसने जाति आधारित भेदभाव और क्रूरताओं के खिलाफ एक जन उभार को संगठित किया जिसने ब्राह्मणों की श्रेष्ठता एवं वर्चस्व को चुनौती दी। इसका सबसे पहला उभार बुनियादी तौर पर एक समाज सुधार आन्दोलन के तौर पर महाराष्ट्र में हुआ। सामाजिक क्रान्तिकारी ज्योतिबा फुले ने इसे फैलाया। उनकी दृष्टि ने दलित आन्दोलन को गहरे स्तर पर प्रेरित तथा अनुप्राणित किया। ब्राह्मणवाद के विरोध के शुरुआती अगुवा लोगों में शिवराम जनबा काम्बले फुले के अनुयायी थे।

ब्रिटिश राज दलितों के लिए वरदान साबित हुआ। अनिवार्य शिक्षा की व्यवस्था तथा सेना में भर्ती होने की सुविधा ने जाति व्यवस्था की बेड़ियों को तोड़ने तथा आगे बढ़ने के लिए एक अवसर प्रदान किया। 19वीं शताब्दी के बीतते-बीतते दलितों ने अधिकार जताना तथा स्वयं को व्यवस्थित तरीके से संगठित करना शुरू कर दिया। 1920 तक दलितों के विभिन्न हिस्सों ने खुद को खड़ा कर लिया था और आन्दोलन ने गति पकड़नी शुरू कर दी। जाति विरोधी इन अग्रणी आन्दोलनों ने सामाजिक सुधार का रास्ता अख्तियार किया और दलितों की आवाज को खाद-पानी दिया। ब्राह्मणों के वर्चस्व के खिलाफ तमिलनाडु तथा महाराष्ट्र में हुए विद्रोहों ने दलित आन्दोलन को काफी गति दी।

ज्योतिबा फुले स्वयं एक गैर ब्राह्मण थे। उन्होंने दलितों, अधिकारविहीनों तथा वंचितों को उनके अधिकारों एवं जरूरतों के प्रति जागरूक बनाया। उन्होंने उनमें सांस्कृतिक आजादी की अलख जगाई। दलित विद्रोह के अगुवा के तौर पर महाराष्ट्र में ब्राह्मण रूढ़िवादिता के गढ़ पूना (अब पुणे) में अछूतों के लिए 1848[2] में स्कूल

शुरू करने वाले वे पहले हिन्दू थे। उन्होंने अपने घर के सामने बिना किसी रोक-टोक के निःशुल्क पानी पीने का हौज बनवाया। उन्होंने 1873 में गैर ब्राह्मणों को ब्राह्मण, पुरोहितों तथा धनवानों के शिकंजे से मुक्त करने के लिए सत्यशोधक समाज का निर्माण किया। उन्होंने किसानों के बराबरी के हक की लड़ाई लड़ी, निचले से भी निचले तबके के लिए समान शिक्षा को बढ़ावा दिया और स्त्री-पुरुष के बीच के भेदभाव के खिलाफ आवाज उठाई। इसके साथ ही वे लैंगिक गैर बराबरी को समाप्त करना चाहते थे। समानता एवं तार्किकता उनकी सांस्कृतिक क्रान्ति के विचार की बुनियादी चीजें थीं। बुद्ध और कबीर के बाद वो आंबेडकर के तीसरे शिक्षक बने।

फुले ने जिन मुद्दों पर आवाज उठाई, उनमें इस तरह के बदलावों की जरूरत थी। क्योंकि, जब देश के नागरिकों के खिलाफ भेदभाव उनके जाति अर्थात् निम्न जाति में जन्म लेने के कारण किया जाता था, तो राष्ट्र का विचार क्षरित होता था। एक वैकल्पिक संस्कृति, जो जन संस्कृति के रूप में विकसित होगी, उसकी जरूरत थी। यह अलग बात है कि उन्होंने गैर-आर्य सार्वभौमिक धर्म को विकल्प के तौर पर प्रतिपादित करने का एक प्रयास किया, जो चल नहीं सका। लेकिन उनकी बातें पुणे से बाहर ज्यादा प्रभाव नहीं डाल सकीं, न तो दलितों को इस आन्दोलन से कोई उपलब्धि प्राप्त हो पाई। लेकिन उनका सन्देश स्पष्ट था।

1890 में फुले की मुत्यु के बाद उनके अनुयायियों ने उनके आन्दोलन को दूर-दराज के इलाकों में फैलाया। शाहूजी महाराज इसी प्रकार के एक समाज सुधारक थे। वे 2 अप्रैल, 1894 में कोल्हापुर के शासक बने और फुले के आन्दोलन का समर्थन किया। उन्होंने अछूतों के सशक्तिकरण के लिए जीवन भर संघर्ष किया। दलितों एवं पिछड़ी जातियों के लिए स्कूलों, कॉलेजों तथा छात्रावासों की स्थापना की। इस सबके चलते उन्हें सवर्ण जातियों के कोप का भाजन बनना पड़ा। लेकिन उन्होंने उत्पीड़न के खिलाफ संघर्ष करने का निश्चय कर लिया था। उन्होंने समानता स्थापित करने के लिए एक आन्दोलन शुरू किया। वे फुले के कार्यों से गहराई से प्रभावित थे। वे 1911 में सत्यशोधक समाज के संरक्षक बन गए, जिसकी स्थापना उनके प्रेरणा पुरुष फुले ने की थी।[3]

अन्य समाज सुधारकों में बिट्ठल रामजी शिंदे जैसे लोग भी थे, जिन्होंने वंचित वर्गों के लिए 1906 में एक मिशन की स्थापना की थी, उन्होंने छात्रावासों तथा शैक्षणिक संस्थाओं की भी स्थापना की। सतारा के महारों के लिए भाउराव पाटिल ने शाहूजी बोर्डिंग छात्रावास की स्थापना की।

फुले से प्रभावित महाराष्ट्र के एक-दूसरे सुधारक गोपाल बाबा वालाँगकर थे। वे ब्रिटिश सेना से सेवानिवृत्त थे। उन्होंने दलितों के सशक्तिकरण के लिए खुद को समर्पित कर दिया। शिवराम जनबा काम्बले ने इस आन्दोलन में गोपाल

बाबा का स्थान लिया। 1902 में ससवाड़ में महारों के एक सम्मेलन में जनबा काम्बले ने बॉम्बे के गवर्नर के सामने एक याचिका दायर कर दलितों के हक की आवाज उठाई। इस याचिका में कहा गया था कि महारों को पुलिस तथा सेना में भर्ती किया जाए। विदर्भ में किसान फागुजी बनसोडे, अक्काजी गवई और कालीचरन नन्द गवली जैसे लोग दलितों के लिए संघर्ष करने में लगे हुए थे। इन दलित नेताओं ने बाबा साहेब आंबेडकर के विचारों की जड़ जमाने के लिए आधार तैयार किया।

यह 1920 का समय था, जब बाबा साहेब आंबेडकर की दलित आन्दोलन में भूमिका शुरू होती है। इसके चलते दलित आन्दोलन को एक बहुत बड़ी शक्ति प्राप्त होती है। उनकी शिक्षा ब्रिटेन एवं अमेरिका में हुई थी। उनके पास आधुनिक दृष्टि थी। उन्होंने दलित आन्दोलन को एक नया दृष्टिकोण दिया, जिससे दलितों में एक आत्मसम्मान की भावना आई और वे अपने अधिकारों के प्रति सचेत बने।

शिक्षा के माध्यम से सामाजिक परिवर्तन की उनकी दृष्टि ने दलितों को रूपान्तरित कर दिया और उन्हें प्रतिरोध का एक विचारधारात्मक ढाँचा प्रदान किया। उन्होंने दलित की चेतना में आधुनिकता, आलोचनात्मकता और सशक्तिकरण का जोश भरा।

1920 का समय पूरे देश में दलितों की शक्ति के संगठित होने का समय था। उन्होंने स्वयं को स्वतंत्र एवं प्रभावी तरीके से देश के विभिन्न हिस्सों में संगठित किया। शुरू के दलित उभारों में पंजाब में आदि-धर्म आन्दोलन, बंगाल में नमो: शूद्रा आन्दोलन, तमिलनाडु में आदि-द्रविड़ आन्दोलन, आन्ध्र प्रदेश में आदि आन्ध्र आन्दोलन, कर्नाटक में आदि कर्नाटक आन्दोलन और उत्तर प्रदेश के कानपुर में केन्द्रित आदि हिन्दू आन्दोलन हैं। केरल में पुलामा और चेरूमन ने भी अपने को संगठित किया। एक तमिल पेरियार पंडित ईयोथी थास ने बौद्ध धर्म को पुनर्स्थापित करने का आन्दोलन शुरू किया, जो कि दलितों के सामाजिक और राजनीतिक अधिकारों के लिए एक महत्त्वपूर्ण आन्दोलन था। सारत: सभी गैर-ब्राह्मण आन्दोलनों ने दलित प्रतिरोध आन्दोलनों को प्रोत्साहित किया।

आदि धर्म आन्दोलन की स्थापना बाबू मंगू राम मुगोवालिया द्वारा पंजाब के होशियारपुर जिले के मुगोवाल गाँव में 1926 में की गई थी।[4] हिन्दुओं, सिखों, मुसलमानों और ईसाइयों से दलितों की स्वतंत्र एवं अलग पहचान पर उनका जोर था।[5] जब आदि धर्म आन्दोलन ने सन्त रविदास को अपना लिया तो इसने निम्न वर्गों, विशेषकर चमारों को धार्मिक एवं सांस्कृतिक पहचान दी, जो कि बाद में रविदसिया आन्दोलन से जुड़ गए।[6] बंगाल में 1872 में शुरू हुआ नमो:शूद्रा आन्दोलन, ऊँची जातियों की सत्ता के खिलाफ संघर्ष का पहला आन्दोलन था। मद्रास प्रेसिडेंसी के आन्ध्र प्रदेश के समुद्रतटीय इलाकों में भाग्य रेड्डी वर्मा के नेतृत्व में 1917 में आदि आध्र आन्दोलन शुरू हुआ। अछूतानन्द के नेतृत्व में उत्तर प्रदेश में 1922 में

आदि हिन्दू आन्दोलन शुरू किया गया। इस आन्दोलन ने भी इस दरम्यान दलित पहचान को स्थापित करने में महत्त्वपूर्ण भूमिका निभाई। दक्षिण भारत में आदि आन्ध्र, आदि कर्नाटक और आदि द्रविड़ आन्दोलन की विकसित विचारधाराएँ, पंजाब के आदि धर्म आन्दोलन जैसी ही थीं।[7]

इस प्रकार के सामाजिक सुधारों और गैर ब्राह्मण आन्दोलनों ने अस्पृश्यता की अतार्किकता को महत्त्वपूर्ण तरीके से उजागर किया :

> धार्मिक बहस इस प्रकार से सभी जाति-विरोधी आन्दोलनों का एक आम विमर्श है। उदाहरण के लिए पूर्वी मध्य प्रदेश के छत्तीसगढ़ के मैदानों में चमारों का सतनामी आन्दोलन अन्ततोगत्वा एक स्वतंत्र धार्मिक पंथ बन गया (रसेल 1916)। ई.वी.आर. रामास्वामी नायकर 'पेरियार' के (द्रविदार) कझगम आन्दोलन ने सार्वजनिक तौर पर राम के पुतलों को जलाने का आन्दोलन चलाया और रावण की सद्‌चरित्रता का गुणगान किया। इस मामले में नादर महाजन सभा (तमिलनाडु) में महत्त्वपूर्ण थी (हार्डग्रेव 1969)। नारायण गुरु का इजहवा आन्दोलन एक नया धार्मिक पंथ, जो केरल में एक नये पंथ नारायण धर्म प्रतिपालन योगम के नाम से सामने आया (थॉमस 1965, अयप्पन 1944, सैमुअल 1973)।[8]

उत्तर प्रदेश का आदि हिन्दू आन्दोलन वंचित वर्गों से अतार्किकतावाद, उपजातिवाद और अन्धविश्वास का खात्मा चाहता था।[9] वास्तव में यह आदि धर्म आन्दोलन से आगे बढ़ा हुआ था। इसने यह भी कहा कि हिन्दुओं की तुलना में अछूत भारत के अतिसभ्य, शान्तिपूर्ण एवं असली निवासी हैं। अछूतानन्द ने तर्क दिया कि, 'आर्य आक्रान्ताओं ने आदि हिन्दुओं को वैदिक हिन्दूवाद मानने के लिए बाध्य किया और इस प्रकार उन्हें उनके भक्ति धर्म से वंचित कर दिया, जिसका वे आर्यों के आने से पहले कदाचित् पालन करते थे।'[10] मजे की बात यह है कि वे सैनिक छावनी में पले-बढ़े जहाँ इनके पिता नौकरी करते थे, मिशनरियों ने उन्हें पढ़ाया और बहुत कम उम्र में वे धार्मिक किताबों को समझने में दक्ष हो गए।

पंजाब की तरह उत्तर प्रदेश में आर्य समाज को भारी लोकप्रियता मिली। आर्य समाज स्कूलों, छात्रावासों तथा छात्रावृत्तियों की स्थापना करके निम्न जातियों के उत्थान का रास्ता प्रशस्त करने में लगा था। उसे उम्मीद थी कि 'परिष्कार' अथवा 'शुद्धि' के माध्यम से 'अछूतों को हिन्दुओं की ऊँची जातियों में जगह मिल जाएगी''[11] आर्य समाज ने धार्मिक संवादों तथा जुलूसों का आयोजन किया। स्वामी अछूतानन्द ने भी इन कार्यवाहियों में हिस्सेदारी की और इसके दर्शन को स्वीकार किया और शुद्धि सभा के सक्रिय सदस्य बन गए।[12]

धीरे-धीरे आर्य समाज में शामिल कुछ पढ़े-लिखे दलितों का आर्य समाज से मोहभंग होने लगा। उन्होंने देखा कि आर्य समाज ने जो तरीका अपनाया है, उसमें

'अस्पृश्यता समाप्त' होने की जगह वास्तव में अस्पृश्यों पर ऊँची जातियों का वर्चस्व बढ़ता है।[13]

इसके बाद स्वामी अछूतानन्द आर्य समाज के कट्टर विरोधी हो गए। उत्तर प्रदेश के मेरठ जिले में तोफापुर गाँव में 1924 में जाटवों का पाँच दिन का एक सम्मेलन आयोजित किया गया। वे सम्मेलन के मुख्य अतिथियों में से एक थे।[14] वहाँ पर उन्होंने जो भाषण दिया, उसमें उन्होंने कहा कि "मुसलमानों एवं ईसाइयों के हमलों से ब्राह्मणवादी धर्म को बचाने की चाल के रूप में एक जाल बुना गया है। इसका दर्शन पाखंडपूर्ण तथा इसके सिद्धान्त एकतरफा हैं...इसका उद्देश्य मुसलमानों एवं ईसाइयों के प्रति घृणा फैलाना, हिन्दुओं को दास बनाना तथा उन्हें वेदों एवं ब्राह्मणों के अधीन करना है।"[15]

दिल्ली में 1922 में बड़ी संख्या में लोगों की उपस्थिति में अछूतानन्द ने अपने आन्दोलन के नाम की घोषणा की—आदि हिन्दू। इस काम को और आगे बढ़ाने के लिए उन्होंने पूरे देश, विशेषकर उत्तरी भारत का दौरा किया। उन्होंने विभिन्न जगहों पर आदि हिन्दू आन्दोलन की समितियों का गठन किया, जिसके माध्यम से अछूत अपने अधिकारों को पाने के लिए दबाव बनाते थे।[16] पंजाब में यह आन्दोलन आदि धर्म के नाम से शुरू हुआ और दक्षिण में इसका नाम आदि-द्रविड़ आन्दोलन पड़ा।

पंजाब में दलित आन्दोलन बहुत ज्यादा मजबूत था। यहाँ पर सन्त ब्रह्मदास (लुधियाना), लाला सन्तराम, बी.ए. (होशियारपुर), स्वामी शूद्रानन्द (जालंधर) और ठाकुर चन्द (जालंधर) जैसे कई सारे प्रतिष्ठित दलित नेता हुए।[17]

वास्तव में बाबू मंगूराम ने आदि धर्म आन्दोलन की स्थापना की। लेकिन इसके विचार को वसन्तराज, ठाकुरचन्द तथा स्वामी शूद्राचन्द्र ने विकसित किया। ये तीन लोग आदि धर्म आन्दोलन में शामिल होने से पहले ही इसके सन्देशों को फैलाने में लग गए थे,[18] जबकि वे आर्य समाज के सक्रिय सदस्य थे। एक-दूसरे महत्त्वपूर्ण नेता लाला सन्तराम बी.ए. थे। उनका जन्म पंजाब के होशियारपुर जिला में बस्ती गाँव में हुआ था। उनका उद्देश्य समाज में व्याप्त सामाजिक अन्धविश्वासों का अन्त करना था। वे जाति-वर्ग की बाधाओं को गिरा देना चाहते थे, इसके लिए उन्होंने पंजाब में 1922 में जाति-पाँति तोड़क मंडल की स्थापना की। इस संगठन के माध्यम से सन्तराम ने चिरनिद्रा में सोए (सुप्त) समाज को जगाने के लिए न केवल पंजाब में ही नहीं, बल्कि अन्य राज्यों में भी असाधारण कार्य किया।[19] जाति-पाँति तोड़क मंडल अन्तर्जातीय विवाह कराने तथा इस काम को प्रोत्साहित करने में सक्रिय था।[20]

इस प्रकार आर्य समाज ने दलितों के उत्थान में एक महत्त्वपूर्ण भूमिका निभाई। इसने अछूत नौजवानों के बीच सामाजिक बराबरी की अलख जगाई। इलीनोर जेलिओट रेखांकित करते हैं कि आर्य समाज ने विशेष तौर पर अनुसूचित जातियों के कल्याण

चाहने वाले संगठनों को प्रायोजित किया था। उन्होंने आर्य समाज के स्कूलों के माध्यम से अनुसूचित जातियों के नौजवानों को शिक्षा दी।[21] केवल इतना ही नहीं, आर्य समाज ने उन्हें अपने भीतर लाकर, आन्दोलन में उन्हें 'केन्द्रीय भूमिकाएँ' निभाने का प्रस्ताव दिया। आर्य समाज ने पुन:धर्मान्तरण के माध्यम से इस्लाम, ईसाई तथा सिख धर्म में से शूद्रों को निकालकर हिन्दू धर्म में शामिल कराया।[22]

इन सन्दर्भों में मंगूराम द्वारा शुरू किया गया आदि धर्म आन्दोलन एक नये धर्म की खोज जैसा था। वे 'सांस्कृतिक रूपान्तरण' के माध्यम से दलितों का उत्थान करना चाहते थे। उन्होंने अपने को हिन्दूवाद से दूर रखा, वे हिन्दुओं के कायम वर्चस्व को तोड़ना चाहते थे। आदि धर्म आन्दोलन की सोच के अनुसार, अछूत भारत के मूल निवासी हैं, पूरे प्राचीन समय में वे प्रसिद्ध थे। इन सबको इतनी क्रूरता एवं अन्यायपूर्वक तरीके से नष्ट कर दिया गया कि दलित अपनी पहचान और समृद्ध सांस्कृतिक विरासत को भूल गए।[23] हिन्दुओं-सिखों द्वारा आदि धर्म के अनुयायियों को सताया गया। उन्होंने शहरों को छोड़ गाँवों में शरण ली। समय बीतने के साथ आदि धर्म ने ताकत हासिल की और दलितों के सामाजिक तथा राजनीतिक जीवन को गहराई तक प्रभावित किया।

दलित आन्दोलन के अनुभवी विद्वान् इलीनोर जेलिओट चिह्नित करते हैं कि बाबा साहेब आंबेडकर के नेतृत्व में सबसे व्यापक दलित आन्दोलन हिन्दू से बौद्ध धर्म में एक सामूहिक धर्मान्तरण से अपने चरम पर पहुँचा।[24] आदि धर्म तथा आदि हिन्दू आन्दोलन की तरह बाबा साहेब के नेतृत्व में चलाए गए आन्दोलन ने दलितों अथवा अछूतों के लिए एक नया धर्म खोजा। मनु की धार्मिक संहिता के खिलाफ दलित समुदाय की गहरी नफरत को प्रकट करने हेतु, एक वैकल्पिक धर्म का प्रस्ताव किया। इसने ब्राह्मणों के बहिष्कार को भी पुन: पुष्ट किया, जिन्हें वे अपनी यातना तथा पीड़ाओं की जड़ माने जाते थे। बाबा साहेब आंबेडकर दलितों की मुक्ति के लिए हिन्दुओं के धार्मिक वर्चस्व का खात्मा एक आवश्यक शर्त के रूप में मानते थे। उनकी समझ की यह एक महत्त्वपूर्ण अभिव्यक्ति है।[25]

दलित नेताओं और सुधारकों के अलग-अलग परिवेश तथा उनके विचारों और पृष्ठभूमियों में भिन्नता के बावजूद हमने देखा कि उन्होंने जिस समाज और आन्दोलन का नेतृत्व किया उसके बारे में उनकी समझदारी में आश्चर्यजनक समानता है।

इन अगुवा लोगों के क्रान्तिकारी जोश और दृष्टियों ने दलितों के बीच सामाजिक-सांस्कृतिक चेतना जगाने में महत्त्वपूर्ण योगदान दिया। इसमें छोटे और बड़े आन्दोलनों ने महत्त्वपूर्ण भूमिका निभाई। उन्होंने सामाजिक न्याय के लिए दलितों की माँग की धार को तेज किया। इसके परिणामस्वरूप राजनीतिक विमर्श ने राज्य के लोकतंत्रीकरण की प्रक्रिया में सक्रिय हिस्सेदारी की और उनके संगठन को अवसर मिला। इन सबसे अलग, पूरे भारतवर्ष के स्तर पर पहुँच रखने वाली ये दलित आवाजें, अर्द्धसामन्ती

उत्तर प्रदेश में कांशीराम के लिए आधार बनीं। उन्होंने दलितों के अव्यक्त दावों तथा सपनों को पकड़ा। उनके बहुजन आन्दोलन को दलित आवाजों के लिए सेफ्टी वॉल्व बनना था और शताब्दियों पुराने सामाजिक अन्याय के खिलाफ प्रतिरोध के लिए एक आलोचनात्मक चिन्तन विकसित करना था।

***

हमने देखा कि कांशीराम अपने पीछे कोई ऐसा संस्मरण, व्यक्तिगत पत्र या ऐसा कोई प्रमाण नहीं छोड़ गए हैं, जिसके आधार पर हम उनके जीवन के बारे में बता सकें (लेखकीय टिप्पणी देखें)। उनके बारे में हम जो कुछ जानते हैं, वह उनके बचपन के दिनों के बारे में उनके चाचा बिशन सिंह की स्मृतियों, उनके भाई दलबारा सिंह तथा उनकी बहन सबरन कौर से बातचीत के आधार पर ही जानते हैं।[26] दलबारा सिंह लगभग 60 वर्ष के हैं और सफारी सूट पहनते हैं। वह छोटी दाढ़ी रखते हैं, उनके सिर में छोटे-छोटे बाल हैं और पगड़ी नहीं पहनते हैं। सबरन कौर दलबारा सिंह से बड़ी और कांशीराम से छोटी हैं। रवीन्द्र सिंह सबरन कौर के बेटे हैं।

एस. सिंह अपनी पुस्तक 'बहुजन नायक कांशीराम' (नई दिल्ली, 2005) में बताते हैं कि—

कांशीराम का जन्म रोपड़ जिला के खवासपुर में पिरथपुर बुंगा गाँव में 15 मार्च, 1934 को हुआ था। उनके पिता का नाम हरि सिंह तथा माता का नाम बिशन कौर था। रोपड़ जिले को अब रूपनगर के नाम से जाना जाता है, जो चंडीगढ़ और जालंधर के बीच स्थित है। खवासपुर रोपड़ जिले से तीन किलोमीटर दूरी पर नांगल रोड पर स्थित है। अब यह एक कस्बे का रूप ले चुका है। कांशीराम का पैतृक घर मुख्य सड़क से आधा किलोमीटर दूर पश्चिम की ओर है। स्थानीय लोग इस घर को 'चान साहिब' कहते हैं। 'चान' का मतलब घर तथा 'साहिब' सम्मान सूचक शब्द है (तस्वीर संख्या 1 देखें)।[27] हालाँकि यह घर भीड़-भाड़ वाले इलाके में है, लेकिन यह मकान दूर से ही पहचान में आता है। घर के कोठे पर स्थित नीले रंग की हाथी की मूर्ति बराबर अपनी ओर ध्यान खींचती है। निचली मंजिल में दलबारा सिंह अपनी पत्नी, दो बेटों तथा एक बेटी के साथ तीन छोटे-छोटे कमरों में रहते हैं। बाद में कांशीराम से सम्बन्धित दस्तावेजों तथा स्मृति चिह्नों को रखने के लिए ऊपरी मंजिल पर दो कमरे बनाए गए।

खवासपुर से 15 किलोमीटर दूर ठेठ देहात में पिरथपुर बुंगा गाँव है। कांशीराम का जन्म स्थान मुख्य सड़क से दो किलोमीटर की दूरी पर है। बगल में एक बड़ी नहर है। 2005 में मायावती द्वारा इसे कांशीराम समाधि स्थल के रूप में समर्पित किया गया था। अब वहाँ सबरन कौर रहती हैं।

कांशीराम कभी अछूत रहे चमार जाति से आते थे। उनका परिवार तेलासिंह रविदसिया, गोत्रा चाउकरी, रामदसिया सिख पंथ से था। पाँचवें सिख गुरु रामदास ने चमारों को सिख पंथ में शामिल किया था। चमार जाति के होने के बावजूद उनके परिवार की स्थिति तुलनात्मक रूप से बेहतर थी। उत्तर प्रदेश से उलट पंजाब में चमार जाति कृषि कार्य में लगी हुई थी तथा उत्तर भारत के शेष हिस्सों की तुलना में उनकी आमदनी बेहतर थी। उनके परिवार के पास अच्छी-खासी खेती थी। यही उनके परिवार की आय का मुख्य स्रोत थी। चमड़ा बनाने के कारखाने के अलावा, उनका परिवार लीज पर आम का बगीचा भी लेता था और आम के फलों को बेचकर आमदनी करता था।

कांशीराम के बाबा धेलेराम लाहौर से आर्मी के सेवानिवृत्त फौजी थे। उन्होंने चमड़े का एक कारखाना स्थापित किया था। उनके हरि, बिशन तथा रचन नाम के बेटे तथा एक लड़की थी, जिसका नाम हैरो था। बिशन सिंह और रचन सिंह ने पिता की तरह सेना में नौकरी कर ली। हरि सिंह ने चर्मशोध कारखाने का धन्धा अपना लिया। इसके अलावा अपनी आमदनी बढ़ाने के लिए वे ठेके पर जमीन लेकर खेती करते थे।

हरि सिंह के सात बच्चे हुए, जिनमें कांशीराम सबसे बड़े थे। कांशीराम के तीन भाई तथा तीन बहनें थीं। उनका कांशीराम नाम पड़ने के पीछे एक कहानी है। जब बिशन कौर को बच्चा होने वाला था, उसी समय कांशीराम नाम के एक सन्त गाँव में आए थे। गाँव के लोगों की उन पर बहुत आस्था थी। उनके प्रवचन लोगों को सुखदायी तथा समझदारी बढ़ाने वाले लगते थे। बिशन कौर उनके प्रवचन को सुनने नियमित तौर पर जाती थीं। उस सन्त ने भविष्यवाणी की कि बिशन कौर एक लड़के को जन्म देंगी, जो एक महान नेता होगा तथा जिसका नाम पूरे देश में फैलेगा और उनके परिवार का नाम रोशन करेगा। जब लड़के का जन्म हुआ तो बुजुर्गों ने निर्णय लिया कि उसका नाम सन्त के नाम पर रख दिया जाए।[28]

कांशीराम पाँच वर्ष की उम्र में स्कूल गए। अपने गाँव से दो किलोमीटर दूर मलकापुर गाँव के सरकारी प्राइमरी स्कूल में उनका दाखिला हुआ, जहाँ वे चौथी कक्षा तक पढ़े। दलित बच्चों को उस स्कूल में बहुत सारे भेदभावों का सामना करना पड़ता था। उन्हें अलग बैठना पड़ता था तथा उनके पीने के पानी का बर्तन अलग था। यद्यपि सिख धर्म समतावादी था, लेकिन उनके स्कूलों में भी सामाजिक भेदभाव होता था। हिन्दुओं से अलग, सभी सिखों को सभी धार्मिक अनुष्ठान सम्पन्न करने की अनुमति है। इससे कोई फर्क नहीं पड़ता कि उसकी सामाजिक-आर्थिक स्थिति या जाति क्या है। लेकिन सामाजिक मेलजोल के मामले में स्थिति बदल जाती है, यहाँ तक कि आज भी सिखों के प्रत्येक समुदाय अथवा पंथ के अलग-अलग श्मशान घाट हैं। ये श्मशान घाट पंचायत द्वारा दी गई भूमि पर बनाए गए हैं। कांशीराम के परिवार का सम्बन्ध रामदसिया समुदाय से था, जो इन भेदभावों का

शिकार थी, जिसके चलते इनके परिवार ने खालसा पंथ ग्रहण कर लिया था। क्योंकि रामदसिया के रूप में वे लोग सिख समुदाय का हिस्सा नहीं माने जाते थे। उनके साथ अछूत की तरह व्यवहार होता था। गुरु नानक के आने के बाद सिख पंथ, जिसे खालसा पंथ भी कहा जाता है, एक ऐसे धार्मिक पंथ के रूप में सामने आया, जिसने जन्मजात जातिगत पहचान को नकारकर श्रमिक जातियों को इज्जत दी। उनकी सम्मानजनक स्थिति को आदि ग्रन्थ द्वारा मान्यता दी गई। इसे सिखों का पवित्र ग्रन्थ माना जाता है, जिसमें वंचित और दलित समुदाय के सन्तों के वचनों को शामिल किया गया है।

कांशीराम के पिता हरि सिंह आर्य समाज के सुधारवादी विचारों से भी प्रभावित थे, जो उस समय पंजाब में एक मजबूत शक्ति के रूप में उभरा था। उन्होंने ऊपरी जातियों द्वारा भेदभावपूर्ण मनुवादी व्यवहार का विरोध किया। मनुस्मृति की संहिता को खारिज किया तथा स्कूल में अपने लड़के के साथ होने वाले जाति आधारित पूर्वग्रह से ग्रस्त व्यवहार का जबरदस्त विरोध किया। उन्होंने कांशीराम को स्कूल से निकालकर रोपड़ के इस्लामिया स्कूल में पाँचवीं कक्षा में भर्ती कराया। कांशीराम ने इसी स्कूल से आठवीं कक्षा पास की। 9वीं व 10वीं की पढ़ाई उन्होंने डीएवी पब्लिक स्कूल रोपड़ से किया। इस्लामिया स्कूल तथा डीएवी स्कूल में खालसा पंथ तथा आर्य समाज के प्रभाव के चलते जातिवादी भेदभाव उतना स्पष्ट तरीके से नहीं था। उन्होंने गवर्नमेंट कॉलेज रोपड़ से 1956 में बीएससी अर्थात् स्नातक किया।[29]

अपनी पढ़ाई के दौरान कांशीराम ने परिवार से कुछ विशेष नहीं माँगा। उनका परिवार सहयोगी तथा प्यार करने वाला था। उनके चाचा बिशन सिंह कांशीराम से केवल 10 साल बड़े थे। उन्होंने अपने संस्मरण में लिखा; उनका भतीजा देखने में सुन्दर तथा खूबसूरत लड़का था, उसके पिता उसको खूब प्यार करते थे। जब कांशीराम लगभग तीन या चार वर्ष के थे, तो वे साइकिल से पूरा गाँव घूमने को कहते और बिशन सिंह खुशी-खुशी ऐसा करते। बचपन में कांशीराम कबड्डी तथा कुश्ती का खेल पसन्द करते थे। वे शरारती तथा बदमाश लड़के नहीं थे। वे प्रकृति से गम्भीर थे तथा सबके प्रति दोस्ताना भाव रखने वाले थे। वे घर के कामों को पूरा करने में मदद करते थे। स्कूल जाने से पहले वे भैंसों को नहलाते थे। वे खेत से टमाटर और भिंडी तोड़कर लाते थे तथा उसे बाजार में ले जाकर बेचते थे। अध्ययन के शुरुआती दिनों में ही उन्हें एक फिल्म में काम करने का प्रस्ताव मिला था, जिसे उन्होंने अस्वीकार कर दिया। उन्हें खाने का बहुत शौक था, वे एक किलो चीनी और घी, एक ही बार में चट कर जाते थे!

एस.एस. गौतम कांशीराम स्मृति ग्रन्थ में प्रकाशित एक आलेख में बिशन सिंह जी के हवाले से विवरण आता है कि जब किसी की गलत तरीके से अवमानना अथवा अपमान किया जाता था, तो कांशीराम क्रोध से भर उठते थे। एक बार जब

कांशीराम रोपड़ के एक रेस्तराँ में गए, तो कुछ जमींदार, जो वहाँ खाना खा रहे थे और आपस में बात कर रहे थे कि कैसे उन्होंने अपने खेत में काम करने वाले कुछ चमारों को सबक सिखाने के लिए पीटा। यह सुनकर कांशीराम इतना क्रोधित हुए कि उन्होंने कुर्सी उठाई और उन आदमियों को पीटने लगे। टेबल पर पड़े सभी खाद्य सामग्रियों तथा प्लेटों को तहस-नहस कर दिया।[30]

यद्यपि कांशीराम का परिवार आर्थिक तौर पर अच्छी स्थिति में था, लेकिन कभी भी वे यहाँ तक कि स्कूल के दिनों में भी आर्थिक तौर पर अपने पिता पर निर्भर नहीं रहे। वे गर्मियों की छुट्टियों में तरह-तरह के काम करके अपनी शिक्षा का खर्च जुटाते थे। उनकी बहन के अनुसार, 'उन्होंने आम का बगीचा ले रखा था। उसमें मजदूर रखकर उन्होंने शुद्ध लाभ कमाया। इस सबके अलावा वे चर्मशोधन में तथा खेतों के कामों में अपने पिता का सहयोग भी करते थे।'[31] ये सब चीजें अध्ययन के प्रति उनका ध्यान भटकाती नहीं थीं। जैसा कि उन्होंने स्वयं कहा है कि वे प्राय: स्कूल में सभी विषयों में प्रथम स्थान प्राप्त करते थे। कांशीराम की खेलों में जबरदस्त रुचि थी। उनकी बहन याद करती हैं कि, 'उन्होंने स्कूल में बहुत सारे खेल पदक जीते, विशेषकर दौड़ में। गाँव के बाहर शाम को विभिन्न जातियों के लड़के कुश्ती भी लड़ते थे।'[32] कुश्ती भारत के ज्यादातर गाँवों में लोकप्रिय खेल है। यह युवकों को अपनी शारीरिक शक्ति दिखाने का मौका देता है। दूसरे, युवकों का प्रतियोगिताओं में मनोरंजन होता है। 'तगड़े और लम्बे शरीर के कांशीराम आसानी से उनसे लड़ने वाले लोगों को कन्धों पर उठा लेते, गाँव में वे कभी कुश्ती में पराजित नहीं हुए।'[33]

1956 में स्नातक की शिक्षा पाने के बाद कांशीराम देहरादून स्टॉफ कॉलेज में उच्च्च शिक्षा के अध्ययन तथा प्रशिक्षण के लिए चले गए। लोकसेवा आयोग की नौकरी पाने के लिए तैयारी के दौरान भी वह देहरादून के जीयोग्राफिकल सर्वे ऑफ इंडिया में कुछ समय काम करते थे। डॉ. आंबेडकर की मौत की सूचना (6 दिसम्बर, 1956) जब आई, तब वे देहरादून में ही थे। श्री ग्रियानी नाम का उनका एक साथी डॉ. आंबेडकर की मौत के शोक में तीन दिन डूबा रहा। उसके माध्यम से ही कांशीराम को आंबेडकर के जीवन तथा उनकी उपलब्धियों के बारे में जानने का मौका मिला। इससे पहले वो आंबेडकर का नाम सुन चुके थे।[34]

1957 में कांशीराम सर्वे ऑफ इंडिया की परीक्षा पास कर गए, लेकिन उन्होंने इसमें नौकरी करने की शर्तों को मानने से इनकार कर दिया। मुख्य शर्त यह थी कि कुछ निश्चित वर्षों तक यह नौकरी करनी ही पड़ेगी। कांशीराम ने कहा कि वो बँधुआ मजदूर नहीं बनना चाहते हैं। एक वर्ष बाद 1958 में उन्हें हाई एनर्जी मैटेरियल रिसर्च लेबोरेटरी (बाद में उसका नाम एक्सप्लोसिव रिसर्च एंड डेवलपमेंट लेबोरेटरी-ईआरडीएल) पूना में रिसर्च असिस्टेंट के रूप में नौकरी मिल गई।[35]

***

खालसा पंथ और आर्य समाज के व्यापक प्रभाव ने पंजाब में ब्राह्मणवादी दकियानूसी परम्पराओं के लिए एक नियंत्रक का काम किया। हालाँकि कांशीराम को प्राथमिक स्कूल में पढ़ाई के दौरान जातिवादी भेदभाव का सामना करना पड़ा, लेकिन अन्य जगहों की तुलना में पंजाब में जातिवादी भेदभाव उतने खुले रूप में मौजूद नहीं था। उनका परिवार बहुत पहले ही खालसा पंथ स्वीकार कर चुका था। इसके चलते उनके परिवार को चमार जाति के लिए निर्धारित गन्दे कामों को करने के लिए मजबूर नहीं किया जाता था। हालाँकि, जाट, सिख, दलित सिखों को खालसा पंथ में अपने बराबर का नहीं मानते थे। लेकिन फिर भी उत्तर भारत की अन्य जगहों की तुलना में पंजाब के दलित जातिवादी उत्पीड़न को खामोशी से सहन नहीं करते थे। पंजाबी ब्राह्मण आर्थिक अथवा सांस्कृतिक तौर पर प्रभावी स्थिति में नहीं हैं। वहाँ का प्रभावशाली समुदाय जाट सिखों से बना है। ब्राह्मण सामाजिक श्रेणीक्रम में सिखों से नीचे हैं। सिख पंथ ने कभी भी ब्राह्मणवादी विचारों को प्रोत्साहित नहीं किया और ब्राह्मण कभी भी पंजाबी समाज में अपना पाँव नहीं जमा सके। कांशीराम अपने एक भाषण में यह याद करते हुए कहते हैं कि जब वे छोटे बच्चे थे, तो उन्होंने वहाँ रहने वाले कुछ ब्राह्मण लड़कों को देखा तो उन्होंने सोचा कि ब्राह्मण एक बहुत गरीब और पिछड़ी जाति है। बहुत बाद में उनको यह एहसास हुआ कि ब्राह्मण सामाजिक तौर पर दलितों से ऊपर थे।[36]

अपने बचपन तथा छात्र जीवन को याद करते हुए कांशीराम ने एक बार कहा था कि आसपास बहुत सारे लोग ऐसे थे, जो जातिवाद से प्रभावित थे और दीन-हीन जीवन जीते थे, लेकिन वे खुद कभी खुलेआम जातीय भेदभाव के शिकार नहीं हुए। गरीब तथा अशिक्षित होने की वजह से लोगों को खुलेआम अन्याय सहते देखकर कांशीराम गुस्से से बेचैन हो जाते।[37]

उन्होंने अपने परिवार के बारे में कहा था, 'मेरे सभी भाई शारीरिक तौर पर बहुत तगड़े थे और हमेशा लड़ने के लिए तैयार रहते थे। मेरा परिवार हमेशा दीनता के खिलाफ था और हम इतने स्वाभिमानी थे कि कोई भी हमें छूने की हिम्मत नहीं कर सकता था।'[38]

इसके बावजूद बढ़ती उम्र के साथ पददलित लोगों के शोषण को कांशीराम ने नजदीकी से देखा। इन शोषित लोगों में उनके पिता भी थे। रोपड़ के थर्मल पॉवर प्लांट के सामुदायिक हॉल में 2 जुलाई, 2001 को बुद्धिजीवियों की एक बैठक के दौरान अपने बचपन की कहानी सुनाते हुए उन्होंने कहा कि :

> ''एक बार जब मैं स्कूल का छात्र था, मेरी माँ ने मुझसे पिता को खाना दे आने को कहा, जो कि रोपड़ नहर के गेस्ट हाउस में बेगार कर रहे थे। मैंने पूछा बेगार का क्या अर्थ होता है तो उन्होंने कहा कि बड़े अधिकारियों की

सेवा करना, जो हम गरीब लोगों को करनी पड़ती है। यह बहुत ही उत्तेजित करने वाली बात थी, मैं गेस्ट हाउस पहुँचा। मैंने देखा कि मेरे पिता पसीने से भीगे हुए हैं। मैं उनकी हालत देख नहीं सकता था। मैंने उन्हें आराम करने को कहा। मेरे पिता ने कहा कि बड़े अधिकारी अन्दर सो रहे हैं। मैं इस समय ऐसा नहीं कर सकता। मेरे पिता लगातार हाथ से चलने वाले पंखे की डोरी खींच रहे थे, ताकि अन्दर अधिकारी को ठंडी हवा मिलती रहे। बिजली से चलने वाला पंखा आने से पहले, हाथ से खींचकर चलाने वाला पंखा होता था। हाथ पंखे की डोरी खींचने वाला कमरे से बाहर लगातार डोरी खींचता था, ताकि पंखा चलता रहे। मेरे पिता यह काम बहुत थोड़े पैसों के बदले कर रहे थे और उन्होंने कहा कि यदि वे खींचना बन्द कर देंगे, तो अधिकारी जाग जाएगा और हमें दंडित करेगा। तब मैंने कहा कि दूसरे हाथ में एक छोटा पंखा ले लीजिए और अपने को भी हवा करिए, लेकिन मेरे पिता ने कहा कि वे ऐसा काम नहीं करेंगे।''[39]

कांशीराम ने कहा कि इस घटना ने उन्हें गहराई से प्रभावित किया। मेरे पिता धर्मान्तरण के बाद नीची जाति के नहीं रह गए थे। कांशीराम को अपने पूर्वजों के शोषण के बारे में ताज्जुब हुआ। वे निम्न जाति का होने के साथ गरीब भी थे। कांशीराम ने अपने सामने उपस्थित लोगों से कहा कि 35 वर्ष बाद, जब वे संसद के सदस्य के तौर पर उसी गेस्ट हाउस में रुके, तो आधी रात को जाग उठे, लगभग घबराहट की स्थिति में बाहर देखने के लिए दरवाजा खोला, यह देखने के लिए कि कहीं उनके पिता पंखे की डोरी तो नहीं खींच रहे हैं।[40]

बाद में जब वे पूना में काम कर रहे थे, तो उन्होंने भारत में दलितों की दुर्दशा को देखा और समझा। इससे उन्हें अपनी दलित पहचान को महसूस करने की चेतना मिली। और जब उन्होंने अन्याय एवं उत्पीड़न के खिलाफ संघर्ष चलाने के लिए दलितों को जगाने हेतु पूरे देश का दौरा किया तो ये उनके लिए ऐसा ही था जैसे वह अपने पिता एवं पूर्वजों को ऊपरी जातियों के शोषण एवं अपमान से मुक्त कराने की कोशिश कर रहे थे।

शुरुआत में कांशीराम ईआरडीएल में एक शोध सहयोगी के रूप में अपनी नौकरी से सन्तुष्ट थे और उनमें वरिष्ठ वैज्ञानिक बनने की महत्त्वाकांक्षा थी। लेकिन यह नौकरी शुरू करने के पाँच वर्षों बाद एक घटना के चलते इनकी जिन्दगी की दिशा पूर्णतया बदल गई। कांशीराम जिस प्रयोगशाला में काम करते थे, उसमें बुद्ध तथा आंबेडकर जयन्ती पर छुट्टी होती थी। बाद में ऊपरी जाति के सहकर्मियों ने बुद्ध तथा आंबेडकर जयन्ती की जगह बाल गंगाधर तिलक और गोपाल कृष्ण गोखले की जयन्तियों पर छुट्टी करा दी। निम्न जाति के कर्मचारी इस फैसले के विरोध में थे, लेकिन आगे आने और इसका विरोध करने का किसी में साहस नहीं

था। केवल चतुर्थ श्रेणी के एक कर्मचारी दीनाभाना, जो कि राजस्थान में जैसलमेर की भंगी जाति से आते थे, ने अपने वरिष्ठ अधिकारी को बुद्ध एवं आंबेडकर जयन्ती की छुट्टी रद्द करने के खिलाफ लिखित शिकायत दर्ज कराई। परिणाम ये हुआ कि कर्मचारियों पर दबाव डाला जाने लगा और उनसे कहा गया कि वे अपनी नौकरी या छुट्टी में से एक को चुनें। परिणाम के भय से दूसरे कर्मचारी, जिनमें ज्यादातर महाराष्ट्र के महार थे, पीछे हट गए। दीनाभाना अकेले डटे रहे। आत्मसम्मान से भरे दीनाभाना ने कहा कि उन्हें छुट्टी तथा नौकरी दोनों चाहिए, क्योंकि यह उनका संवैधानिक अधिकार है। दीनाभाना से कहा गया कि वे आंबेडकर जयन्ती पर काम पर आएँ, लेकिन उन्होंने ऐसा करने से मना कर दिया। हालाँकि वे बाल गंगाधर तिलक तथा गोखले की जयन्तियों पर काम पर आए। उनके वरिष्ठ अधिकारियों ने अनुशासनहीनता तथा वरिष्ठ लोगों के आदेश न मानने का उनके ऊपर आरोप लगाया और नौकरी से निकाल दिया।[41]

जो कुछ हो रहा था, उसे कांशीराम बहुत ध्यान से देख रहे थे। उन्होंने देखा कि दीनाभाना ने नौकरी से निकाले जाने के बाद उदास होकर ऑफिस छोड़ा। कांशीराम ने उनसे पूछा कि वो इसके बाद क्या करेंगे? दीनाभाना ने कहा कि वह आदेश के खिलाफ अदालत जाएँगे। उन्होंने आगे कहा कि उनके पास कुछ पैसे हैं, लेकिन वे कम हैं, तो कांशीराम ने मदद करने का आश्वासन दिया। वो आगे बढ़ने को प्रोत्साहित हुए और केस दाखिल कर दिया। दीनाभाना को कांशीराम के गोरे-चिट्टे शरीर तथा मजबूत कद-काठी को देखकर लगा था कि वे ऊँची जाति के हैं। वह कांशीराम के व्यवहार से आश्चर्यचकित थे। उन्होंने कांशीराम से कहा कि ‘‘अधिकार छीने जाते हैं, माँगे नहीं जाते। माँगने से केवल भीख मिलती है। वे लोग जो अपने अधिकारों के लिए लड़ते हैं, उन अधिकारों को अपना हक मानते हैं।’’[42]

दीनाभाना की घटना ने कांशीराम की आँखें खोल दीं, उन्हें इसका एहसास हुआ कि कैसे ब्राह्मणवाद भारतीय समाज की बुनियाद है। उन्होंने देखा कि ऊपरी जातियाँ अपना प्रभुत्व बनाए रखने के लिए काम करती हैं। उन्होंने दीनाभाना के केस को व्यक्तिगत स्तर पर देखना शुरू किया और पूरी रात इस केस की जटिलताओं का अध्ययन किया, वे स्वयं भी बहुत सारे वरिष्ठ अधिकारियों तथा मंत्रियों से मिले और उन्हें मामले से अवगत कराया। इसके साथ ही उन्होंने चतुर्थ श्रेणी के कर्मचारियों को इस मुद्दे पर एकजुट किया और अपने अधिकारों के लिए एक रैली का आयोजन किया।

जब आन्दोलन अपने चरम पर पहुँचा, तब कांशीराम तत्कालीन रक्षा मंत्री यशवन्त राव चव्हाण से मिले, जिन्होंने इस मामले की उच्च स्तरीय जाँच का आदेश दिया। इस मामले के दोषियों को निलम्बित किया गया तथा दीनाभाना को बहाल किया गया। बुद्ध तथा आंबेडकर जयन्तियों की छुट्टी रद्द करने के आदेश को वापस लिया गया। सभी दलित कर्मचारी खुश हो गए और उन्होंने कांशीराम की जय-जयकार

की तथा नायक की तरह उनका अभिनन्दन किया। जब ये सब हो रहा था, उसी समय ऊँची जाति के सभी अधिकारियों ने कांशीराम को इस बात के लिए सहमत करने की कोशिश की कि उन्हें चतुर्थ श्रेणी के कर्मचारियों के साथ शामिल नहीं होना चाहिए, क्योंकि वे अधिकारी हैं और चतुर्थ श्रेणी के कर्मचारियों और उनके बीच क्या समानता है? कांशीराम ने उत्तर देते हुए कहा कि समानता तो सचमुच में मेरे और दीनाभाना के बीच है, क्योंकि दीनाभाना भंगी है और मैं स्वयं चमार हूँ। दोनों की एक समान समस्या है और यह संघर्ष केवल चतुर्थ श्रेणी के कर्मचारियों का नहीं है।[43]

इस घटना से जो चीजें सामने आईं, उन्होंने हमेशा के लिए कांशीराम की जिन्दगी को बदल दिया। वे बहुत सारे प्रश्नों पर विचार करने लगे, जैसे—इस देश में हमारी पहचान क्या है? हमारे अधिकारों की रक्षा कौन करेगा? यदि कोई न्यायाधीश, कोई अधिकारी और मंत्री हमारे समुदाय का नहीं है, तो कौन हमारी समस्याएँ सुनेगा? उनका काम में मन नहीं लग रहा था।

अपने प्रश्नों के उत्तर खोजने तथा अपने बेचैन मस्तिष्क को शान्त करने के लिए उन्होंने बी.आर. आंबेडकर की किताब 'जातिभेद का उच्छेद' को पढ़ना शुरू किया। इसे उनके मित्र डी.के. खापरडे ने उपहार में दिया था। इस किताब ने उनके ऊपर गहरा प्रभाव डाला। जैसे-जैसे वे आंबेडकर के जीवन तथा मिशन के बारे में पढ़ते गए, वैसे-वैसे उनके भीतर वर्तमान समाजिक व्यवस्था के खिलाफ विद्रोह और मजबूत होने लगा।[44]

शुरुआत में खापरडे का कांशीराम के बीच काफी नजदीकी सम्बन्ध था और वे बैकवर्ड एंड माइनॉरिटी कम्युनिटीज इम्पलॉयज फेडरेशन के संस्थापक सदस्य बने। वे 27 वर्षों तक बामसेफ को मजबूत और शक्तिशाली बनाने के लिए काम करते रहे और यहाँ तक कि वे उसके राष्ट्रीय अध्यक्ष थे। खापरडे ने दलित जातियों को मूल निवासी नाम दिया। उन्होंने अन्याय और असमानता के खिलाफ जागरूकता पैदा करने के लिए खापरडे मेमोरियल पब्लिकेशंस ट्रस्ट की स्थापना की। समय बीतने के साथ उनके कांशीराम से मतभेद हुए और उन्होंने दूसरा रास्ता अख्तियार कर लिया, फिर भी वे बामसेफ के लिए काम करते रहे। दलित-शोषित समाज संघर्ष समिति (डीएस-4) की स्थापना के बाद ही वे वास्तव में अलग हुए।

कांशीराम ने महान समाज सुधारकों जैसे ज्योतिबा राव फुले तथा शाहूजी के कार्यों एवं रचनाओं जैसे 'गुलामगीरी' को पढ़ा। उन सब चीजों ने उन्हें एहसास दिलाया कि ब्राह्मणवादी व्यवस्था हजारों साल से मुट्ठीभर लोगों के फायदे के लिए कार्य कर रही है तथा यह व्यवस्था भारत की निम्न जाति के बहुसंख्यक लोगों का शोषण-उत्पीड़न करती है। देश के प्रशासन एवं शासन को संचालित करने वाले ज्यादातर लोग ऊपरी जातियों के हैं, जो कि भारत की जनसंख्या का केवल 15 प्रतिशत हैं। भारत की बहुसंख्यक जनता दरिद्रता एवं दासता का शिकार है।[45]

जिस चीज को बदलने के लिए आंबेडकर एवं अन्य सामाजिक सुधारकों ने अपना जीवन लगा दिया, उस जातिवादी व्यवस्था से पैदा हुए अन्याय, शोषण-उत्पीड़न ने आजादी के बाद और भयावह रूप ग्रहण कर लिया है और आंबेडकर की इच्छाओं को वास्तविकता में उतारने की जिन लोगों की जिम्मेदारी थी, वे लोग अलग रास्ता अपना चुके थे। गांधी और आंबेडकर ने 1932 में पूना पैक्ट (समझौता) किया, जिसमें दलितों के लिए आरक्षित सीटों (प्रान्तीय विधानसभाओं में) का प्रावधान था, साथ ही दलितों के लिए कुछ अन्य विशेषाधिकारों की व्यवस्था की गई थी। सामाजिक, आर्थिक और राजनीतिक न्याय का प्रावधान करने वाला भारत का संविधान दलितों के हितों की रक्षा के लिए विशेष निश्चित सुरक्षा उपलब्ध कराता है।[46] हालाँकि इन फायदों को दलितों का एक छोटा-सा ऊपरी हिस्सा हथिया रहा था, जो कि आत्मसम्मान तथा आत्मगौरव को त्यागकर ब्राह्मणवादी व्यवस्था की कठपुतली बन गया था। आंबेडकर का राष्ट्रीय मिशन कुछ लोगों के लिए अपनी इच्छाओं को पूरा करने का साधन बन चुका था, जबकि शेष दलित आबादी दरिद्रता, गरीबी और अशिक्षा के नरक में और डूब गई थी। पूना की आर्डिनेंस फैक्ट्री में काम करते हुए, कांशीराम बहुत सारे शिक्षित दलितों के सम्पर्क में आए। रिपब्लिकन पार्टी (आरपीआई) के सदस्य के तौर पर कांशीराम महाराष्ट्र के शहरों एवं कस्बों में घूमते हुए बहुत सारे अन्य पढ़े-लिखे दलितों से मिले। उन्हें महसूस हुआ कि शिक्षित, लेकिन अपने में डूबे इन दलितों को अपनी जाति के बहुसंख्यक लोगों की दुर्दशा से अवगत कराने तथा उनकी चेतना को उन्नत करने की जरूरत है।

इस मामले का पूरा अध्ययन-मनन करने के बाद कांशीराम इस निष्कर्ष पर पहुँचे कि दलितों के शोषण एवं उत्पीड़न की वजह यह है कि ये बहुत सारी जातियों में बँटे हुए हैं। हर समूह अपने आप में एक समुदाय है। किसी भी एक जाति-समूह की स्थिति यह नहीं है कि वह अकेले ब्राह्मणवादी व्यवस्था से लड़ सके। कांशीराम यह समझ गए कि विभिन्न दलित जातियाँ अपने को जब तक एकजुट बहुजन समाज में संगठित नहीं कर लेती हैं, तब तक वे भारतीय शासन एवं प्रशासन पर दावा करने में असफल रहेंगी, जबकि इसी रास्ते से आत्मगौरव एवं आत्मसम्मान प्राप्त होगा।[47]

उन्होंने टुकड़े-टुकड़े में बँटी दलित जातियों को एकजुट करने का मिशन शुरू करने का निर्णय लिया। लेकिन बहुत जल्दी उनको इसका एहसास हो गया कि उन्हें कठिन चुनौतियों का सामना करना है, क्योंकि जाति आधारित असमानता हिन्दू समाज में अन्तर्भूत है। परिवर्तन धीरे-धीरे आएगा और यह परिवर्तन समर्थ लोगों के मजबूत संगठन द्वारा ही लाया जा सकता है। ऐसे मजबूत लोग पददलित जनता के उत्थान तथा सामाजिक व्यवस्था में गहरी जड़ जमाई असमानता के खिलाफ संघर्ष कर सकते हैं। वो पूना के कार्यरत और शिक्षित दलित कर्मचारियों का एक

संगठन बनाने के लिए काम करने लगे, जो बाद में एक राष्ट्रीय संगठन के रूप में सामने आया, जिसे बामसेफ के रूप में जाना गया।[48]

जब एक बार उन्होंने दलितों को एकजुट करने का मिशन अपने हाथ में लिया, तो प्रथम श्रेणी के अधिकारी की नौकरी छोड़ने का भी महत्त्वपूर्ण फैसला लिया। यद्यपि उन्होंने कोई औपचारिक त्याग-पत्र नहीं दिया, लेकिन उन्होंने ऑफिस जाना बन्द कर दिया और उन्होंने अपने बकाया पैसों को पाने का कोई दावा नहीं किया।[49]

> इन सबके अलावा उन्होंने हर प्रकार से व्यक्तिगत सम्बन्धों को भी खत्म करने का निर्णय लिया। उन्होंने बहुत सारे संकल्प लिये, जिसे 24 पेज के एक पत्र में उन्होंने अपने घरवालों को सम्बोधित करते हुए भेजा। दुर्भाग्य से यह पत्र खो गया, लेकिन उनकी बहन सबरन कौर ने याद करते हुए उनमें से कुछ बातों को बताया। कांशीराम ने इस पत्र में कहा था कि वे कभी घर लौटकर नहीं आएँगे। कभी अपना घर नहीं बनाएँगे। गरीबों, दलितों, पिछड़ों और अल्पसंख्यकों के घर ही उनके घर होंगे। वे सभी पारिवारिक बन्धनों से मुक्त होंगे। वे अपने सम्बन्धियों से कोई सम्बन्ध नहीं रखेंगे। वे कभी शादी नहीं करेंगे, क्योंकि शादी उनके एकनिष्ठ मिशन की दिशा में पूर्ण समर्पण में बाधक बनेगी। वे जन्मदिन, शादी, अन्तिम संस्कार आदि सामाजिक जुटानों में शामिल नहीं होंगे। वे परिवार की कोई जिम्मेदारी नहीं उठाएँगे, क्योंकि पूरे समाज की जिम्मेदारी उनके कन्धे पर है। वे कभी कोई दूसरी नौकरी नहीं करेंगे और अन्त में उन्होंने लिखा कि वे बाबा साहेब आंबेडकर के सपनों को पूरा किए बगैर वे कभी शान्ति से आराम नहीं करेंगे।[50]

कांशीराम सबसे बड़े लड़के थे, सरकारी नौकरी में थे, परिवार को उनसे बहुत ज्यादा उम्मीदें थीं। सबरन कौर याद करती हैं कि उनके पत्र ने उन्हें अवाक् कर दिया था।[51] हमें अपनी आँखों पर विश्वास नहीं हो रहा था। परिवार ने एक लोकप्रिय कांग्रेस विधायक की बेटी से उनके विवाह का प्रस्ताव भी स्वीकार कर लिया था।

सदमे में आईं कांशीराम की माँ, उन्हें अपना निर्णय बदलने के लिए तैयार करने के वास्ते पूना गईं। वे वहाँ दो महीने रुकीं। अपने साथ उन्हें पंजाब वापस ले जाने के लिए तैयार करने हेतु वे उनसे तर्क करती रहीं, कोशिश करती रहीं। उन्होंने देखा कि उनका बेटा पूर्णतया बदल गया है, वह कभी-कभार ही बोलता है। वह सारी रात बैठकर आंबेडकर की किताबें पढ़ता है। एक दिन उन्होंने उनसे कहा कि "काशिया, आधी रात बीत चुकी है, जाओ सो जाओ।" लेकिन कांशीराम हिले नहीं। तब उन्होंने क्रोध में उनके हाथ से किताब छीन ली और उनसे पूछा, "वास्तव में इन किताबों में क्या लिखा हुआ है कि तुम रात भर इन्हें पढ़ने के लिए बैठे रहते हो ?"

प्यार और धैर्य से कांशीराम ने उत्तर दिया, "माँ, इन किताबों में देश की सत्ता के दरवाजे की कुंजी है, मैं उस कुंजी को खोज रहा हूँ।"

जितने दिन बिशन कौर रहीं, कांशीराम को अपना संकल्प छोड़ देने के लिए मनाती रहीं, लेकिन वो टस से मस नहीं हुए। आखिरकार हार मानकर वो खवासपुर लौट गईं और सगाई तोड़ दी।[52]

> कांशीराम अपनी जबान के पक्के थे। वह अपनी बहन की शादी में शामिल नहीं हुए। उनकी एक बहन अचानक मर गईं, तब भी वे घर नहीं गए। वह अपने पिता के अन्तिम संस्कार में भी शामिल नहीं हुए, हालाँकि उन्हें सूचना दे दी गई थी कि उनके पिता की अन्तिम साँसें चल रही हैं। बड़े पुत्र के तौर पर मुखाग्नि देने उनकी जो जिम्मेदारी थी, उसे उनके छोटे भाई ने निभाया। परिवार को कभी-कभार दिल्ली अथवा पुणे में रहने वाले मित्रों अथवा सम्बन्धियों से कांशीराम के बारे में छिटपुट जानकारी मिल जाती थी। उनकी बहन हर साल राखी के त्योहार के अवसर पर उनकी प्रतीक्षा करतीं और उनकी माँ उन्हें देखने के लिए तड़पतीं। कांशीराम ने स्वयं यह स्वीकार किया है कि उनके परिवार को उनसे ढेरों शिकायतें हैं तथा उनके निर्णयों पर बहुत सारे विरोध हैं, लेकिन वे अपने संकल्प पर दृढ़ थे।[53]

समय बीतने के साथ, कांशीराम का नाम तथा अपने उद्देश्य के प्रति उनके समर्पण की कहानियाँ राजनीतिक गलियारों में फैलने लगीं। कांशीराम के राजनीतिक मित्र और बहुजन समाज पार्टी के एक कार्यकर्ता रामचेत 'तूफानी' से 2010 में जब मैं इलाहाबाद में मिला तब वह 72 साल के थे। उन्होंने बताया था कि कांशीराम ने कभी सार्वजनिक धन को अपने ऊपर खर्च नहीं किया, हमेशा उसे सार्वजनिक उद्देश्य के लिए ही खर्च करते थे।[54] जब वह लोगों को एकजुट करने के लिए यात्रा करते तो वे कार्यकर्ताओं के यहाँ रुकते, न कि सार्वजनिक धन खर्च करके होटल में। इस तरीके से वह जमीनी लोगों से घनिष्ठता भी कायम कर लेते थे और धन भी बचा लेते, ताकि वह धन मिशन के आगे के कार्यों के लिए खर्च किया जा सके। कांशीराम को अपनी महानता के बारे में किसी प्रकार का घमंड नहीं था। वह ऐसे लोगों को हतोत्साहित करते थे, जो उन्हें महानायक के तौर पर प्रतिष्ठित करना चाहते थे। एक बार जब कुछ लोग केवल कांशीराम का दर्शन करने के लिए बहुजन समाज पार्टी के केन्द्रीय कार्यालय पर आए, तो कांशीराम ने उनसे कहा कि "यदि आप लोग मुझे देखना चाहते थे, तो पहले ही बताना चाहिए था, ताकि मैं दाढ़ी बनाकर, नहाकर पूरी तरह आपके देखने के लिए तैयार हो जाता। मुझे देखने की जगह जाइए, बहुजन समाज के सदस्यों को देखिए जिन्हें आपकी आवश्यकता है। उन्हें समझाइए कि कैसे बहुजन समाज के लोग शासक बन सकते हैं।"[55]

1984-1985 के आसपास जब कांशीराम ने अपना राजनीतिक संघर्ष शुरू किया, तो उनके पास महात्मा गांधी, जवाहरलाल नेहरू, अटल बिहारी वाजपेयी अथवा लालकृष्ण आडवाणी जैसा राजनीतिक समर्थन नहीं हासिल था। उन्हें किसी

भी उद्योगपति की ओर से कोई आर्थिक मदद नहीं हासिल थी, जैसा कि कांग्रेस को शुरुआत में साराभाई और बिड़ला से हासिल थी। उनके पास जो कुछ भी था, वह गाँवों और शहरी झुग्गियों तथा शहरों-कस्बों में गरीबी से लड़ रहे लोगों का समर्थन था। सचेत तौर पर भी बहुजन समाज पार्टी के सदस्य अपने को मीडिया से दूर रखते थे, पार्टी से उन्हें दिशा-निर्देश भी मिला हुआ था, क्योंकि पार्टी का मानना था कि यह मीडिया मनुवादी है, जो केवल ब्राह्मणों के स्वार्थों को पूरा करती है। इनमें से किसी का भी मीडिया से कोई सम्बन्ध नहीं था। इन सब चीजों ने एक तरह से कांशीराम का रास्ता आसान भी बनाया होगा। संगठन, संसाधनों, शिक्षा और शहरी समर्थन के बिना अपने मिशन के प्रति समर्पण ने ही उन्हें आगे बढ़ाया।

कड़ी मेहनत करने वाले, चुने हुए समर्पित साथियों के साथ कांशीराम एक स्थान से दूसरे स्थान पर जाते थे—केवल एक बैग लिये हुए, जिसमें कुछ कपड़े तथा रोजाना के इस्तेमाल का कुछ सामान होता। वे ट्रेन के अनारक्षित डिब्बे में यात्रा करते, गन्दगी, धूल, गर्मी तथा ठंड का सामना करते हुए। जब वे बहुत थक जाते, तो अपनी चप्पलों को बैग में रखकर उसका इस्तेमाल तकिया की तरह करते और एक झपकी ले लेते।[56]

> उन्होंने कभी भी अपने साथी कार्यकर्ताओं से दूरी नहीं बनाई, उन्हीं के साथ बैठते, खाते और सोते। वे साधारण-सी आधी बाँह की शर्ट और पैंट पहनते, आंबेडकर से बिलकुल अलग जो हमेशा सूट तथा टाई पहने दिखते थे। कांशीराम कभी-कभी सफारी सूट भी पहनते थे। जब ठंड बहुत ज्यादा होती तो कांशीराम शॉल ओढ़ लेते। उन्होंने कभी-कभी सस्ते बाजारों से इस्तेमाल किए हुए कपड़े भी खरीदे। ज्यादातर भारतीय राजनीतिज्ञों की पहचान बन चुका सफेद कुर्ता-पाजामा पहनकर उन्होंने कभी भी किसी बैठक या सभा को सम्बोधित नहीं किया...अपनी चप्पल भी उन्होंने खुद रबर के टायर से बनाई थी।[57]

अपने उद्देश्य के प्रति कांशीराम का समर्पण भविष्य के दलितों के लिए आधारशिला है। उन्होंने अपने बहुजन आन्दोलन के लिए उत्तर प्रदेश का चुनाव किया, जहाँ दलितों के उत्पीड़न की भयावह स्थितियाँ थीं। उन्होंने अपने भावात्मक तथा सृजनात्मक विचारों से 1970 के दशक और 1980 के शुरुआती दशक में न केवल उत्तर प्रदेश में बहुजन समाज पार्टी की राजनीति को स्थापित कर 1984 में बहुजन समाज पार्टी की स्थापना की, बल्कि भारत में दलित आन्दोलन को एक नई दिशा दी।

अध्याय-2

मास्टर कुंजी की खोज

आरपीआई से बामसेफ तक की यात्रा

दलितों के उत्थान की भावना से भरे कांशीराम ने अपनी सारी क्षमता को इस लक्ष्य को हासिल करने की दिशा में लगा दिया। आंबेडकर ने कहा था कि सामाजिक न्याय प्राप्त करने की 'मास्टर कुंजी' राजनीतिक सत्ता है। कांशीराम आंबेडकर की इस बात से पूर्णतया सहमत थे। उनकी अपनी भाषा पंजाबी में 'मास्टर कुंजी' को 'गुरु किल्ली' के रूप में जाना जाता है।[1] कांशीराम के लिए 'गुरु किल्ली' सत्ता पर धीरे-धीरे एवं निरन्तर कछुए की चाल से कब्जा करने का विचार बन गई।[2]

राजनीतिक परिदृश्य में कांशीराम के आगमन से पहले बड़ी राजनीतिक पार्टियाँ दलितों को एक सहयोगी के रूप में देखती थीं और उनका वोट बैंक के रूप में इस्तेमाल करती थीं। दलित एक राजनीतिक पार्टी के मातहत संगठित नहीं थे और कुल मिलाकर एक दलित चेतना का भी अभाव था। साथ ही कमोबेश उनका मानना था कि वे पृथक्-पृथक् जातियों में बँटे रहेंगे। इस स्थिति ने बड़े राजनीतिक दलों के लिए यह आसान बना दिया कि वे दलित जातियों के वोटों को अलग-अलग ग्रुपों के सहारे अपने साथ करें। कांशीराम ने बहुत सारी दलित जातियों को उनकी आर्थिक, सामाजिक एवं सांस्कृतिक अधीनता की स्थिति से परिचित कराया, ताकि वे एक साथ मिलकर राजनीतिक शक्ति के माध्यम से अपने को मुक्त करा सकें। उन्होंने इस बात को इस प्रकार कहा—"इन जातियों के बीच से नेतृत्व पैदा करना अत्यावश्यक है। दूसरी पार्टियाँ इनके बीच से केवल कठपुतली (चमचा) पैदा करती हैं, लेकिन हम नेता पैदा करेंगे और एक दिन यह नेतृत्व ऐसे दलितों को पैदा करेगा, जो वास्तव में आजाद हों।"[3]

अपने अन्तिम लक्ष्य तक कांशीराम एक टेढ़ी-मेढ़ी एवं लम्बी यात्रा करते हुए पहुँचे। उनकी यह यात्रा 1950 के दशक के अन्तिम वर्षों से लेकर 1980 के दशक तक रही। इस पूरी यात्रा को चार चरणों में विभाजित किया गया है। प्रत्येक चरण एक मील के पत्थर का प्रतीक है। पहला चरण 1958 से 1964 तक का है, जब

उन्होंने पूना से ईआरडीएल की नौकरी से अपने करियर की शुरुआत की। दूसरा चरण तब शुरू होता है, जब उन्होंने दलितों के सशक्तिकरण के लिए काम करना शुरू किया और 1964 में नौकरी से इस्तीफा दे दिया। इसी समय के आसपास वे आरपीआई में शामिल हुए और 1971 में पूना में उन्होंने एससी/एसटी, ओबीसी, माइनॉरिटी कम्युनिटी इम्प्लायज एसोसिएशन (एसएमसीईए) की स्थापना की। कुछ वर्षों बाद उन्होंने इसका नाम बदलकर बैकवर्ड एंड माइनॉरिटी कम्युनिटी इम्प्लॉयज फेडरेशन रख दिया। यह कांशीराम के जीवन के तीसरे चरण की शुरुआत थी। अब कांशीराम बामसेफ को राष्ट्रीय संगठन बनाने के लिए रात-दिन काम करने लगे। दलित कर्मचारियों को एक झंडे के नीचे संगठित करने के लिए उन्हें पाँच वर्षों तक कड़ी मेहनत करनी पड़ी। 6 दिसम्बर, 1978 को वे बामसेफ को एक औपचारिक संगठन के रूप में स्थापित करने में सफल हुए। 1981 में उन्होंने दलित-शोषित समाज संघर्ष समिति बनाई और 1984 में एक राष्ट्रीय स्तर की पार्टी बहुजन समाज पार्टी (बसपा) बनाई। इसे उनके जीवन के चौथे चरण की शुरुआत के रूप चिह्नित किया जाता है। बीएसपी की स्थापना के बाद उसे उत्तर प्रदेश में सफल बनाने के लिए कांशीराम ने अनथक प्रयास किया। यह बहुजन राजनीति की शुरुआत थी।

***

कांशीराम जब आरपीआई के लिए काम कर रहे थे, तब वह नौकरी में थे। जब उन्होंने दलित हितों के लिए पूरी तरह काम करने का फैसला लिया, तब वह पूना में आंबेडकर द्वारा स्थापित पीपुल्स एजुकेशन सोसाइटी में भी शामिल हो गए। यह उनके लिए बहुत ही शिक्षाप्रद अनुभव साबित हुआ। महाराष्ट्र में दलित आन्दोलन की गिरावट का पहला साक्षात् अनुभव हुआ। नेता अवसरवादी, लालची और स्वार्थी बन चुके थे और आरपीआई के अन्दर चलने वाला भीतरी संघर्ष उसके मूल उद्देश्य पर हावी हो चुका था। कांशीराम ने पाया कि वे आपस में ज्ञान की बात तो करते नहीं, बल्कि एक-दूसरे को नीचा दिखाने की कोशिश में लगे रहते हैं। उस समय आन्दोलन कितनी खराब स्थिति में पहुँच गया था, इसका एक उदाहरण कांशीराम ने दिया ''एक बार वे कांग्रेस के दादा साहेब गायकवाड़ और मोहन धारिया से 1971 में बात कर रहे थे, तो आरपीआई के दो सदस्यों ने कहा कि '' 1971 तक गांधी की पार्टी और आंबेडकर की पार्टी में कोई समझौता नहीं हुआ था।'' हालाँकि कुछ वर्षों बाद कांग्रेस और आरपीआई के बीच सीट साझेदारी पर समझौता हो गया था और संसद की 521 सीटों में से 520 सीटें गांधी की पार्टी यानी कांग्रेस को मिलीं, जबकि केवल एक सीट आंबेडकर की पार्टी यानी आरपीआई को दी गई। इस स्थिति से कांशीराम बहुत परेशान हो गए थे।[4]

कांशीराम इस बात से व्यथित थे कि वह भूमि जहाँ सैकड़ों वर्ष तक फुले, शाहूजी महाराज और इसके बाद आंबेडकर ने विपरीत परिस्थितियों में संघर्ष किया था, वहाँ सामाजिक लोकतंत्र भी स्थापित नहीं हो पाया था। इस गुण और सम्मान के अभाव में लोग अभी जाति के आधार पर संघर्ष कर रहे थे। उन्होंने पाया कि आंबेडकर जयन्ती आंबेडकर के अनुयायियों द्वारा मनाई तो जाती है लेकिन यह एक उत्सव में तब्दील हो गई है। इसने अपना मिशन खो दिया है। उन्होंने संकल्प लिया कि वो आंबेडकर की स्मृति में उनके मिशन के तत्त्व को फिर से जीवित करेंगे।[5]

जीवन के अन्तिम दिनों में भीमराव आंबेडकर ने आरपीआई का निर्माण किया था। इसके पहले उन्होंने दलितों के लिए विभिन्न राजनीतिक संगठनों का भी निर्माण किया था। अन्तिम समय में वे आरपीआई के झंडे तले सभी गैर कम्युनिस्ट प्रगतिशील ताकतों को संगठित करना चाहते थे। उन्होंने 'आरपीआई की कल्पना व्यापक जनाधार वाली एक उदारवादी राजनीतिक पार्टी के रूप में की थी,[6] जो समानता, स्वतंत्रता तथा भाईचारा के सिद्धान्तों और दलित हितों की रक्षा के लिए काम करेगी। लेकिन 1956 में अचानक उनकी मौत ने पार्टी को भविष्य की बाधाओं से निपटने की तैयारी का मौका नहीं दिया।'[7] अपनी शुरुआत से ही पार्टी को मतदाताओं तक अपने प्रभाव को फैलाने में कठिनाइयों का सामना करना पड़ा, लेकिन उसे बहुत कम ही सफलता मिली। ज्यादातर इसे एक 'नव-बुद्धिस्ट पार्टी' के रूप में देखा गया। इस स्थिति का सबसे पहले कांग्रेस ने फायदा उठाया। आरपीआई के प्रभावशाली नेताओं को कांग्रेस ने अपनी पार्टी में शामिल कर लिया, साथ ही कांग्रेस ने वैकल्पिक दलित नेतृत्व को भी विकसित किया।[8] महाराष्ट्र में कांग्रेस के नेता यशवंत राव चव्हाण ने इसका रास्ता प्रशस्त किया। उन्होंने न केवल आरपीआई के नेताओं को गठजोड़ के लिए सहमत किया, बल्कि कुछ वरिष्ठ नेताओं को कांग्रेस में शामिल होने का न्योता भी दिया। सबसे पहले 1967 में आर.डी. भंडारे आरपीआई छोड़कर कांग्रेस में शामिल हुए, उनके बाद के.एम. रूपवटे और बी.सी. काम्बले ने कांग्रेस की सदस्यता ली।[9] इसके बाद कांग्रेस ने 'दलित मतदाताओं को अपने पक्ष में करने के लिए आरपीआई के साथ सिर्फ नाम का गठबन्धन किया।'[10]

'महाराष्ट्र में एक क्षेत्रीय दक्षिणपंथी पार्टी (शिवसेना की स्थापना 1966 में हुई थी) के उभार ने आरपीआई तथा कांग्रेस के गठजोड़ को बल दिया।' शिवसेना तथा भाजपा के गठजोड़ को सत्ता से बाहर रखने के नाम पर 'धर्मनिरपेक्ष (सेक्युलर) गठजोड़ के रूप में वे एक-दूसरे के साथ आए।' आरपीआई को दलितों की प्रतिनिधि संस्था के रूप में लिये जाने की बजाय, उसे अधिकांशतः दलितों के वोटों को प्रभावित करने वाली 'एक वस्तु के रूप में इस्तेमाल किया गया।' आरपीआई की जाति विरोधी विचारधारात्मक प्रतिबद्धता के चलते, अभी हाल तक, दलित

मतदाता सेक्युलर एजेंडे का साथ देते हुए 'कांग्रेस के पीछे खड़े रहे थे, जब तक गठबन्धन में कड़वाहट नहीं पैदा हो गई।'[11]

सन् 2008 तक आरपीआई 11 गुटों में विभाजित हो गई थी, इनमें से ज्यादातर गुटों पर महार जाति के लोगों का नेतृत्व है। यहाँ तक कि आज इस पार्टी में गुटबाजी और बढ़ गई है, जैसा कि उदाहरण के लिए उत्तर प्रदेश को ही लें। पिछड़ी जातियों और अल्पसंख्यकों के अतिरिक्त, पार्टी गैर-महार दलितों को भी अपने साथ नहीं कर पाई। इसने 'अवसरवादी गठबन्धन' किया, जैसा कि सत्तारूढ़ कांग्रेस पार्टी के साथ अपनी मौजूदगी दर्शाने के लिए किया। लेकिन इसने आरपीआई को नुकसान पहुँचाया। यह कांग्रेस की 'कठपुतली' बनकर रह गई और इस प्रकार 'महाराष्ट्र की राजनीति में यह एक मामूली ताकत बन चुकी थी।'[12]

उच्च शिक्षा में तेजी से विस्तार तथा शिक्षित नौजवानों के रोजगार पाने की सम्भावनाओं के सीमित होने के चलते 1960 के दशक में एक 'युवा संस्कृति' का उभार दिखाई देता है।[13] इस दौरान दलितों पर जातिवादी अत्याचारों में बढ़ोतरी हो रही थी। इसके जवाब में मुम्बई के दलित युवकों ने अमेरिका के ब्लैक पैंथर की तर्ज पर दलित पैंथर का निर्माण किया। उन्होंने 'जाति की सीमाओं को तोड़ने की कोशिश में सामाजिक तौर पर उत्पीड़ित और आर्थिक तौर पर शोषित सभी लोगों को 'दलित' माना और सामाजिक बदलाव के लिए विद्रोही भाषा में अपनी आवाज बुलंद की।'[14] नामदेव ढसाल और दया पवार ने 1972 में इस आन्दोलन को शुरू किया, बाद में कई अन्य लोग इसमें शामिल हुए। आन्दोलन के नेतृत्व में ये ही लोग थे।[15] दलित राजनीति की अनुभवी विद्वान् गेल ओम्वेट इस सन्दर्भ में कहती है :

> ''यह एक बौद्धिक आन्दोलन था, जो शहरी दलितों में एक नई संस्कृति और धार्मिक मूल्यों की स्थापना करने में सफल हुआ। जब यह संगठन लोकप्रियता के चरम पर पहुँचा, तो आन्दोलन में बौद्ध मत के सर्वोपरि होने को लेकर दलित पैंथर्स के दो ऊर्जावान नेताओं नामदेव ढसाल और राजा ढाले में मतभेद पैदा हो गया। आन्दोलन में दो खेमे बन गए। एक खेमे ने परिवर्तन लाने के लिए मार्क्सवादी वर्गीय दृष्टिकोण को अपनाया, जिसका नेतृत्व नामदेव ढसाल के हाथों में था, ढाले के खेमे ने बदलाव लाने के लिए आंबेडकरवादी बौद्धिस्ट मॉडल को अपनाया। इसके अलावा आन्दोलन को संरचनागत संसाधनों की अनुपलब्धता, ठोस राजनीतिक दृष्टिकोण और आक्रामक हिन्दूवादी ताकतों के घातक हमलों जैसी समस्याओं का सामना करना पड़ा। नेतृत्व के अलग-अलग आदर्शों तथा अन्य समस्याओं के चलते दलित पैंथर्स आधी लड़ाई जीतकर भंग हो गया, लेकिन वह अपने पीछे विशाल क्रान्तिकारी साहित्य एवं सांस्कृतिक विरासत छोड़ गया।''[16]

आरपीआई तथा दलित पैंथर्स दोनों दलितों की जागृति और आकांक्षाओं को ठोस रूप देना चाहते थे। दलित अपनी नई-नई बुद्धिस्ट पहचान को लेकर काफी सचेत थे, लेकिन आरपीआई तथा दलित पैंथर्स दोनों ने इसकी जमीनी वास्तविकता को बढ़ा-चढ़ाकर देखा।[17] महाराष्ट्र की दलित राजनीति की गतिकी को समझने में दोनों से चूक हुई। महार नेताओं के अव्यावहारिक तथा आत्मकेन्द्रित दृष्टिकोण को गैर-महार दलितों ने आरपीआई तथा दलित पैंथर के नेतृत्व को स्वीकार नहीं किया। बौद्ध मत को एक राजनीतिक दर्शन के रूप में विकसित करने की जगह इसे बाद में राजनीतिक विचारधारा का उपकरण बना दिया गया। इसके कारण बहुत सारी दलित जातियाँ तथा उनके नेता आरपीआई से अलग-थलग पड़ गए।[18]

कांशीराम नजदीक से इस सारी प्रक्रिया को देख रहे थे। कुछ वर्षों तक आरपीआई के साथ रहने के बाद उसके क्रियाकलापों से उनका मोहभंग हो गया था। उनको इस बात का एहसास हो गया कि इस पार्टी के माध्यम से दलित समुदाय को संगठित नहीं किया जा सकता है। उसके बाद वे पूरे देश के सरकारी ऑफिसों में काम करने वाले दलितों को ट्रेड यूनियन की लाइन पर संगठित करने लगे। वे कर्मचारियों को एक फेडरेशन में संगठित करने की कोशिश करने लगे, जो कि उस राजनीतिक पार्टी के लिए धन, प्रतिभा तथा बौद्धिक बैंक के रूप में मदद करेगा, भविष्य में जिसके निर्माण की योजना उन्होंने बनाई थी।[19] थोड़े समय बाद ही, इन्हें अपने राजनीतिक मंच के मातहत लाने के संकेत के तौर पर उन्होंने गाँवों में तथा शहरी झुग्गी-झोंपड़ियों में रहने वाले अशिक्षित तथा अर्द्धशिक्षित दलितों तक पहुँचने की कोशिश की, ताकि 'ब्राह्मणवादी दबदबे' के तहत उनकी दयनीय सामाजिक-आर्थिक और सांस्कृतिक स्थिति से उन्हें परिचित करा सकें। दलित समुदाय की एकता के पक्ष में चेतना विकसित करने के लिए उन्होंने गोष्ठियों-वार्ताओं का आयोजन किया, देश के विभिन्न हिस्सों में साइकिल रैलियाँ निकालीं, नाटक और गानों के मार्फत सशक्त राजनीतिक सन्देश देने के लिए उन्होंने गाँवों में सांस्कृतिक टोलियाँ भेजीं। दलितों को संगठित करने के लिए उन्होंने इस तरह के कई और कार्य किए। जब कांशीराम पूना में रहते थे, तब के उनके घनिष्ठ मित्र और सहयोगी मनोहर आटे दो घटनाओं को याद करते हैं, पहला, बहुजनों के हितों के प्रति उनके समर्पण तथा दूसरा, मिशन के विस्तार में साइकिल की महत्त्वपूर्ण भूमिका। ये घटनाएँ यह भी बताती हैं कि कांशीराम की उत्तर प्रदेश में भविष्य की रणनीति ने कैसे पूना में आकार लिया था।

> पुणे में महाराष्ट्र सरकार के मुख्यालय के सामने स्थित पार्क में डॉ. आंबेडकर की प्रतिमा है। आंबेडकरवादी आन्दोलन के बहुत सारे कार्यकर्ता शाम को यहाँ इकट्ठा होते हैं। प्रतिमा के सामने एक छोटा ईरानी होटल है। यहाँ की

चाय बहुत लोकप्रिय है, कार्यकर्ता चाय पीते हुए यहाँ बहस करते थे...उन दिनों यहाँ पर किसी को भी दलित आन्दोलन के बारे में सभी सूचनाएँ मिल जाया करती थीं। छुट्‌टी के दिनों में कांशीराम और मैं आधी रात तक बात करते थे। हमारी जेब में केवल दो या चार रुपए होते थे। चाय की कीमत बहुत कम थी, हम बहस के दौरान कई कप चाय पी जाते थे। जब हम घर वापस लौटते, तो हमारी जेब खाली हो चुकी होती थी।

कांशीराम को यह जगह बहुत पसन्द थी। जब वे आंबेडकर की प्रतिमा के पास बैठते तो उनका दिमाग बहुत तेज काम करने लगता था। वे बहुजन समाज आन्दोलन के बारे में गहराई से सोचते थे। उनके विचारों को सुनकर मैं सोचता था कि इन्हें यथार्थ में बदलना असम्भव है, लेकिन उनके आत्मविश्वास को देखकर मैं उन्हें स्वीकार करने को मजबूर हो जाता था।

एक दिन, रात को 11 बजे थे और हम लोग बात कर रहे थे। ईरानी होटल का मालिक होटल बन्द करने जा रहा था, इसलिए हम लोग बामसेफ के ऑफिस की ओर बढ़े। हमने होटल के सामने अपनी साइकिलें खड़ी कीं और मैंने स्वयं कांशीराम की साइकिल को लॉक किया था। जब हम वापस पहुँचे तो देखा कि कांशीराम की साइकिल गायब थी। साइकिल गायब है ये देख, कांशीराम बहुत परेशान हो गए थे। उनकी आँखों से आँसू बहने लगे। उत्तेजना में वे साइकिल को इधर-उधर खोजने लगे। यहाँ तक कि उन्होंने साइकिल की ठीक से देखभाल न करने के लिए मुझे डाँटा भी। मैंने उनसे कहा कि मैंने स्वयं साइकिल का ताला बन्द किया था और उन्हें चाभी भी दिखाई। हमें ईरानी होटल के वेटर पर सन्देह हुआ। होटल के मालिक ने भी तर्क करना शुरू कर दिया और एक तीखी बहस शुरू हो गई। काफी संघर्षों के बाद अन्ततोगत्वा साइकिल मिल गई। होटल के वेटर द्वारा साइकिल चुराई गई थी, पुलिस बुलाने की धमकी देने के बाद उसने साइकिल वापस की।

साइकिल पाकर कांशीराम की आँख एक बार फिर आँसुओं से भर आई, लेकिन इस बार ये खुशी के आँसू थे। यह इसलिए था कि उनके लिए जो चीज बहुमूल्य थी, वह खो गई थी और वापस मिल गई। लेकिन उनका गुस्सा शान्त नहीं हुआ। उन्होंने वेटर को पीटा और उसे पुलिस स्टेशन ले गए। उन्होंने रिपोर्ट दर्ज कराई और वेटर गिरफ्तार हुआ। जब वे वापस आए, तो मैंने उनसे पूछा कि एक साइकिल के खोने पर वे इतना नाराज क्यों हुए। उन्होंने उत्तर दिया, 'मेरे लिए यह साइकिल केवल एक लोहे का वाहन नहीं है, मेरे आन्दोलन को गति देने वाला यह सबसे महत्त्वपूर्ण उपकरण है। मैंने इसकी सवारी करते हुए बहुजन समाज के मिशन को फैलाया है। इसी कारण मैं इसके खो जाने से इतना परेशान था। जब

साइकिल गायब हुई थी, तो मुझे लगा कि जैसे मेरी जिन्दगी खो गई।' उन्होंने अपने अन्दर के दर्द को छिपाते हुए ये बात कही। यह बात सुनकर मेरा हृदय कांशीराम के बहुजन समाज के हितों के प्रति सपर्मण को देखकर कृतज्ञता से भर उठा।[20]

आटे का एक दूसरा संस्मरण कुछ इस तरह है :

1972 में हमारा एक छोटा ऑफिस पुणे में खुला था। शायद यह दलित आन्दोलन का पहला ऑफिस था। उस समय मैं आरएमएस (रेलवे मेल सर्विस) में काम कर रहा था। अपने काम के सिलसिले में मैं प्रतिदिन मुम्बई से पुणे की यात्रा करता था। कांशीराम मेरे साथ यात्रा करते थे। ट्रेन से जुड़ा आरएमएस का एक लाल डिब्बा हमारा ऑफिस बन गया। चलती हुई ट्रेन में हम लोग आन्दोलन के विस्तार सम्बन्धी योजनाएँ बनाते। कांशीराम के पास पुणे से मुम्बई का रेल पास था। हम लोग पुणे रेलवे स्टेशन पर साइकिल से चलकर महालक्ष्मी एक्सप्रेस पकड़ते। मुम्बई पहुँचकर वे आन्दोलन के अन्य कार्यकर्ताओं से मिलते थे। शाम को वही ट्रेन पकड़कर हम पुणे वापस आते। स्टैंड से साइकिल उठाते, रास्ते में कुछ खा लेते और इसके बाद अपने ऑफिस जाते और फर्श पर तिरपाल बिछाकर सो जाते।

एक दिन हम लोग मुम्बई से पुणे पहुँचे, लगभग 10 बजे रात को। हमने स्टैंड से साइकिल उठाई। स्टेशन से हमारा ऑफिस लगभग 15 से 20 किलोमीटर दूर था। हम साइकिल से चलते हुए बातें करते रहते। हम लोग पुणे स्टेशन के वन्दना होटल में खाना खाते थे, जो सस्ता खाना देता था। उन दिनों हमारे पास पैसा नहीं होता था। एक दिन मैंने सोचा कि कांशीराम के पास पैसा होगा और हम लोग खाना खा लेंगे। लेकिन जब हम होटल के पास से गुजरे तो कांशीराम रुके नहीं। मैंने सोचा कि कांशीराम की इच्छा मटन खाने की है और वह शायद न्यूयॉर्क होटल जा रहे हैं। कांशीराम को मटन खाना पसन्द था। लेकिन जब हम न्यूयॉर्क होटल के पास से गुजरे तो कांशीराम ने मेरी तरफ देखा, मैंने मुड़कर कांशीराम की तरफ देखा, लेकिन हममें से कोई रुका नहीं। मैं समझ गया कि कांशीराम के पास आज पैसे नहीं हैं, वे भी समझ गए कि मेरे पास भी पैसे नहीं हैं। लेकिन ऑफिस पहुँचने से पहले हमने एक शब्द भी बात नहीं की। उस दिन हम केवल पानी पीकर खाली पेट सो गए।

अगले दिन मेरी छुट्टी थी, लेकिन कांशीराम कार्यकर्ताओं से मिलने मुम्बई गए। जब मैं सो ही रहा था कि कांशीराम तैयार हो गए। अपने हाथ में छोटी-सी अटैची लिये, कांशीराम ने कहा कि 'आटे मैं जा रहा हूँ', मैंने कहा, 'ठीक है, दरवाजा बन्द कर दीजिएगा, मैं आराम से उठना चाहता हूँ।'

> कांशीराम दरवाजा बन्द करके ऑफिस से चले गए। मुश्किल से पाँच मिनट के अन्दर वो वापस आ गए। उन्होंने मुझसे कहा, 'आटे तुम्हारे पास कुछ पैसा है?' मैंने कहा, 'बिलकुल नहीं।' उन्होंने कहा, 'देखो, कहीं इधर-उधर कुछ पड़ा तो नहीं है।' मैं जानता था कि ऑफिस में कोई पैसा नहीं है, फिर भी मैंने दराज आदि जगहों पर देखा। जैसा कि मुझे उम्मीद थी, कोई पैसा नहीं मिला। मैंने उनसे कहा कि एक भी पैसा नहीं है। उन्होंने कहा कि 'कम से कम पाँच पैसा यहाँ होना चाहिए।' मैंने पुनः दराजों को देखा, लेकिन कुछ भी नहीं मिला। मैंने उनसे पूछा कि 'साहिब पाँच पैसे की क्यों आवश्यकता है?' उन्होंने कहा, 'अरे यार, मेरी साइकिल में हवा नहीं है। हवा भराने के लिए कम से कम पाँच पैसा चाहिए।' मैंने कहा कि मेरी साइकिल लेते जाइए। तब उन्होंने बताया कि 'मैंने तुम्हारी साइकिल भी चेक कर ली है, तुम्हारी साइकिल में भी हवा नहीं है। चिन्ता मत करो, मैं पैदल चला जाऊँगा।' छत पर खड़े, मैंने देखा कि कांशीराम ट्रेन पकड़ने की जल्दीबाजी में स्टेशन की ओर दौड़ते हुए जा रहे हैं।[21]

जिन शिक्षित दलितों से उन्होंने सम्पर्क किया, वे उनकी ही तरह आरक्षण नीति से फायदा उठाए हुए लोग थे और सरकारी तथा निजी क्षेत्र दोनों में नौकरी करते थे। लेकिन कांशीराम हमेशा मानते थे कि आरक्षण केवल नौकरी पाने का अवसर नहीं होना चाहिए, बल्कि राजनीतिक प्रक्रिया में एक सार्थक हिस्सेदारी और इसके मार्फत सत्ता संरचना पर नियंत्रण के लिए होना चाहिए।[22] एक बार उन्होंने अपने भाषण में उल्लेख किया कि (ए.आर. अकेला द्वारा संगृहीत एवं संकलित) एक मोटा-मोटी अनुमान के अनुसार, 1971 में पूरे भारत में चतुर्थ श्रेणी से लेकर उच्च अधिकारी तक लगभग 20 लाख दलित नौकरी में हैं। अप्रैल 1971 में उन्होंने पुणे के खाड़की क्षेत्र में स्थित एक मद्रासी स्कूल में बैठक आयोजित की। इसमें 50 से 60 दलित कर्मचारियों ने हिस्सेदारी की, जिसमें उस समय के महाराष्ट्र के प्रमुख दलित कार्यकर्ता डी.के. खापरडे, तम्बाखे, मधु परिहार, भीमराव दलाल तथा मनोहर आटे शामिल हुए थे। मीटिंग में कांशीराम ने सुझाव दिया कि एक गैर राजनीतिक संगठन बनाने के लिए पूरे भारत में फैले लाखों शिक्षित दलित कर्मचारियों को एक साथ लाकर आंबेडकर के सपने को सच में बदला जा सकता है। इस विचार से उत्साहित कुछ कर्मचारियों ने कांशीराम के साथ हाथ मिलाया। इसके समानान्तर, उन्होंने पिछड़े और अल्पसंख्यक समुदायों को भी संगठित करने की कोशिश शुरू कर दी।[23] छह महीने बाद, एसएमसीईए की विधिवत् शुरुआत हुई। 14 अक्टूबर, 1971 को संगठन की बैठक पुणे के नेहरू मेमोरियल हॉल में आयोजित हुई। इसमें करीब एक हजार कर्मचारियों ने हिस्सा लिया। कांशीराम को इस एसोसिएशन का अध्यक्ष बनाया गया।[24]

उन दिनों कांशीराम पुणे के डेक्कन जिमखाना क्षेत्र में रहते थे। वे दलित कर्मचारियों को अपने संगठन में शामिल करने की कोशिश में प्रत्येक दिन सरकारी

तथा निजी क्षेत्र के ऑफिसों में जाया करते। उन्हें जहाँ कहीं खाने और सोने का प्रस्ताव मिलता, वहीं रुक जाते। ज्यादातर वे भोज न खापरडे के घर पर करते थे। उन्होंने शहर के एम. फुले कॉटर गॉज स्कूल के ठीक सामने 142, दास्तापेठ में ऑफिस भी स्थापित किया था। कांशीराम ने 1972 में 'इम्प्लॉयज, प्रॉब्लम्स एंड देयर सॉल्यूशन' विषय पर एक गोष्ठी आयोजित की।[25]

हालाँकि पूना स्तर की कांशीराम की कार्यवाहियाँ शुरुआत भर थीं; कांशीराम तथा उनके सहयोगी इसे राष्ट्रीय स्तर पर फैलाना चाहते थे। इसी उद्देश्य से उन्होंने एक एसोसिएशन का निर्माण किया। इस एसोसिएशन का नाम बामसेफ रखा गया। 'शिक्षित बनो, संगठित होओ और संघर्ष करो' इसका नारा था।

शुरुआत से ही कांशीराम की इच्छा बामसेफ की भूमिका को सुस्पष्ट रेखांकित करने की रही।[26] उन्होंने उस घोषणा को याद किया, जो बाबा साहेब आंबेडकर ने 18 मार्च, 1956 को आगरा के एक सम्मेलन में किया था, ''ये वो लोग हैं जिनके लिए हमने जीवन भर संघर्ष किया, लेकिन उन्हें सिर्फ अपने पेट भरने की चिन्ता है।''[27] कांशीराम ने महसूस किया कि ये शब्द उनके समुदाय के लिए एक अपमानजनक थे और इस धब्बे को मिटाने के लिए उन्होंने अपना मन बना लिया। बामसेफ के सम्मेलनों में, अपने सम्बोधन में वह सबसे पहले सरकारी कर्मचारियों को अपनी आय का दो प्रतिशत समाज के कल्याण हेतु देने के लिए प्रोत्साहित करते थे। जबकि आंबेडकर ने पाँच प्रतिशत देने को कहा था। बामसेफ को एक राष्ट्रीय स्वरूप देने के बाद कांशीराम ने देश के सभी जिलों में कामगारों की एसोसिएशनों के प्रतिनिधियों से मिलना शुरू किया। कल्पना से परे कांशीराम को हर जगह सरकारी कर्मचारियों का समर्थन प्राप्त हुआ। वे भारतीय रेलवे, टेलीफोन ऑफिस और डाक एवं तारघर ऑफिस (पीएंडटी) के कर्मचारियों की मदद भी चाहते थे। ट्रेन से एक शहर से दूसरे शहर जाकर, कर्मचारियों से रेलवे स्टेशनों तथा दलित बस्तियों में मिलते थे। बहुजन समाज पार्टी के कार्यकर्ता रामचेत 'तूफानी' बताते हैं कि ये मुलाकातें न केवल राजनीतिक होती थीं, बल्कि इसमें व्यक्तिगत विमर्श भी होता था। रामचेत 'तूफानी' शुरुआती दौर की अनेक बैठकों में शामिल थे।

> कांशीराम बैठकों में एक लोहे का बक्सा साथ लेकर जाते थे। बक्से में दलितों के श्रद्धेय महत्त्वपूर्ण सन्तों और नेताओं, जैसे आंबेडकर, रविदास, फुले और पेरियार की तस्वीरें होती थीं। बहुत सारे लोग उस समय इन नायकों की महत्ता से परिचित नहीं थे। कांशीराम इन तस्वीरों के माध्यम से इन नायकों के अतीत की शानदार विरासत को दृश्यात्मक तौर पर प्रस्तुत करते थे। उनकी बैठकों-सम्मेलनों में चलती-फिरती प्रदर्शनियाँ भी होती थीं, जिन्हें 'आंबेडकर मेला ऑन व्हील्स' कहा जाता था। इस मेले में आंबेडकर की तस्वीरें, किताबें तथा पोस्टर होते थे। कुछ पोस्टरों में

डॉ. आंबेडकर के जीवन की झाँकी होती, जबकि कुछ में दलितों के खिलाफ होने वाले अत्याचारों का वर्णन होता था। उदाहरण के लिए किसी पोस्टर में उद्दंड भीड़ दलितों पर हमला बोल रही है, किसी में एक दलित लड़का अध्यापक द्वारा पीटा जा रहा है, क्योंकि उसने सामान्य लड़कों के लिए रखे गए पानी के घड़े से पानी पी लिया था और किसी में एक दलित अपने कमर से झाड़ू बाँधकर रास्ते पर चल रहा है और लोग उसे पत्थर से मार रहे हैं। इस प्रकार के पोस्टरों के अलावा बहुत सारे पोस्टर ऐसे थे, जिसमें आंबेडकर, शाहूजी महाराज, पेरियार और अन्य दलित-पिछड़े नेताओं के जीवन की कहानियों का वर्णन होता था। कुछ पम्फलेट दलितों का इतिहास और उन पर सदियों से हो रहे शोषण को सामने लाते थे। यह सब कुछ एक मंच पर रख दिया जाता था और कांशीराम उपस्थित लोगों से बात करते समय इन पोस्टरों तथा पम्फलेटों को दिखाते थे। ज्यादातर बैठकें दलित बस्तियों में स्थापित आंबेडकर की मूर्ति के पास की जाती थीं। कांशीराम प्राय: बैठकों में कहते, 'यह बात मैंने आंबेडकर की किताबों के माध्यम से सीखी। मैंने उनकी बातों को डायरी में नोट कर लिया है और मैंने हमेशा उनके कटु अनुभवों से सीखने की कोशिश की है।'[28]

बैठकों में उपस्थित लोगों से कांशीराम आग्रह करते कि आप लोग बाबा साहेब के अनुभव से प्रेरणा लें और उनके जीवन से सीखें। रामचेत कहते हैं कि कांशीराम निरपवाद रूप से लोगों के दिलों में अपने लिए जगह बना लेते थे, लोग उनसे प्रेरित हो जाते तथा उनके साथ हो लेते।

नागपुर के कांशीराम के एक पुराने सहयोगी गोबिन्द बैकर याद करते हैं कि कांशीराम भीड़-भाड़ वाली ट्रेनों के तीसरे दर्जे में यात्रा करते थे। हमेशा वे ट्रेनों में खड़े ही रहते और उनके सहयोगी जो कुछ खाने के लिए लाते, वे उसी दौरान खा भी लेते। एक बार पत्रकारों ने उनसे पूछा कि क्या उन्होंने पूरा देश घूमा है तो उन्होंने मुस्कुराते हुए कहा कि पूरा भारत वे केवल एक बार नहीं, बल्कि दो बार घूम चुके हैं और कई स्थानों पर तो अनेक बार गए हैं।[29]

6 दिसम्बर, 1973 को कांशीराम ने दिल्ली के पंचकूला में एक बैठक आयोजित की। इसमें हजारों लोग शामिल हुए, जिसमें 23 लोग पूना के थे। यहाँ पर कार्यवाही की दिशा तय की गई, जिसे 'समाज को वापस करो' का नाम दिया गया। यह प्रस्ताव पास किया गया कि बाद में जो संगठन बनाया जाएगा, वह गैर राजनीतिक, गैर आन्दोलनात्मक और गैर धार्मिक होगा। बाद में यह संगठन औपचारिक तौर पर गठित हुआ। जब तक यह संगठन औपचारिक रूप से घोषित होता, तब तक कम से कम दो लाख लोग इसकी सदस्यता ग्रहण कर चुके थे। दिल्ली के श्रम मंत्रालय में एक सेक्शन अधिकारी के तौर पर कार्यरत दौलत राव बांगर के निवास स्थान पर इस संगठन का अस्थायी कार्यालय बनाया गया।

समय-समय पर कांशीराम बामसेफ की स्थानीय बैठकों में भी शामिल होते थे। इसी प्रकार की एक बैठक 6 मार्च, 1975 को 'विदर्भ डिपार्टमेंट वर्करों' की नागपुर में हुई, जिसमें वह शामिल हुए। इस समय की अपनी गतिविधियों के बारे में बाद में कांशीराम ने कहा कि 'साल के 365 दिनों मैं व्यस्त रहता था, क्योंकि मेरे पास बहुत ज्यादा काम था। वास्तव में इतना काम था कि बीमार पड़ने की भी फुरसत नहीं मिल पाती थी।'[30] कांशीराम अपने जीवन के लक्ष्य को बार-बार गहरे लगाव से दोहराते हुए कहते थे, "दिल में अगर सही तमन्ना है, तो रास्ते निकल आते हैं; तमन्ना अगर सही नहीं है, तो हजारों बहाने निकल आते हैं।"[31]

अगले पाँच साल कांशीराम ने अपनी ऊर्जा देकर दलित कार्यकर्ताओं को बामसेफ में शामिल करने में लगाया। इस समय तक भी कोई औपचारिक संगठन नहीं बना था। अनौपचारिक तौर पर विभिन्न गतिविधियों के माध्यम से लोगों को संगठित एवं सक्रिय किया गया। कांशीराम ने स्वयं अनेक वर्कशाप किए, जिनमें कार्यकर्ताओं को सांगठनिक कार्यों के लिए प्रशिक्षित किया जाता था। कांशीराम ने औपचारिक तौर पर 6 दिसम्बर, 1978 को बामसेफ की स्थापना की। इसका ऑफिस करोल बाग, नई दिल्ली में बनाया गया।[32]

पूना से दिल्ली आने के निर्णय के पीछे यह तथ्य काम कर रहा था कि अस्पृश्यों में सबसे निचली जाति चमारों का बहुसंख्यक हिस्सा उत्तर भारत में रहता है। कांशीराम स्वयं चमार जाति के थे।

> चमार जम्मू से लेकर उत्तर भारत के कुछ क्षेत्रों तक फैले हुए हैं। पूरब में धनबाद (झारखंड) से मध्य प्रदेश और दक्षिण में चमार पट्टी (अलग रिहाइशी इलाके) थी। चमार नेता जगजीवन राम के रहने तक, ज्यादातर चमार कांग्रेस के प्रभाव में थे। उनका कार्यभार था कि चमारों को कांग्रेस के बैनर तले रखा जाए और आंबेडकर के क्रान्तिकारी विचारों से उनके विरोध को कार्यवाही में बदलने से रोकना। कांशीराम ने चमारों पर कांग्रेस की मजबूत पकड़ को कमजोर कर दिया।[33]

बामसेफ कांशीराम का एक साधन बनने जा रहा था। उन्होंने पूरे देश का दौरा किया, अपने स्वास्थ्य की चिन्ता किए बिना लगातार काम करते रहे। एक अखबार में प्रकाशित एक घटना आन्दोलन के प्रति उनके समर्पण और अपने जीवन के एक-एक क्षण के समुचित इस्तेमाल की उनकी भावना को प्रकट करती है। इस कहानी के अनुसार—

> एक बार साहेब की एंजियोग्राफी हुई और डॉक्टरों ने उन्हें 24 घंटे आराम करने की सलाह दे दी। लेकिन वे पहले ही पूना में एक गोष्ठी में शामिल होना तय कर चुके थे और उसी दिन उन्हें दिल्ली से पूना के लिए जाना था। डॉक्टरों ने यात्रा करने से मना किया, लेकिन उन्होंने उनकी बात नहीं

> सुनी। अनन्त राव फुले के साथ वह पूना के लिए रवाना होने ही वाले थे कि डॉक्टर ने उन्हें अपनी यात्रा रद्द करने के लिए कहा। साहेब ने कहा, 'डॉक्टर, मैं आपकी भावना को अच्छी तरह समझता हूँ, अगर ये बात 10 साल पहले हुई होती तो मैं आपकी बात मान लेता, लेकिन इस समय हमारे समुदाय की जो स्थिति है, मैं अपने जीवन के प्रत्येक पल का उपयोग करना चाहता हूँ। एक लम्बे संघर्ष के बाद लोगों ने मुझे समझना शुरू किया है, इसलिए मुझे बहुत तेजी से काम करना है।' ऐसा कहते हुए वह पूना चले गए।[34]

कांशीराम द्वारा अपने मिशन के लिए किए गए इस प्रकार के कार्यों की बात 'बहुजन नायक' के एक पत्रकार तथा आन्दोलन के सहयोगी आनन्द रहाटे भी करते हैं। वे कांशीराम के बारे में लिखते हैं—

> आंबेडकर की मौत के कई वर्षों बाद आन्दोलन को एक सक्षम नेता मिला था, वह एक पल के लिए भी आराम नहीं करते और बिना थके लगातार काम करते। कोलकाता की रैली में मैं उनके साथ था और मैंने देखा कि रैली होने से पहले शाम को ही रैली स्थल पर चले गए और सुबह 3 बजे तक सारी व्यवस्था देखते रहे। माइक कहाँ ठीक रहेगा, बैठने की व्यवस्था पूरी तरह ठीक है, आने वालों की सुविधाएँ कैसी रहेंगी आदि मामलों को उन्होंने खुद देखा। रैली स्थल से कमरे पर लौटने पर उन्होंने एक कंबल लिया और जूता उतारे बिना ही सो गए। सोने से पहले उन्होंने मुझसे कहा कि मुझे पाँच बजे जगा देना। कांशीराम ऐसे नेता थे, जो कार्यकर्ता की तरह काम करते थे।[35]

यहाँ तक कि बाद में बहुजन समाज पार्टी का अध्यक्ष होने पर वे ट्रेन से यात्रा करते और किसी भी कार्यकर्ता की तरह चुनाव घोषणा-पत्र स्वयं बाँटते। एक दूसरी कहानी, जो नागपुर से छपने वाली पत्रिका, 'बहुजन मीडिया' में छपी, वह बताती है कि कांशीराम, किन कठिन स्थितियों में ट्रेन में यात्रा करके अपने उद्देश्य को पूरा करते थे।

> शुरुआत में डीएस-4 के बैनर तले एक चुनाव लड़ा गया था। (ये हरियाणा तथा दिल्ली के स्थानीय चुनाव थे।) उस चुनाव के बारे में ज्यादा प्रचार नहीं हुआ था और धन तथा संसाधन नहीं थे, लेकिन आत्मविश्वास बहुत अधिक था। कांशीराम ने दूर दराज के एक गाँव में चुनाव का पोस्टर भेजा। उस गाँव में उन्होंने चुनाव प्रचार भी किया। साहेब ने स्वयं पोस्टरों का बंडल उठाया तथा ट्रेन पर चढ़ गए। द्वितीय श्रेणी के डिब्बे में बहुत भीड़ थी। वे बैठने के लिए कोई स्थान नहीं पा सके। इसलिए उन्होंने बंडल नीचे रखा और उस पर बैठ गए। अपने कठिन कार्यक्रम के चलते वे बहुत थक गए थे और वहीं

सो गए। स्टेशन पर जब उन्होंने टिकट दिखाने के लिए अपना हाथ जेब में डाला तो पाया कि जेब तो कट चुकी है। उन्होंने यह बात टी.सी. को बताई। टी.सी. एक अच्छा आदमी था, जब उसने कांशीराम की कटी जेब देखी तो उसने उन्हें जाने की इजाजत दे दी। कांशीराम ने स्टेशन से 15 किलोमीटर तक की यात्रा की। वे भूखे एवं प्यासे थे। उन्होंने ताँगे वाले से बैठाने को कहा, लेकिन उसने इनकार कर दिया। बरसात का महीना था, मौसम बहुत खराब था। आसमान में बिजली चमक रही थी। इस मौसम में यात्रा करना दुस्साहस था, लेकिन कांशीराम रुकने वाले व्यक्ति नहीं थे। उन्होंने बंडल सिर पर रख लिया और चल पड़े।[36]

रामचेत राम[37] याद करते हैं कि जब 1980 में कांशीराम पहली बार इलाहाबाद आने वाले थे, तो उस महान नेता को लेने के लिए वो रेलवे स्टेशन पर कैसे इन्तजार करते रहे थे। राजपुर में दलितों की बस्ती में एक बैठक आयोजित करने में रामचेत ने कांशीराम की मदद की। वे आगे बताते हैं कि मीटिंग के बाद कांशीराम उसी रात लखनऊ चले गए। वहाँ से वे बैठक करने बस्ती व गोरखपुर गए। इलाहाबाद की उस बैठक में उन्होंने 18 सरकारी कर्मचारियों को आन्दोलन के काम में लगने के लिए तैयार किया तथा आन्दोलन को आगे बढ़ाने के लिए उन्हें जिम्मेदारियाँ सौंपीं। रामचेत कहते हैं कि 'कांशीराम कार्यकर्ताओं की परेशानियों को सुनते तथा उनसे साफ-साफ बात करते।'

कांशीराम ने अनुभव किया कि शहरी बस्तियों की झुग्गी-झोंपड़ियों के सरकारी कर्मचारियों के साथ बैठक करने के कई फायदे हैं। ये वे लोग हैं, जिनकी जड़ें गाँवों में हैं और इससे कांशीराम को गाँव की दलित पट्टियों में प्रवेश करने तथा उनकी समस्याओं तथा मुद्दों की जानकारी हासिल करने में मदद मिली। कांशीराम तथा उनके वफादार सहयोगियों का समूह खेतों, पोखरों के किनारे-चौपालों (अनौपचारिक तथा औपचारिक बातचीत करने की जगह) जैसे सार्वजनिक स्थलों पर जाते। प्राय: वहाँ कुछ चारपाइयाँ डाल दी जातीं। वहाँ रहने वाले लोग उन्हें खाना बनाने के लिए आटा, सब्जियाँ तथा दूसरी चीजें लाकर दे देते। इस पद्धति के तीन फायदे थे—पहला, ऐसे अवसरों पर जुटने वाले लोगों के बीच एक समुदाय के तौर पर साथीपन तथा भाईचारे की भावना विकसित होती। दूसरे, इससे कुछ लोगों से कांशीराम विशेष रूप से जुड़े हैं, उनका कोई समूह नहीं बनने पाता। इससे किसी को कोई परेशानी या ईर्ष्या महसूस नहीं होती। तीसरा, यह एक व्यावहारिक कदम था, ताकि किसी व्यक्ति विशेष पर कांशीराम तथा उनके साथियों को अपने यहाँ ठहराने का भार नहीं पड़ता। इसके अतिरिक्त यदि दलित पट्टी में आपस में कोई मनमुटाव होता तो उसे शान्तिपूर्वक सुलझा लिया जाता। कांशीराम का व्यक्तित्व चुम्बकीय था, जो धीरे-धीरे उन लोगों को अपनी ओर खींच लेता, जो सचेत तथा संवेदनशील थे।

इस बात को कहने की आवश्यकता नहीं है कि कांशीराम की उपस्थिति ने नाड़ा मवेशी आन्दोलन (एनएमएम) के कार्यकर्ताओं और आरपीआई के कार्यकर्ताओं में नई ऊर्जा भरी। आरपीआई तो उत्तर प्रदेश में अपना आधार खो चुकी थी। ये बिखरी हुई शक्तियाँ राजनीतिक एवं सामाजिक तौर पर अत्यन्त चेतना सम्पन्न थीं, ये बाद में बहुजन समाज पार्टी के कार्यकर्ता बन गए।

नाड़ा मवेशी आन्दोलन के बारे में लोग बहुत कम जानते हैं, लेकिन यह एक महत्त्वपूर्ण सामाजिक आन्दोलन था, जो 1950 और 1980 के बीच उत्तर प्रदेश और बिहार के गाँवों में फैला था। इस आन्दोलन को गाँवों की सफाई करने वाले चमारों ने चलाया था। चमार जाग उठे थे और वे अपनी सामाजिक पहचान चाहते थे। इन लोगों ने मरे हुए जानवरों की लाशों को ठिकाने लगाने से इनकार कर दिया। महिलाओं ने नये जन्मे बच्चों का नाड़ा काटने से इनकार कर दिया। परम्परागत जाति आधारित इन पेशों ने इनके आत्मसम्मान को खत्म कर दिया था। ऊपरी जातियों तथा दूसरी दलित जातियों ने इस उभार को खत्म करने के लिए आपस में हाथ मिला लिया। ठाकुर, ब्राह्मण जैसी ऊपरी जातियाँ तथा यादव और कुर्मी जैसी पिछड़ी जातियाँ, जो गाँवों में प्रभावशाली स्थिति में थीं, उन्हें अन्य दलित जातियों जैसे भंगी, पासी, धोबी आदि का समर्थन प्राप्त हुआ, क्योंकि ये दलित जातियाँ जजमानी प्रथा में थोड़ी बेहतर स्थिति में थीं। जजमानी प्रथा एक आर्थिक व्यवस्था थी, जिसमें निचली जातियाँ ऊपरी जातियों, जिन्हें जजमान कहा जाता था, के लिए विभिन्न तरह के काम करती थीं तथा बदले में अनाज पाती थीं। ये दलित जातियाँ जातीय श्रेणीक्रम में अपने को चमार जाति से ऊपर मानती थीं, इसलिए इन्होंने खुद को ऊपरी जातियों की तरफ कर लिया था। साथ ही इनको यह भय भी था कि यदि चमार इन कामों को करना छोड़ देंगे, तो इन कामों को कौन करेगा? नाड़ा मवेशी आन्दोलन में चमार पूर्णतया अकेले पड़ गए थे, उन्हें अन्य दलित जातियों का समर्थन प्राप्त नहीं हुआ था। राष्ट्रीय मीडिया ने भी इस आन्दोलन की खबरों को प्रकाशित नहीं किया। नाड़ा मवेशी आन्दोलन के बारे में मौखिक परम्पराओं और अन्य स्रोतों से पता लगाया गया था।[38]

गाँव हो या शहर, कांशीराम का करिश्मा लोगों के साथ व्यक्तिगत ताल्लुकात में निहित होता। उनकी चिट्ठियों में भी ऐसा ही जादू पाया जाता था। सभी चिट्ठियाँ तथा नोट्स वे अपने हाथों से लिखते थे। भले ही ये कितने ही छोटे क्यों न हों, लेकिन इसमें उनकी व्यक्तिगत भावना तथा हस्ताक्षर गहरा प्रभाव डालते थे। इसे हम बामसेफ के लेटरहेड पर 4 अगस्त, 1977 को देवी सिंह 'अशोक' को लिखे पत्र में देखते हैं। यह एक गोष्ठी के बारे में था, जो कि 11-12 अगस्त, 1977 को दिल्ली में होनी थी। कांशीराम ने अपनी हैंड राइटिंग में लिखा, एनबी : मैं चाहता हूँ कि आप 11 और 12 अगस्त को दिल्ली आएँ, कांशीराम हस्ताक्षरित। (तस्वीर नम्बर-8)

इस दूरदर्शी दृष्टि, लोगों से घुलने-मिलने की क्षमता और लोगों को प्रेरित करने की काबिलियत ने कांशीराम को बहुजन समाज पार्टी के लिए आधार तैयार करने में मदद की।

***

दिल्ली के बामसेफ के ऑफिस से कांशीराम सारी कार्यवाहियों पर करीब से निगाह रखना चाहते थे।[39] कुछ समय बाद औपचारिक तौर पर संगठन बन गया। दो लाख से अधिक लोगों ने संगठन की सदस्यता ग्रहण की। इसमें 500 पी-एच.डी. धारक, 30,000 डॉक्टर, 15,000 वैज्ञानिक, 70,000 सरकारी कर्मचारियों को संगठन में शामिल होने के लिए प्रोत्साहित करना उनके लिए आसान नहीं था। एक तरफ तो ये सभी लोग शिक्षा तथा रोजगार के संवैधानिक अधिकारों की प्राप्ति के लिए आंबेडकर के ऋणी थे, दूसरी तरफ ये लोग अपने काम के स्थानों पर ऊँची जातियों से अपमानित तथा बेइज्जत होते थे। वे इस प्रकार के उत्पीड़न के खिलाफ एकजुट होने तथा संघर्ष करने की जबरदस्त भावना रखते थे।[40]

संगठन की पहली मीटिंग 7 से 10 दिसम्बर, 1978 को दिल्ली में हुई। बहुत सारे मुद्दों पर बहस हुई तथा संगठन के उद्देश्यों की रूपरेखा प्रस्तुत की गई। पहले के उद्देश्य 'समाज को वापस करो' (पे बैक टू सोसायटी) पर काम पहले ही शुरू हो चुका था और इसके बाद दलित समुदाय की जड़ों को मजबूत करने की गैर राजनीतिक शुरुआत के मुख्य उद्देश्य को संगठन ने अपना मुख्य काम बना लिया। बामसेफ को मजबूत बनाने के लिए बुद्धिजीवियों का एक समूह, धन का एक कोष तथा कौशल सम्पन्न लोगों का एक समूह बनाया गया। बामसेफ में शामिल कर्मचारियों के बीच से एक ग्रुप बनाया गया, जो उत्पीड़ित वर्ग के दूसरे सदस्यों की मदद करे। इन कर्मचारियों के ग्रुप का काम था, लोगों की चेतना को जागृत करना, परेशानी की स्थितियों में लोगों की सहायता करना, उनके खिलाफ होने वाले अत्याचारों का प्रतिरोध करना, रैलियों का आयोजन करना आदि।

बामसेफ के तहत दलितों की लामबन्दी के लिए 'क्या आंबेडकरवाद पुनर्जीवित होगा और प्रासंगिक बना रहेगा?' विषय पर 14 अप्रैल से 19 जून, 1979 के बीच भारत के बहुत सारे शहरों में गोष्ठियों की श्रृंखला आयोजित की गई। गोष्ठी की कार्यवाहियों ने तथाकथित आंबेडकरवादियों के बीच अफरा-तफरी पैदा कर दी, क्योंकि कांशीराम आंबेडकर की अपने तरीके से व्याख्या करते थे। दूसरी तरफ इन गोष्ठियों के चलते आंबेडकरवादी युवकों के बीच कांशीराम उनके नये नेता के रूप में स्थापित हो गए। यह उन भिन्न तरीकों में से एक था, जिसके माध्यम से कांशीराम ने आंबेडकरवादियों के गिरते आत्मविश्वास को सफलतापूर्वक फिर से स्थापित किया।[41]

कांशीराम ने विभिन्न जगहों पर गोष्ठी आयोजित करने के अलावा बहुजन समाज की वर्तमान स्थिति पर रैलियों का भी आयोजन किया। बहुजन समाज के सामने उपस्थित चुनौतियों का सामना करने के लिए आपस में स्वयं सहयोग करने की प्रक्रिया भी शुरू की गई। कांशीराम व्यक्तिगत तौर पर अतिथियों को चिट्ठी लिखते, उन्हें आमंत्रित करते तथा उन्हें गोष्ठियों-रैलियों में हिस्सेदारी करने तथा बोलने के लिए बुलाते।

बामसेफ की कार्यवाहियाँ 6 से 12 रुपये के सदस्यता शुल्क पर आधारित थीं। जरूरत पड़ने पर, नियमित सम्मेलनों के लिए और पैसा जुटा लिया जाता था। सभी सरकारी ऑफिसों में जहाँ बामसेफ की शाखाएँ थीं, वहाँ पर एक कोषाध्यक्ष नियुक्त किया जाता था। यह कोषाध्यक्ष सभी सदस्यों से पैसा इकट्ठा करता था और वह पैसा कांशीराम को सौंप देता था। मंडल संयोजक कांशीराम द्वारा नियुक्त किया जाता था। पैसा इकट्ठा करने के अलावा संयोजक नये सदस्यों की भर्ती भी करता तथा अपने मंडल के सदस्यों को कांशीराम के निर्देशों से अवगत कराता था।[42] जिला स्तर का संयोजक राज्य तथा मंडल के बीच की कड़ी की तरह काम करता था। दूसरी तरफ प्रदेश संयोजक अपने राज्य के सभी जिलों के संयोजकों के बीच सन्तुलन कायम करने का काम करता था।

राष्ट्रीय स्तर पर बामसेफ की स्थापना के बाद कांशीराम ने बहुत सारे सम्मेलनों का आयोजन किया, जिसमें देशभर के कार्यकर्ताओं ने शिरकत की। ये सम्मेलन एक ऐसे मंच का काम करते थे, जहाँ सदस्य एक-दूसरे से मिलते तथा दलित समुदाय के सामने उपस्थित विभिन्न समस्याओं पर बातचीत करते थे। बामसेफ का पहला राष्ट्रीय सम्मेलन 2 से 4 दिसम्बर, 1979 को नागपुर में हुआ था। इसमें 10,000 से अधिक लोग शामिल हुए थे। ये सदस्य बामसेफ के आनुषंगिक संगठनों, दत्तक ग्रहण, बामसेफ सहकारिता (को-ऑपरेटिव) और बामसेफ भाईचारा को देखकर बहुत प्रभावित हुए थे।[43] बामसेफ दत्तक ग्रहण गाँवों तथा गरीब लोगों के लिए काम करता था। इसका काम था, किसी विशेष जिले के कुछ गाँवों को दत्तक ले लेना और उन गाँवों में सरकार की कल्याणकारी योजनाओं तथा नीतियों को लागू करवाना। इसके साथ विभिन्न योजनाओं और कार्यक्रमों के लिए जारी बजट और ग्रामीण गरीबों के लाभ के लिए चलाई जाने वाली परियोजनाओं के ईमानदारी पूर्वक लागू किए जाने को सुनिश्चित करना था। बामसेफ भाईचारा शाखा शहरों में रहने वाले दलित समुदाय के प्रवासी लोगों के लिए काम करती थी। इस शाखा का मुख्य काम था, गाँवों से आकर शहरों तथा कस्बों में रहने वाले उन दलितों को संगठित करना, जिन्होंने अच्छी या बुरी स्थितियों में रहते हुए वहाँ खुद का एक आधार तैयार कर लिया था। बामसेफ सहकारिता शाखा का उद्देश्य था कि दलितों को इस बात के लिए प्रोत्साहित किया जाए कि वे अपनी खुद की एक अर्थव्यवस्था का निर्माण

करें। दलित बहुत बड़ा उपभोक्ता समुदाय तो था, लेकिन इसकी अपनी कोई पूँजी नहीं थी।

इन सम्मेलनों में लोगों ने जागृति दस्ता को भी हिस्सेदारी करते देखा। यह दस्ता अपने गीतों के माध्यम से दलितों की पददलित स्थिति को उजागर करता था। ये गीत फुले, शाहूजी महाराज, पेरियार, आंबेडकर और कांशीराम के बारे में होते थे। ये गीत उत्पीड़न के खिलाफ खड़ा होने के लिए दलितों का आह्वान करते थे। इस समूह द्वारा गाए जाने वाले कुछ गाने इस प्रकार हैं—

काम अधूरे पूरे करना, भीम ने सिखाया है
पढ़ना लिखना ज्ञानी बनना, भीम ने सिखाया है
साहस पूर्वक बुद्धिमानी, भारत माँ के लाल विद्वानी
जन हित में हर काम किया है, अपने वतन का नाम किया है
मार्ग खोला ज्ञान का भीम ने मानो हमें बताया है
पढ़ना लिखना ज्ञानी बनना, भीम ने सिखाया है[44]

और

बाबा भीम कह गए हमें समझाई
लो बुद्ध धर्म अपनाई मितवा[45]

सम्मेलन में कांशीराम ने बामसेफ को 'मिशन' का नाम दिया। उन्होंने घोषणा की कि 'भारतीय लोकतंत्र अमीरों के धन से गरीबों का वोट खरीदने से अधिक कुछ नहीं है। इसलिए यह एक प्रकार का सक्रिय साम्राज्यवाद है।'[46] बामसेफ के मिशन ने दलितों को राजनीतिक तौर पर इस बात के लिए जागरूक किया कि वे अपना वोट न बेचें। बामसेफ के राजनीतिक, आर्थिक एवं सामाजिक मंचों को मजबूत बनाने के उद्देश्य से उन्होंने आगे इस बात की घोषणा की कि बामसेफ के विभिन्न मंचों की गतिविधियों को तेज किया जाए, क्योंकि समाज को इसकी आवश्यकता है। उन्होंने बामसेफ से जुड़े संगठनों से निवेदन किया कि वे दलितों को सक्रिय तौर पर लामबन्द करें।

बामसेफ का दूसरा राष्ट्रीय सम्मेलन 20 से 24 नवम्बर, 1980 को दिल्ली में आयोजित किया गया। सम्मेलन स्थल का नाम डॉ. आंबेडकर नगर रखा गया। 22 राज्यों के बामसेफ के प्रतिनिधियों ने अपने राज्यों तथा स्थानीय कार्यों की उत्साहजनक रिपोर्ट प्रस्तुत की। तीसरा राष्ट्रीय सम्मेलन 14 से 18 अक्टूबर, 1981 को परेड ग्राउंड चंडीगढ़ में आयोजित किया गया। लगभग 300 जिलों के प्रतिनिधियों ने इसमें हिस्सेदारी की। इसमें शामिल लोगों के लिए सबसे बड़ी चीज थी, बामसेफ के स्वयं सेवकों का प्रदर्शन।[47]

बामसेफ का ऑफिस करोल बाग के व्यस्त बाजार की गली में एक मकान की

सबसे ऊँची मंजिल पर था। इस गली में जूता बनाने वालों की छोटी-छोटी दुकानें तथा शादी-ब्याह तथा अन्य अवसरों पर बाजा बजाने वाले बैंड वाले थे। ऑफिस के सामने बामसेफ का बोर्ड लटका हुआ था। इस ऑफिस में दो छोटे कमरे थे। इन कमरों की दीवारों पर आंबेडकर, पेरियार तथा अन्य दलित नायकों की तस्वीरें टँगी थीं। पूरी दीवार इन तस्वीरों से पटी पड़ी थी। बामसेफ के सदस्यों के लिए कांशीराम रणनीति बनाते थे। वैसे तो बामसेफ पूर्णतया गैर राजनीतिक संगठन था, लेकिन जब 1984 में बसपा का गठन हुआ तो इसके द्वारा इकट्ठे किए गए पैसे से पार्टी संचालित करने में मदद मिली। इसका मासिक खर्च एक करोड़ के आसपास था।[48]

जब बहुजन समाज पार्टी का गठन हो गया, तो कांशीराम ने अपनी सारी शक्ति इसके विकास के लिए लगा दी। पीछे से बामसेफ बहुजन समाज पार्टी को जरूरी मदद करता रहा। बहुजन समाज पार्टी के बहुत सारे सदस्य प्रारम्भ में बामसेफ के भी सदस्य थे। इन नेताओं में मायावती भी शामिल थीं। इन लोगों ने अपनी राजनीतिक महत्त्वाकांक्षाओं को बहुजन समाज पार्टी के माध्यम से पूरा किया। बहुजन समाज पार्टी की शुरुआत तथा निर्माण के दिनों में बामसेफ पार्टी की कार्यवाहियों में शामिल था। पार्टी के कोष का संचालन तथा स्थानीय स्तर पर पार्टी की राजनीतिक रणनीति तय करने का कार्य भी करता था।[49] यह सहयोग लम्बे समय तक नहीं चला, हालाँकि बहुजन समाज पार्टी अधिक से अधिक शक्तिशाली होती चली गई। बहुजन समाज पार्टी तथा बामसेफ के बीच मतभेद उभरते रहे, यहाँ तक कि बामसेफ के बीच भी मतभेद उभरे, विशेषकर कांशीराम की भूमिका को लेकर जो अध्यक्ष बने हुए थे। अन्ततोगत्वा 1990 के दशक में संगठन में एक विभाजन हो गया।

बामसेफ ठीक से चल रहा था, लेकिन कांशीराम को तेजी से एक दूसरे राजनीतिक निकाय की जरूरत महसूस हो रही थी। बामसेफ के सदस्य सरकारी कर्मचारी थे, वे चुनाव नहीं लड़ सकते थे। उन्होंने इन सदस्यों की परिकल्पना बहुजन समाज के 'थिंक टैंक' तथा समर्थक ढाँचे के रूप में की थी। 6 दिसम्बर, 1981 को दलित शोषित समाज संघर्ष समिति (डीएस-4) की स्थापना की गई, लेकिन यह पूरी तरह राजनीतिक पार्टी नहीं थी। हालाँकि, इसकी गतिविधियाँ बामसेफ की तुलना में ज्यादा राजनीतिक थीं। 'कोई भी सरकारी कर्मचारी डीएस-4 का सदस्य नहीं बन सकता था। इसका उद्देश्य सामान्य दलितों की चेतना को आगे बढ़ाना तथा उन्हें राजनीतिक गतिविधियों में शामिल होने के लिए तैयार करना था। डीएस-4 का वार्षिक सदस्यता शुल्क 3 रुपए था। 'द्विज' जातियों (क्षत्रियों, ब्राह्मणों तथा बनियों) को छोड़कर कोई भी इसका सदस्य हो सकता था।'[50]

शुरू से ही डीएस-4 को 10 विभागों में विभाजित किया गया था। प्रत्येक के जिम्मे भिन्न भूमिकाएँ तथा जिम्मेदारियाँ थीं। जागृति, महिला और छात्र पहले तीन विभाग थे। इसमें जागृति सबसे अधिक सक्रिय था। इसके सदस्य उत्तर भारत के

गाँवों तथा छोटे कस्बों में जाकर दलितों को उनकी सामाजिक, सांस्कृतिक और आर्थिक स्थिति के बारे में जागृत करने की कोशिश करते थे। ये लोग अपने भाषणों, संगीत और नाटकों के माध्यम से कांशीराम तथा आंबेडकर के सन्देशों को लोकप्रिय बनाते थे।[51] डीएस-4 के कार्यकर्ता अपनी साइकिलों पर नीला झंडा लगाकर पूरे देश की यात्रा करते थे। कांशीराम जानते थे कि अन्य शक्तिशाली राजनीतिक पार्टियों के विपरीत बहुजन समाज के नेता केवल साइकिल जैसे छोटे वाहन का ही इस्तेमाल कर सकते हैं। यही सबसे बेहतर तरीका है, उनसे मुकाबला करने का। इसके अलावा वे यह जानते थे कि आम जनता के बीच साइकिल बड़े पैमाने पर इस्तेमाल की जाती है तथा यह लोकप्रिय वाहन है। वह मुतमईन थे कि दो पैर तथा दो पहिये महान लक्ष्य को प्राप्त कर सकते हैं।[52]

देहातों में साइकिल से घूमते हुए डीएस-4 के कार्यकर्ता दलितों को जगाने के लिए गाने गाते थे। कांशीराम स्वयं कार्यकर्ताओं के साथ गाना गाते। इसके साथ ही ये लोग 'तिलक तराजू और तलवार इनको मारो जूते चार' का नारा भी लगाते थे। (तिलक ब्राह्मणों का प्रतीक, तराजू बनियों का तथा तलवार क्षत्रियों का प्रतीक है।) जब कार्यकर्ताओं का बड़ा समूह नारे लगाते तथा जोर-जोर से गाना गाते हुए गाँव में प्रवेश करता, तो दलित उत्तेजना से भर जाते। सबसे दब्बू तथा गरीब से गरीब दलित को भी यह विश्वास हो जाता कि वे डीएस-4 की मदद से ऊँची जातियों का सामना कर सकते हैं। यह साइकिल रैली विभिन्न जगहों पर रुकती, बड़े पैमाने पर गाँवों के लोगों द्वारा इनका स्वागत किया जाता था। डीएस-4 ने उत्तर प्रदेश, बिहार तथा हरियाणा जैसे राज्यों में जहाँ दलितों पर भीषण अत्याचार होते थे, अपनी जगह बनाई।[53]

गाँवों में रहने वालों को संगठित करने के लिए 1983-84 में डीएस-4 ने एक बड़ी साइकिल रैली का आयोजन किया। पहली साइकिल रैली कांशीराम द्वारा 6 दिसम्बर, 1983 को कन्याकुमारी से शुरू की गई, दूसरी कारगिल से 18 दिसम्बर, 1983 को शुरू की गई, तीसरी कोहिमा से 19 जनवरी, 1984 को शुरू की गई, चौथी 28 जनवरी, 1984 को जगन्नाथपुरी से प्रारम्भ की गई तथा अन्तिम रैली 22 फरवरी, 1984 को पोरबन्दर से शुरू की गई। ये सभी रैलियाँ दिल्ली के बोट क्लब मैदान में 15 मार्च, 1984 को आकर एक जगह मिलीं।[54]

लगभग तीन लाख लोगों ने इन रैलियों में हिस्सेदारी की। इन्हें निर्देश था कि कम से कम 75,000 सभाएँ की जाएँ और यह सुनिश्चित किया जाए कि कम से कम इसमें 10 करोड़ लोग हिस्सेदारी करें। इन साइकिल रैलियों में 'बाबा साहेब अमर रहें'; 'कांशीराम जिन्दाबाद, जिन्दाबाद, जिन्दाबाद'; 'वोट हमारा राज तुम्हारा नहीं चलेगा, नहीं चलेगा'; 'जिसकी जितनी संख्या भारी, उसकी उतनी हिस्सेदारी'; 'कांशीराम तेरी नेक कमाई, तुमने सोई कौम जगाई'; 'बाबा तेरा मिशन अधूरा,

कांशीराम करेगा पूरा'; 'भारत की मजबूरी है, कांशीराम जरूरी है'; 'सारे देश में एक ही नाम, कांशीराम, कांशीराम'; 'अब बहुजन की बारी है, 21वीं सदी हमारी है'; 'क्षत्रिय, ब्राह्मण, बनिया छोड़, बाकी सब हैं डीएस-4' आदि नारे लगाए जाते थे।[55]

जब विशाल साइकिल रैली बोट क्लब जाने के लिए दिल्ली के लाल किला मैदान में जुटी तो शहर इस रैली को देखकर मंत्रमुग्ध हो गया। पत्रकारों ने जोश से भरे दलित एवं निम्न जातियों के ऐसे विशाल समूह को कभी कवर नहीं किया था, जो अपने अधिकारों की दावेदारी करने के लिए जुटे हुए थे। इस रैली को कांशीराम ने सम्बोधित किया और मीडिया में इसकी व्यापक खबर प्रकाशित हुई।[56] बड़े पैमाने पर दलित अधिकारी तथा कामगार उत्साह में अपना काम छोड़कर रैली में शामिल होने आए। कांशीराम इस बात को साबित करना चाहते थे कि दलितों को इतने विशाल पैमाने पर लामबन्द किया जा सकता है और वे कोशिश कर रहे थे कि वे एक राजनीतिक ताकत के रूप में दिखाई दें।

इस रैली के बाद बहुत सारी सभाओं को सम्बोधित करने के निमंत्रण कांशीराम के पास आने लगे। बहुत शुरुआत से ही कांशीराम इन बैठकों-सभाओं के आयोजकों के सामने अपनी शर्तें रखने लगे, यथा सभा के पाँच किलोमीटर के दायरे में चार पहिया वाहन नहीं रहेगा; उनके वजन के अनुपात में एक झोले में 12,000 रुपए जमा होने चाहिए और मीटिंग में 12,000 लोग रहने चाहिए, जिसमें 3000 साइकिल सवार होने चाहिए। उस समय तक वे निम्नवर्ग के नायक बन चुके थे, इसलिए उनकी सभी शर्तें तुरन्त मान ली जाती थीं। उन्होंने उत्तर प्रदेश में लगभग 100 सभाओं को सम्बोधित किया। जब उनकी मौजूदगी की माँग बढ़ती गई, तो वे प्रतिदिन लगभग 3 सभाओं को सम्बोधित करने लगे। इस प्रकार वे प्रतिदिन लगभग 36,000 लोगों को सम्बोधित करते; फलस्वरूप पार्टी के लिए 36,000 रुपए भी इकट्ठे कर लेते। अपनी लोकप्रियता बढ़ने के कुछ ही दिन बाद उन्होंने अपने एक कार्यकर्ता से कहा, "मुझे इसका अनुभव 50 वर्ष की उम्र में होना शुरू हुआ। मैंने देर से शुरुआत की। मैं जीवन में देर से आगे बढ़ा। 50 वर्ष की उम्र में मैंने गरीबों को अमीरों के मुकाबले खड़ा करने का निर्णय लिया। इस अनुभव से गुजरने में दो वर्ष बीत गए। मैं इस समय 52 वर्ष का हूँ, अब मैं चाहता हूँ कि लोग मेरे वजन के अनुपात में जुटने की जगह उम्र के हिसाब से जुटें। इसलिए मैं अब 52,000 रुपए इकट्ठा करना चाहता हूँ तथा 10,000 साइकिल सवार लोगों को जुटाना चाहता हूँ।"[57]

कांशीराम का आकर्षण इतना था कि लोगों ने इस नई शर्त को भी स्वीकार कर लिया। इस शर्त के साथ उन्होंने उत्तर प्रदेश में 40 सभाओं को सम्बोधित किया। सात ऐसी सभाओं को सम्बोधित किया, जिसमें प्रत्येक में लगभग एक लाख लोग इकट्ठे हुए थे। केवल उत्तर प्रदेश में अपनी ताकत के दम पर बिना पैसा खर्च किए, वे 47 लाख रुपए इकट्ठे करने में सफल रहे। इन सभाओं में भारी संख्या में लोगों की

उपस्थिति इस बात का संकेत थी कि दलित अपनी खुद की पार्टी बनाना चाहते हैं, क्योंकि सात मुख्य राष्ट्रीय पार्टियों की बागडोर ऊँची जातियों के हाथ में थी। सुरक्षित सीटों से लड़ने और जीतने वाले दलित नेताओं के सामने न तो कोई विकल्प था, न स्वतंत्रता अथवा स्वतंत्र पहचान थी और ये नेता पार्टी की ऊँची जातियों के नेताओं के हाथों की कठपुतली थे। साइकिल रैली के ठीक एक महीने बाद कांशीराम ने बहुजन समाज पार्टी (बसपा) की नींव रखी।[58]

बसपा का गठन करने से पहले जमीनी राजनीति की हकीकत जाँचने के लिए 1982 में कांशीराम ने डीएस-4 के माध्यम से हरियाणा विधान सभा का चुनाव लड़ा। वे इस चुनाव को सीमित राजनीतिक गतिविधियों के रूप में देखते थे। इन चुनावों में डीएस-4 को 47,499 मत मिले। कुल मतों का 1.11 प्रतिशत। यह उपस्थिति कम्युनिस्ट पार्टी ऑफ इंडिया (सीपीआई), कम्युनिस्ट पार्टी ऑफ इंडिया-मार्क्सवादी (सीपीएम) तथा कांग्रेस (सोशलिस्ट) की उपलधियों से बेहतर थी। इस परिणाम से कांशीराम को धक्का लगा, हालाँकि वे किसी सीट को जीतने की उम्मीद नहीं करते थे। उन्होंने घोषित किया कि 30 जून, 1983 तक डीएस-4 इस स्थिति में होगा कि वो दलितों के लिए एक राष्ट्रीय पार्टी का गठन कर सके।[59]

डीएस-4 अपनी राजनीतिक गतिविधियों के अलावा दलितों की सामाजिक स्थिति को बेहतर करने के लिए भी कार्य करता था। उत्तर प्रदेश में शराब पर नियंत्रण के लिए ऐसी ही गतिविधि डीएस-4 ने शुरू की। कार्यकर्ता साइकिलों से गाँव-गाँव जाकर दलित बस्तियों में शराब की दुकानें खोलने से रोकते।[60] अनेक गतिविधियों ने दलितों को अपनी पार्टी स्थापित करने के लिए तैयार किया, जिसकी औपचारिक शुरुआत 1984 में कांशीराम ने की। स्वयं कांशीराम के शब्दों में, 'डीएस-4 का निर्माण कमजोर दलितों को राजनीतिक संघर्ष के लिए तैयार करने के लिए किया गया था।' उन्होंने अन्य पार्टियों को ये कहते हुए चुनौती दी कि वे बहुजन समाज को बाँटने की कोशिश करने के लिए आजाद हैं, लेकिन उनके पास भी दलितों को संगठित कर उनके अधिकार दिलाने का हक है।[61] बहुजन समाज पार्टी के गठन के बाद डीएस-4 गुमनामी में चला गया। लेकिन आज उत्तर प्रदेश के दलित इसके बारे में स्वयं जागरूक हो चुके हैं। वे ऊपरी जातियों के हाथों अपने शोषण के प्रति सचेत हो गए और एक बार जब बसपा अस्तित्व में आ गई, तो वे इस शोषण के खिलाफ राजनीतिक विद्रोह को तैयार हुए।

***

कांशीराम के राजनीतिक जीवन के इन वर्षों में सबसे महत्त्वपूर्ण घटना थी, मायावती से मुलाकात। देश के सबसे बड़े राज्यों में से एक उत्तर प्रदेश की पहली महिला

दलित मुख्यमंत्री बनकर उन्होंने भारतीय राजनीति के चेहरे को बदल दिया था। यह माना जाता है कि उत्तर प्रदेश, सभी प्रदेशों की तुलना में जाति एवं लिंग के आधार पर सबसे अधिक विभाजित है। बसपा के अध्यक्ष के तौर पर मायावती चार बार मुख्यमंत्री बनीं। और इस पायदान पर पहुँचते हुए हर बार उन्होंने राज्य की स्थापित चुनावी परम्पराओं को पलटा।

मायावती की तरह हजारों लोग अपनी नौकरी, पढ़ाई, घर, परिवार छोड़कर आन्दोलन में शामिल हुए। युवक अपनी जवानी दाँव पर लगाकर बामसेफ, डीएस-4 और अन्ततोगत्वा बहुजन समाज पार्टी में शामिल हुए। मायावती ने भी 1980 में बामसेफ की सदस्यता ली, कांशीराम से मुलाकात के करीब तीन साल बाद। मास्टर राम समुझ, राज बहादुर, बलिहारी चौधरी, डॉ. मसूद अहमद, बी. राम, डीके खापरडे, राम खोब्रागड़े, मनोहर आटे, अमन कुमार नागरा, सतनाम सिंह कैथ, सरदार भाग सिंह, रामाधीन अहिरवार, के.आर. शशि, तेजिन्दर सिंह झाली, रामचेत सिंह 'तूफानी' और सुनील चित्तोर जैसे बहुत सारे कार्यकर्ता उस समय घनिष्ठ रूप में आन्दोलन से जुड़े हुए थे। कांशीराम के साथ इन लोगों ने नि:स्वार्थ भाव से संघर्ष किया। नाड़ा मवेशी आन्दोलन से निकले हुए बहुत सारे लोग भी इसमें शामिल थे। इनमें से कुछ लोग 1956-70 के बीच आरपीआई के लिए काम करते थे। जब कांशीराम आए, तो ये लोग उनके साथ जुड़ गए।

कांशीराम स्थानीय स्तर पर साख रखने वाले दलित जाति के लोगों की खोज कर रहे थे, उन्होंने चमार उप-जाति को प्राथमिकता दी, जो उत्तर प्रदेश में उनके आन्दोलन को पुष्पित-पल्लवित करके आगे बढ़ा सकती थी। मायावती को इस काम के लिए चुनने के पीछे एक बड़ी वजह यह थी कि कांशीराम इस बात से मुतमईन थे कि उत्तर प्रदेश उनकी अन्तिम सफलता की कुंजी है, क्योंकि यह प्रदेश गहरे स्तर पर सामन्ती है। यहाँ पर दलित तथा पिछड़ी जातियों को भयानक सामन्ती उत्पीड़न का सामना करना पड़ता है। यदि इस प्रदेश पर नियंत्रण कर लिया जाए तो पूरा देश इसके पीछे चल पड़ेगा। हालाँकि, वे इस बात से परिचित थे कि उत्तर प्रदेश में जनान्दोलन के लिए वे स्वयं बेहतर सार्वजनिक व्यक्तित्व नहीं हैं, क्योंकि उन्हें हमेशा पंजाब के एक बाहरी व्यक्ति के रूप में देखा जाएगा। मायावती के रूप में कांशीराम ने अपना आदर्श उम्मीदवार खोज लिया। मायावती उत्तर प्रदेश की थीं, चमार उप-जाति की थीं और दलित मुद्दों तथा जाति व्यवस्था के अन्यायों से पूरी तरह परिचित थीं। वह बाबा साहेब आंबेडकर से गहरे स्तर पर प्रभावित थीं और ऐसी सामाजिक व्यवस्था से घृणा करती थीं, जो उनके जैसे लोगों को असंख्य बार खुले अथवा ढके रूप में अपमानित करती थी। वह अपने युवा काल से उग्र (रेडिकल) दलित राजनीति में शामिल रही थी। जब कांशीराम इनसे पहली बार मिले, तो उनके संघर्षशील होने तथा बोलने की अद्‌भुत क्षमता से प्रभावित हुए।

कांशीराम की मायावती से पहली मुलाकात 1977 में दिल्ली में हुई, उस समय वे मुश्किल से 20 वर्ष की थीं। उस समय वे सरकारी प्राथमिक विद्यालय में पढ़ा रही थीं, दिल्ली विश्वविद्यालय में कानून का अध्ययन कर रही थीं और भारतीय प्रशासनिक सेवा (आईएएस) की तैयारी कर रही थीं। वे दलित राजनीति में भी सक्रिय थीं और एक जोशीले वक्ता की उनकी छवि पहले ही बन चुकी थी, जिन्हें मानो बेधड़क सच्ची बात कह देना, उपहार में मिला हो।[62]

कांशीराम के साथ अपनी पहली मुलाकात का वर्णन करते हुए मायावती ने बाद में बताया :

> मान्यवर कांशीराम से मेरी पहली भेंट 1977 के अन्त में दिल्ली में हुई। यह वो समय था, जब केन्द्र में जनता पार्टी की सरकार बनी तथा मोरारजी देसाई प्रधानमंत्री बने। सरकार बनने तथा चुनावों से पहले जनता पार्टी ने बाबू जगजीवन राम को भावी प्रधानमंत्री के तौर पर पेश किया। चुनाव के बाद जब बहुमत प्राप्त हो गया, तो जनता पार्टी के नेताओं के दिल एवं दिमाग में पड़ा जातिवाद जाग उठा और बाबू जगजीवन राम को किनारे लगा दिया गया और मोरारजी देसाई को प्रधानमंत्री के रूप में चुन लिया गया। इसके परिणामस्वरूप देश में अनुसूचित जाति का समुदाय जनता पार्टी पर बहुत अधिक नाराज हुआ तथा उससे निराश हो गया और जनता पार्टी पर जातिवादी व्यवहार करने का आरोप लगाना शुरू कर दिया। अनुसूचित समुदाय की इस धारणा को दूर करने के लिए दिल्ली के मावलंकर हॉल में तीन दिवसीय सम्मेलन आयोजित किया गया, जिसे जाति तोड़ो सम्मेलन नाम दिया गया। बहुत सारे विशिष्ट लोगों को बोलने के लिए बुलाया गया। इसमें मोरारजी देसाई, राजनारायण तथा चरण सिंह जैसे लोग भी शामिल थे। उन दिनों मैं बहसों में हिस्सेदारी करने में बहुत रुचि रखती थी। बहस करना मुझे प्रिय था। प्राय: मैं सरकार के खिलाफ बोलती थी। यह मेरा रिकॉर्ड था कि मैं पहली पंक्ति में बैठती थी। मैं बाबा साहेब तथा बुद्ध जयन्ती के अवसरों पर बोलती। जनता पार्टी ने मुझे ऑल इंडिया लेडीज यूथ एंड स्टूडेंट एसोसिएशन की तरफ से बोलने के लिए बुलाया। मैंने अपने भाषण में जनता पार्टी, विशेषकर उसके नेता राजनारायण को बहुत फटकारा। उस समय मान्यवर कांशीराम पुणे में थे। लेकिन बामसेफ के कुछ सदस्य वहाँ श्रोता के रूप में उपस्थित थे। राजनारायण पर मेरे भाषण में लगाए गए आरोपों को समाचार पत्रों ने विस्तार से छापा। पुणे से दिल्ली वापस आने पर इन खबरों को मान्यवर कांशीराम ने जब पढ़ा, तब उन्होंने बामसेफ के कार्यकर्ताओं से मेरे बारे में पूछताछ की, तो उन्होंने बताया कि मैं उन्हीं के समुदाय की हूँ। साथ ही उन्होंने यह भी बताया कि मैं जल्दी ही करोल बाग की एक बहस में भाग लेने वाली हूँ। वे वहाँ मुझे

सुन सकते हैं। कांशीराम उस कार्यक्रम में आए और मेरा भाषण सुनकर बहुत प्रभावित हुए। भाषण के बाद उन्होंने लगभग दो घंटे तक मुझसे विस्तार से बात की।

अगले दिन कांशीराम अपने कुछ साथियों के साथ मेरे घर आए। रात के 11 बजे थे। उस समय मैं बुद्ध नगर के इन्द्रपुरी में रहती थी, जहाँ बिजली का कोई कनेक्शन नहीं था। उस समय कानून की पढ़ाई में पहले वर्ष की छात्रा थी। जब परिवार के सभी लोग सो जाते तो मैं कमरे के अन्दर पढ़ती थी। कांशीराम ने मेरा दरवाजा खटखटाया, मेरे माता-पिता जग गए। उन्होंने कहा कि वे कांशीराम हैं, वे बामसेफ के अध्यक्ष हैं। वे ऑल इंडिया लेडीज यूथ एसोसिएशन के प्रतिनिधि के तौर पर मायावती को मुम्बई तथा पुणे के कुछ कार्यक्रमों में बोलने के लिए आमंत्रित करना चाहते हैं। मेरे पिता ने कहा कि वह अपनी पढ़ाई कर रही है। कांशीराम ने मुझसे बात करने का आग्रह किया। मुझे भान हुआ कि कोई महत्त्वपूर्ण व्यक्ति आया है, इसलिए मैंने अपना दरवाजा खोला और कांशीराम मेरे कमरे में आ गए। उन्होंने मेरी भविष्य की योजनाओं के बारे में पूछा, मैंने कहा कि मैं आईएएस की परीक्षा पास करके जिलाधिकारी बनना चाहती हूँ, जैसा कि मेरे पिता ने मुझे बताया कि यह बहुत महत्त्वपूर्ण पद है। हालाँकि कांशीराम ने कहा कि मेरे अन्दर नेतृत्व के अच्छे गुण हैं, यदि चाहूँ तो अपने समुदाय का नेतृत्व कर सकती हूँ और उनके लिए यह बहुत महत्त्वपूर्ण काम होगा। उन्होंने विस्तार से मुझसे राजनीति तथा नौकरशाही के सम्बन्धों पर बात की। उन्होंने कहा कि नौकरशाही सरकार के निर्देशों पर चलती है। यदि सरकार किसी और पार्टी की है, तो मैं नौकरशाह होकर भी अपने समुदाय के लिए चाहकर भी कुछ नहीं कर पाऊँगी। मैं समझ गई कि कांशीराम क्या कहना चाहते हैं और मैंने तत्काल निर्णय लिया कि मैं जिलाधिकारी बनने की कोशिश अब नहीं करूँगी, बल्कि अपने समुदाय में और सामाजिक परिवर्तन लाने के लिए काम करूँगी।[63]

कांशीराम अब मायावती के गुरु बन गए। दो दशकों तक चलने वाला उनका रिश्ता अनोखा था। मुख्यमंत्री बनने में कांशीराम की कभी कोई रुचि नहीं थी, लेकिन उन्होंने मायावती को समझाया-सिखाया। मायावती यह स्वीकार करती हैं कि कांशीराम के चलते उनकी राजनीतिक कुशलता विकसित हुई है और वो आज राजनीतिज्ञ हैं। एक साक्षात्कार में उन्होंने कहा कि ''मैं स्वीकार करती हूँ कि मान्यवर कांशीराम हमारे गुरु जैसे हैं। वे मुझसे बहुत उम्रदराज हैं और वे राजनीति में मुझसे बहुत पहले आए। वे आन्दोलन से घनिष्ठ रूप से जुड़े हुए थे। उनका आशीर्वाद हमारे साथ है और मैं हृदय और आत्मा से उनके साथ हूँ। मैं लगातार उनसे सीखती हूँ।''[64]

उन्होंने कहा :

> पिछले कुछ वर्षों से मैं स्थायी तौर से उनके साथ हूँ। डॉ. आंबेडकर की किताबों से प्रेरित होकर मान्यवर कांशीराम सामाजिक और राजनीतिक कार्यक्षेत्र (सत्ता के लिए संघर्ष) में आए। मैंने पाया कि वे बहुजन समाज से उत्पीड़न के मामले में अत्यन्त संवेदनशील हैं। जिन शोषणों से बहुजन समाज गुजरता है उससे मान्यवर कांशीराम के हृदय को काफी दर्द और पीड़ा होती है। वे ब्राह्मणवादी व्यवस्था से अत्यन्त घृणा करते हैं। केवल 15 प्रतिशत ब्राह्मणों, बनियों और बड़े भूस्वामियों के चलते बहुजन समाज जिन स्थितियों में है, उसको देखकर वे भयानक तौर पर परेशान तथा उत्तेजित महसूस करते हैं। जब वे असहाय लोगों को देखते हैं, तो उनके अन्दर तीखा गुस्सा उभर आता है। मैंने उन्हें दीनता का प्रदर्शन करने वाले लोगों को बुरी तरह झिड़कते देखा है, लेकिन इस झिड़कने के पीछे एक सच्ची भावना होती है। वे चाहते हैं कि बहुजन समाज से जुड़ा हर व्यक्ति ऐसी ऊँचाई पर पहुँच जाए कि कोई भी व्यक्ति उसकी अवमानना करने का साहस न कर सके।[65]

साक्षात्कार के अन्त में मायावती ने अपनी गहरी इच्छा को प्रकट करते हुए कहा कि वह उन्हें इस देश का प्रधानमंत्री बनते देखना चाहती हैं, 'यदि वे देश के प्रधानमंत्री हो जाते हैं, तो वे अपनी श्रेष्ठता साबित कर देंगे।' वे आगे कहती हैं कि देश के इतिहास में यह एक नया अध्याय जुड़ेगा।[66]

कांशीराम मायावती पर बहुत अधिक विश्वास करते थे। बहुत शुरू से ही उन्होंने भविष्य में बहुजन समाज पार्टी की नेता तथा उत्तर प्रदेश क़ी मुख्यमंत्री के तौर पर अपने बाद के नेतृत्व के रूप में मायावती को शिक्षित-प्रशिक्षित किया। मायावती को अपना उत्तराधिकारी घोषित करते हुए कांशीराम की कही बातों को एक पत्रकार के संस्मरण 'हरिभूमि' के 10 अक्टूबर, 2006 के अंक में प्रकाशित हुए थे। उन्होंने अपने एक करीबी से साफ कहा था, 'मायावती ने बहुजन समाज पार्टी के सन्देश को उत्तर प्रदेश में लोगों के बीच फैलाने के लिए जिस तरह साइकिल यात्रा करके महान काम किया था, उसे मैं भूल नहीं सकता। यह काम उन्होंने उस समय किया जब बसपा के चुनावों में जीतने की दूर-दूर तक सम्भावना नहीं थी। इस नौजवान लड़की ने बुलन्दशहर से बिजनौर तक साइकिल चलाई और हमारी तरफ बराबर बनी रही। अगर इसने हमारे साथ कठिन मेहनत नहीं की होती, तो मैं बसपा को आगे बढ़ाने में सक्षम नहीं हो पाता।' उन्होंने आगे कहा था, 'बहुजन समाज बनाने की जिम्मेदारी मायावती की है, अब बहुजन समाज पार्टी बन गई।'

आज कांशीराम की पार्टी निर्णायक तौर पर उत्तर प्रदेश में स्थापित हो गई है। हालाँकि मायावती इस समय उत्तर प्रदेश की मुख्यमंत्री नहीं हैं, लेकिन राज्य की

महत्त्वपूर्ण राजनीतिक हस्तियों में उनकी गणना होती है। न केवल प्रदेश में, बल्कि गठबन्धन के युग में राष्ट्रीय स्तर पर भी वह एक महत्त्वपूर्ण राजनीतिक हस्ती हैं। वह चार बार प्रदेश की मुख्यमंत्री रह चुकी हैं। 2007 के चुनावों में उनकी पार्टी को पूर्ण बहुमत मिला, ये कांशीराम के उन अनुमानों से कहीं ज्यादा था, जो उन्होंने मायावती के नेतृत्व की सम्भावनाओं के बारे में तब लगाया था, जब वो अपनी उम्र के दूसरे दशक में ही थीं।

अध्याय–3

चमचा युग
आंबेडकर से आगे का एजेंडा

जैसा कि हम देख चुके हैं, रिपब्लिकन पार्टी ऑफ इंडिया के साथ कांशीराम का अनुभव सीखने का एक महत्त्वपूर्ण समय था। जो सबक उन्होंने सीखे, वो बामसेफ और डीएस–4 की विचारधारा के लिए प्रेरणा बने और बाद में 1982 में लिखी गई किताब 'दि चमचा एज : एन एरा ऑफ स्टूजेज' (चमचा युग : कठपुतलियों का समय) के आधार बने। यह किताब बीएसपी के लिए विचारधारात्मक बुनियाद बनी, जिसे कि वो आने वाले समय में बनाने वाले थे। किताब में तब तक के दलित आन्दोलन की न केवल आलोचना की गई थी बल्कि अपने निहितार्थ में इसने आंबेडकर के विचारों के बारे में कांशीराम के ताज़ा खयालों को भी सामने ला दिया।

'चमचा युग', अनुसूचित जाति के उन राजनीतिज्ञों पर एक निर्मम हमला था, जिन्होंने अपने निजी हित के लिए अपने समुदाय के हित को बेच दिया था। कांशीराम के अनुसार, इन चमचों (कठपुतलियों, दलालों या उपकरणों) को दलित मुद्दों के असली नायकों से मुकाबला करने और उनका विरोध करने के लिए मुख्यधारा की राजनीतिक पार्टियों ने खड़ा किया था। पुराने जमाने के दलित नेता जगजीवन राम और कांशीराम के समकालीन रामविलास पासवान समेत सभी दलित नेता चमचा की इस परिभाषा के दायरे में आते थे। विभिन्न किस्म के चमचों को चिह्नित करने के अलावा, इस किताब में जाति व्यवस्था को चुनौती देने के लिए भविष्य की अल्पकालिक और दीर्घकालिक कार्यवाहियों के लिए एक योजना का भी खाका खींचा गया था।

किताब में तमाम विषयों को शामिल किया गया था, लेकिन इसमें सबसे महत्त्वपूर्ण था, आंबेडकर और गांधी के बीच 1932 में हुए ऐतिहासिक समझौते 'पूना पैक्ट' के बारे में उनकी विवेचना। अस्पृश्यता के मुद्दे से निपटने के बारे में आंबेडकर और गांधी के विचार बिलकुल अलग–अलग थे। जब आंबेडकर ने

अंग्रेजों से पृथक् निर्वाचन की माँग की, ताकि अस्पृश्यों के राजनीतिक हितों की रक्षा हो सके, तो इसका विरोध करने के लिए गांधी आमरण अनशन पर चले गए। उनके बीच 24 सितम्बर, 1932 को समझौता हुआ, जिसे पूना पैक्ट के नाम से जाना जाता है। इसके तहत संयुक्त निर्वाचन की इजाजत दी गई। इस व्यवस्था ने चुनावी तरीके को आकार दिया और जिसके द्वारा आरक्षित चुनावी क्षेत्रों को निर्धारित किया गया। आंबेडकर ने इस समझौते के तहत नौकरियों, शिक्षा और वजीफों में अछूतों के लिए आरक्षण लागू करने की माँग की थी, लेकिन कांशीराम ने महसूस किया कि गांधी की हठ ने चुनावी प्रक्रिया को टेढ़ा बना दिया, क्योंकि इसने आरक्षित उम्मीदवारों के चुनाव को प्रभावशाली जातियों के अधीन बना दिया था। और इसने उस उद्देश्य को ही धुँधला कर दिया, जिसके लिए आरक्षण को हासिल किया गया था।

असल में कांशीराम ने 'चमचा युग' के विमोचन का समय पूना पैक्ट के स्वर्ण जयन्ती के अवसर को चुना। इस अवसर को कांग्रेस बड़े धूमधाम से मनाने की योजना बना रही थी। निश्चित तौर पर यह किताब गांधी की जबरदस्त तरीके से आलोचना करती है, जिन्होंने आमरण अनशन के माध्यम से आंबेडकर को धमकी दी और इस दलित नेता को अपनी माँग छोड़ने के लिए ब्लैकमेल किया। कांशीराम का कहना है कि इस एक चीज ने अनुसूचित जाति के राजनीतिक भाग्य को बन्द कर दिया और 'चमचा युग' को जन्म दिया।

उन्होंने उन लोगों की तीखी आलोचना की, जिन्होंने गांधी और कांग्रेस में उनके उत्तराधिकारियों का गुणगान किया। उन्होंने कांग्रेस पर आरोप लगाया कि वो जनता की मुख्य शत्रु है। चूँकि भारत में कोई ऐसा निर्वाचन क्षेत्र नहीं है, जहाँ दलित मतदाताओं की संख्या 30 प्रतिशत से अधिक हो; इसलिए दलित उम्मीदवारों को अपनी जीत के लिए हिन्दू और अन्य मतदाताओं के मतों के लिए मुख्यधारा की पार्टियों पर निर्भर होना पड़ा। इस प्रकार अनुसूचित जाति के उम्मीदवारों के जीतने का अवसर, ऊँची जाति के नेताओं के साथ उनके मधुर सम्बन्धों पर बहुत अधिक टिक गया। वे अपनी बात को आगे बढ़ाते हुए कहते हैं कि ब्राह्मणवादी व्यवस्था द्वारा यह सारी रूपरेखा इस तरह बनाई गई थी कि केवल कठपुतली ही उभर सकते थे। उनका हमेशा मानना था कि जब भारत की ऊँची जाति के शासकों को, इनकी जरूरत महसूस होती थी या जब ऊँची जातियों की सत्ता को सच्चे दलित नेताओं द्वारा चुनौती दी जाती थी, उस समय इन चमचों या कठपुतलियों को सामने लाकर खड़ा कर दिया जाता था।

1975 के आपातकाल के बाद उत्तर भारत के दो प्रमुख दलित नेता जगजीवन राम और रामविलास पासवान सरकार में दलितों की हिस्सेदारी के लिए काम कर रहे थे। इस समय गैर-कांग्रेसवाद इतना प्रभावी हो गया था कि इसने न केवल इन दोनों नेताओं की राजनीति में दलित एजेंडे को पीछे धकेल दिया, बल्कि कमोबेश

सरकार में भी ऐसा हुआ। वरिष्ठ दलित नेता जगजीवन राम कांग्रेस सरकार में कई बार केन्द्रीय मंत्री रहे थे, लेकिन बाद में इमरजेंसी के दौरान पार्टी द्वारा अधिक जोर-जबरदस्ती आजमाए जाने के प्रति आलोचनात्मक हो गए थे। 1977 में सरकार से निकलने के बाद, उन्होंने एक पार्टी बनाई कांग्रेस फॉर डेमोक्रेसी (सीडीएफ) और उसी साल हुए आम चुनावों में जनता पार्टी के साथ गठबन्धन में चुनाव लड़ा। बाद में जनता पार्टी में ही इसका विलय हो गया। दलित हितों के मुख्य पैरोकार होने के बावजूद कांग्रेस से अलग होने पर इनके समर्थकों की संख्या घटी, क्योंकि दलितों के बीच के अभिजात वर्ग ने परम्परागत तौर पर कांग्रेस को अपना समर्थन देना जारी रखा। यहाँ भी जनता पार्टी ने दलितों को अपनी ओर खींचने के लिए उनका इस्तेमाल तो किया,लेकिन नई सरकार में ये प्रधानमंत्री बनने में असफल रहे। दलित प्रधानमंत्री का विचार जनता पार्टी के गठबन्धन के कुछ रूढ़िवादी नेताओं को आसानी से स्वीकार नहीं था। (मजे की बात यह कि कांग्रेस ने भी कभी जगजीवन राम को प्रधानमंत्री नहीं बनाया, जो कि दलितों का लम्बे समय से सपना था।) इसने दलितों के बढ़ते मोहभंग को तीव्र करने में सहयोग दिया। खासकर उत्तर भारत के चमारों में (जगजीवन राम इसी जाति के थे)।[1]

उत्तर भारत के राजनीतिक परिदृश्य में रामविलास पासवान का आगमन, आपातकाल के थोड़े ही पहले हुआ था। वो राजनारायण और जयप्रकाश नारायण के अनुयायी थे। पासवान 1974 में लोकदल के महासचिव बने। जब आपातकाल की घोषणा हुई, तो रामविलास पासवान गिरफ्तार हुए थे और उन्होंने दो वर्ष जेल में बिताए। 1977 में जेल से छूटने के बाद, वह जनता पार्टी के सदस्य बन गए और इसके टिकट पर पहली बार संसद के सदस्य बने। उन्होंने सबसे अधिक मतों से संसद का चुनाव जीतने का विश्व रिकॉर्ड बनाया। 1983 में दलितों के सशक्तिकरण और कल्याण के लिए दलित सेना बनाकर उन्होंने खुद को दलित नेता के तौर पर साबित करने का प्रयास किया, लेकिन पासवान दलितों की समस्याओं को सामने लाने में असफल रहे; क्योंकि उन्होंने दलितों को जमीनी स्तर पर संगठित करने की कोशिश नहीं की।

यह वह समय था, जब दलितों पर अत्याचार की घटनाएँ बढ़ रही थीं, खास कर ग्रामीण इलाकों में। दलितों को सुरक्षा प्रदान करने में भारतीय राज्य की असफलता ने भी उनके मोहभंग की भावना को बढ़ाया। बेलची जैसी नरसंहारों की घटनाओं ने मुख्यधारा के नेताओं से उनके अलगाव को तेज किया।

> केन्द्र में जनता पार्टी के सत्तारूढ़ होने के तुरन्त बाद 27 मई, 1977 को पटना जिले के बेलची गाँव में 11 भूमिहीन दलित मजदूरों को कुर्मी जमींदारों द्वारा जिन्दा जला दिया गया। 1980 में बिहार के गया जिले में पारसबिघा गाँव के एक दलित टोले को घेरकर जला दिया गया था। बहुत सारे दलित मारे गए थे। इसमें 14 दलित मारे गए...इस घटना के 19 दिनों बाद पटना के

नजदीक पुनपुन थाना के गाँव पिपरा में बहुत सारे दलितों का कुर्मी जमींदारों ने जनसंहार किया था। उन्होंने दलित बस्ती में आग लगा दी और 13 दलितों को मार डाला। यहाँ तक कि 1986 के अन्त में बिहार के अरवल गाँव के 22 भूमिहीन दलित मजदूर पुलिस की गोली से मारे गए थे।[2]

इस तरह की घटनाओं से दलित असुरक्षित महसूस करने लगे, क्योंकि उनके हितों की रक्षा के लिए कोई दलित नेता नहीं था। यह सब कुछ कांशीराम के लिए छोड़ दिया गया, जो लगभग इसी समय परिदृश्य पर उभरे। उन्होंने प्रभावी तरीके से इस राजनीतिक शून्यता को भरा।

बहुत सारे उदाहरण हैं जब कांशीराम ने जगजीवन राम और अन्य 'कठपुतलियों' की आलोचना की है जिनका उल्लेख के.सी. दास ने अपनी पुस्तक में किया है। 'कांशीराम के अनुसार, लोकप्रिय दलित शख्सियत जगजीवन राम एक नेता नहीं बल्कि कठपुतली थे, जो जनता दल में शामिल होने से पहले कांग्रेस पार्टी में थे।'[3]

दिसम्बर 1989 में कांशीराम ने कहा, 'बाद में कठपुतली प्रधानमंत्री बनना चाहता था, लेकिन कोई एक कठपुतली को प्रधानमंत्री नहीं बनाएगा।'[4] कुछ वर्षों बाद अप्रैल 1992 में उन्होंने कहा कि 'बाबू जगजीवन राम यथास्थितिवादी शक्तियों द्वारा तैयार किए गए थे और वे यथास्थितिवादी शक्तियों द्वारा ऊपर से उतारे गए थे।'[5]

1992 में बोलते हुए कांशीराम रामविलास पासवान के प्रति भी आलोचनात्मक थे, 'पासवान अपने ही समुदाय के लोगों में 'ठाकुर का ठप्पा' के रूप में जाने जाते हैं। जब ठाकुर चाहते हैं तो वे जीतते हैं, वे अनुसूचित जाति के लोगों को वोट नहीं डालने देते, वे जाते हैं और पासवान के पक्ष में पाँच या छह लाख वोट डाल देते हैं।'[6]

इस प्रकार और अन्य तरीके से चमचा युग ने आंबेडकर के बाद के दलित नेतृत्व की सभी कमियों को उजागर किया और इस बात पर जोर दिया कि स्वतंत्रता के इतने वर्षों बाद भी भारत में दलितों की इतनी दयनीय स्थिति का मुख्य कारण दलित नेतृत्व स्वयं है, जो केवल कांग्रेस के हाथ की कठपुतली था।

***

'चमचा युग'* में कांशीराम सबसे पहले 'चमचा' शब्द की व्याख्या करते हैं। वे इसकी उत्पत्ति को 'हिन्दुओं की कठपुतलियाँ', 'हिन्दुओं के एजेंट' और अन्य शब्दों

* 'चमचा एज किताब' अंग्रेजी में कांशीराम द्वारा लिखी गई थी। इसे उन्होंने 24 सितंबर, 1982 में प्रकाशित किया। बाद में 1998 में समता प्रकाशन द्वारा इसे अंग्रेजी में ही पुनर्मुद्रित किया गया। अंग्रेजी से हिन्दी में इसका अनुवाद माइकल मोजेज ने किया। जिसे सम्यक प्रकाशन द्वारा 2008 में प्रकाशित किया गया। इस किताब के मूल मंतव्यों के कुछ हिस्सों का अनुवाद और संपादन लेखक द्वारा किया गया है। यह अनुवाद हिन्दी संस्करण से किया गया है।

में इसकी पहचान की, जिन शब्दों का इस्तेमाल आंबेडकर अनुसूचित जाति के अधिकारियों के सन्दर्भ में करते थे। वे लिखते हैं :

> आजादी के बाद के राजनीतिक परिदृश्य ने इन एजेंटों और हथकंडों को बहुतायत में जन्म दिया। 1956 में बाबा साहेब डॉ. आंबेडकर की मृत्यु के बाद, एजेंटों की पीढ़ियाँ इस हद तक बढ़ गईं कि ऐसे लोग न केवल राजनीतिक दायरे में पाए जाने लगे, बल्कि मानवीय जीवन के सभी क्षेत्रों और विभिन्न रिश्ते में भी इनकी उपस्थिति दिखाई देने लगी। शुरुआती समय में ये कठपुतलियाँ केवल डॉ. आंबेडकर की कुशाग्र दृष्टि द्वारा पहचानी गईं और उनके बाद दलित बुद्धिजीवियों ने इन्हें पहचाना। लेकिन आज ये एजेंट रोजमर्रा के जीवन में इस प्रकार छा गए हैं कि कोई भी सामान्य आदमी इन्हें भीड़ में चिह्नित कर सकता है। सामान्य आदमी का अपना शब्दकोश होता है और उनकी शब्दसूची में कठपुतली, एजेंट तथा इस प्रकार के अन्य लोग 'चमचा' के रूप में जाने जाते हैं। मैंने तय किया है कि इस किताब में मैं सामान्य आदमी की बोलचाल की शब्दावली का इस्तेमाल करूँगा और मैं विश्वास करता हूँ कि जब हम सामान्य आदमी के कल्याण के लिए संघर्ष कर रहे हैं, तो यह यथोचित होगा कि उनके द्वारा इस्तेमाल की जाने वाली अनौपचारिक शब्दावली का प्रयोग करें। परजीवी एक ऐसा आदमी होता है, जो स्वयं क्रियाशील नहीं होता अपितु क्रियाशील होने के लिए उसको दूसरे व्यक्ति की आवश्यकता होती है।
>
> परजीवी व्यक्ति हमेशा अपने फायदे या अपने समुदाय के फायदे के लिए 'चमचा' या 'कठपुतली' का इस्तेमाल करता है। यह चीज हमेशा उस कठपुतली के समुदाय के हितों के लिए नुकसानदायक होती है। इस किताब में मैं 'एजेंट' और 'कठपुतली' से अधिक 'चमचा' शब्द का प्रयोग करूँगा। यह शब्द भारतीय सन्दर्भ में और सामान्य आदमी के लिए ज्यादा उचित है। अर्थ के साथ उच्चारण की दृष्टि से भी संप्रेषणीय है। 'चमचा', 'कठपुतली', 'एजेंट' और 'दलाल' ये सभी शब्द कमोबेश एक-दूसरे के पर्यायवाची हैं, लेकिन उच्चारण में थोड़ी भिन्नता है।[7]

कांशीराम आगे स्पष्ट करते हैं कि कठपुतलियों को तैयार करना क्यों जरूरी होता है। वो कहते हैं :

> कोई भी दलाल, एजेंट या कठपुतली इसलिए तैयार किया जाता है ताकि उसका इस्तेमाल सच्चे और वास्तविक संघर्षों के खिलाफ किया जा सके। कठपुतलियाँ केवल तभी सामने आती हैं, जब वास्तविक संघर्ष मौजूद होते हैं। जब कोई संघर्ष या क्रान्ति नहीं मौजूद होती और न तो क्रान्ति का कोई भय होता है, उस समय कठपुतलियों की कोई माँग नहीं होती है। जैसा कि

हम देखते हैं कि दलित समुदाय 20वीं सदी की शुरुआत से लगभग पूरे देश में अस्पृश्यता और अन्यायपूर्ण सामाजिक व्यवस्था के खिलाफ संघर्ष करने लगा था। शुरुआती समय में उन्हें अनदेखा किया गया, लेकिन जब दलितों का मजबूत और स्वतंत्र नेतृत्व ताकतवर हो गया, तो उसे लम्बे समय तक अनदेखा नहीं किया जा सकता था। इसी बिन्दु पर ऊँची जाति के हिन्दुओं ने दलित समुदाय के खिलाफ कठपुतलियों को खड़ा करने की जरूरत को महसूस किया। गोलमेज सम्मेलन के दौरान डॉ. आंबेडकर ने सबसे विश्वसनीय ढंग से दलितों के लिए संघर्ष किया। इस समय तक गांधी और कांग्रेस यह विश्वास करते थे कि दलितों का कोई सच्चा नेता नहीं है, जो उनके लिए संघर्ष कर सकता है। गोलमेज सम्मेलन के दौरान 1930–31 तक गांधी और कांग्रेसी नेताओं द्वारा विरोध के बावजूद वायसराय ने 17 अगस्त, 1932 को दलितों के लिए स्वतंत्र निर्वाचन क्षेत्र का निर्माण करने का ऐतिहासिक फैसला लिया। 1930 से 1932 के बीच, पहली बार गांधी और कांग्रेस ने कठपुतलियों की जरूरत महसूस की।[8]

भारत में दलितों के इतिहास का वर्णन करते हुए कांशीराम लिखते हैं कि दुनिया के किसी समुदाय ने ऐसे उत्पीड़न का सामना नहीं किया, जैसा भारत के अछूतों ने किया है :

यहाँ तक कि गुलामों, नीग्रो और यहूदियों की कोई भी तुलना भारत के अछूतों से नहीं की जा सकती। जब हम एक मानव द्वारा दूसरे मानव के साथ अमानवीय व्यवहार के बारे में सोचते हैं, तो अछूतों के खिलाफ हिन्दुओं की कट्टरपंथियों जैसा कोई उदाहरण नहीं मिलता है। भारत के अछूत शताब्दियों से सर्वाधिक दयनीय गुलाम रहे हैं। ब्राह्मणवाद के भीतर इस प्रकार का एक जहरीला तत्त्व है, जिसने सबसे बदतर तरीके के अन्याय का विरोध करने की जो कुछ भी इच्छा थी, उसे मार डाला। शताब्दियों तक भारत के अछूतों की दयनीय दशा का जो समय रहा है, उसे उनके लिए अन्धकार का युग कह सकते हैं। ब्रितानवी शासन के दौरान अछूतों का पश्चिमी शिक्षा और साक्षरता से गहरा रिश्ता कायम हुआ, जिसने उनके भीतर विद्रोह की भावना को सुलगाया। जिसके चलते हम 20वीं शताब्दी की शुरुआत में अन्यायपूर्ण सामाजिक व्यवस्था के खिलाफ दलितों के खड़े होने के सबूत पा सकते हैं। 1920 के बाद डॉ. आंबेडकर उनके नेता और मसीहा के रूप में उभरे और 10 वर्षों के भीतर ही उन्होंने लंदन में हुए दो गोलमेज सम्मेलनों में दलित मुद्दों को उठाया। दोनों सम्मेलनों में उन्होंने दलितों के लिए सफलतापूर्वक संघर्ष किया और उनके लिए बहुत सारे अधिकार प्राप्त किए, विशेष तौर पर पृथक् निर्वाचन का अधिकार। इस समय के बारे में अवलोकन करते हुए हम निरापद रूप से कह सकते हैं कि

डॉ. आंबेडकर दलितों को अन्धकार के युग से ज्ञानोदय के युग में ले गए थे। लेकिन दुर्भाग्य से यह हो नहीं पाया, क्योंकि ज्ञानोदय के युग में पहुँचने से पहले दलित सो गए और असफल हो गए तथा चमचा युग में अपना रास्ता भूल गए।[9]

कांशीराम आगे कहते हैं :

1931 और 1932 के बीच गांधी और कांग्रेस ने एक साथ मिलकर व्यवस्थित तरीके से अँधेरे के युग से ज्ञानोदय के युग में दलितों को ले जाने की कोशिशों को तबाह कर दिया। हालाँकि, गांधी और अन्य कांग्रेसी नेता एक साथ मिलकर कुछ अलग तरह की चीजों के लिए षड्यंत्र कर रहे थे, जैसा कि गांधी जाति व्यवस्था पर आधारित सामाजिक व्यवस्था के आधार पर समाज को चलाना चाहते थे, जिसमें प्रत्येक आदमी जाति व्यवस्था के अनुसार, अपने धर्म का पालन करता था। ऐसा करके गांधी दलितों को अँधेरे युग के कीचड़ में बनाए रखना चाहते थे, जैसा चतुर्वर्ण (समाज का संस्तरीकरण) ने उन्हें शताब्दियों तक बनाए रखा था।[10]

कांशीराम क्या रेखांकित करना चाहते थे, कैसे अछूतों या दलितों का राजनीति में प्रतिनिधित्व नगण्य हो गया। अछूतों की तुलना में ऊँची जातियों का अनुपात कुछ स्थानों पर 1:10 और अन्य स्थानों पर 1:15 हो गया है। इसी के चलते गांधी एक सच्चे और ईमानदार प्रतिनिधि की तुलना में दो चमचे प्रदान करने के लिए तैयार हो गए। यहाँ दो चमचों का सम्बन्ध उन दो सदस्यों से है, जिन्हें गांधी ने नामित किया था। इनके बारे में कांशीराम का कहना था कि वे सच्चे प्रतिनिधि नहीं थे और दलितों के सशक्तिकरण के लिए प्रतिबद्ध नहीं थे। लेकिन कैसे एक सच्चे प्रतिनिधि का स्थान इतनी बड़ी संख्या में चमचे ले सकते थे?

कांशीराम ये भी मानते थे कि पिछले पाँच दशकों में जब दलितों का कोई सच्चा नेता नहीं था, ऊँची जातियों द्वारा चमचों की माँग गिरी थी, लेकिन एक बार फिर इनकी माँग बढ़ गई है। बामसेफ और डीएस-4 के रूप में दलितों का सच्चा नेतृत्व उभरा है। इस उभार का कारण उत्पीड़ित और उत्पीड़क के बीच संघर्ष था। उनके अनुमान से इन संगठनों को, चमचों को, पूरी तरह खत्म करने में 10 वर्ष से अधिक नहीं लगेंगे।

यह किताब दलितों के बीच के विभिन्न तरह के चमचों और कठपुतलियों की सूची तथा परिभाषा देती है, विशेषकर कांग्रेस और अन्य मुख्यधारा की पार्टियों के बीच के चमचों की। यह काम उन्होंने उत्पीड़ित समुदायों के सामाजिक-राजनीतिक बँटवारे के आधार पर किया। ये दलित राजनीतिक कार्यकर्ता और नेता मुख्यधारा की पार्टियों में अत्यधिक पराधीनता की स्थिति में थे, क्योंकि वे दलित वोटों को संगठित करने के उपकरण थे। कांशीराम के लिए यह वर्गीकरण विविध राजनीतिक

रणनीतियों को विकसित करने के लिए उपयोगी था। उन्होंने चमचों को इन आधारों पर बाँटा—

(क) जाति और समुदाय आधारित चमचे,

(ख) राजनीतिक चमचे,

(ग) नादान चमचे,

(घ) प्रबुद्ध या आंबेडकरवादी चमचे,

(ङ) चमचों के चमचे,

(च) विदेशी देशों में चमचे।

(क) जाति और समुदाय आधारित चमचे : जाति और समुदाय आधारित चमचे चार प्रकार के हो सकते हैं—

1. अनुसूचित जातियाँ—अनिच्छुक चमचे : 20वीं शताब्दी के दौरान दलितों का सम्पूर्ण संघर्ष दिखाता है कि वे एक उजाले के युग में प्रवेश करने की ओर कोशिश कर रहे थे, लेकिन गांधी और कांग्रेस ने उन्हें चमचा युग में धकेल दिया। यहाँ तक कि आज भी दलित वेदना और दीनता की स्थिति से गुजर रहे हैं और यद्यपि कि वे वर्तमान स्थिति को नहीं स्वीकारते हैं, लेकिन वे इससे निकलने में अक्षम हैं। इसी के चलते उन्हें अनिच्छुक कठपुतलियों में वर्गीकृत किया जा सकता है।
2. अनुसूचित जनजाति—दीक्षित कठपुतलियाँ : इसका कारण ये है कि अनुसूचित जनजातियाँ देश के संवैधानिक और आधुनिक विकास के युग में अपने संघर्ष के लिए नहीं जानी जाती हैं। यद्यपि उन्होंने अपनी पहचान और अधिकारों पर दावे के लिए 1940 के बाद अनुसूचित जातियों के साथ संघर्ष करना भी शुरू कर दिया था। संविधान के अनुसार, उन्हें भी वे सभी अधिकार दिए गए थे, जो अनुसूचित जातियों को दिए गए। केन्द्रीय मंत्रिमंडल में अभी भी उन्हें कोई प्रतिनिधित्व प्राप्त नहीं है, लेकिन लगता है कि जो कुछ भी उन्हें मिला, उससे वे सन्तुष्ट हैं। सबसे बुरी बात यह है कि वे अभी तक इस भ्रमजाल में पड़े हुए हैं कि उनके उत्पीड़क और शोषक उनके सच्चे शुभेच्छु हैं। इसी के चलते उन्हें नई कठपुतलियाँ नाम दिया जा सकता है, क्योंकि उन्होंने चमचा युग में प्रवेश पा लिया है।
3. अन्य पिछड़ा वर्ग—अभिलाषी कठपुतलियाँ : एक लम्बे संघर्ष के बाद अनुसूचित जाति और अनुसूचित जनजाति को स्वीकृति और अधिकार मिले। इसके परिणामस्वरूप इनमें से कुछ लोगों की स्थिति में उनके साधन और शक्ति से अधिक बेहतरी दिखती है। यह चीज उनकी शिक्षा, सरकारी नौकरियों में उनकी हिस्सेदारी और उनके राजनीतिक सशक्तिकरण

में व्यक्त होती है। अनुसूचित जातियों के भीतर के इस विकास ने अन्य पिछड़े वर्गों में भी आकांक्षा जगाई, लेकिन अभी तक वे इस आकांक्षा को पूरा कर पाने में असफल रहे हैं। हालिया अतीत में उन्होंने सभी दरवाजे खटखटाए लेकिन सब बेकार गया। जून 1982 में हरियाणा के चुनावों के दौरान कुल 90 सीटों में से उन्हें केवल एक टिकट कांग्रेस और एक लोकदल ने दिया...कुछ स्थानों को छोड़कर खासकर दक्षिण में, वे टिकट के लिए संघर्ष करते दिखाई दिए थे, ज्यादातर में हरियाणा की तरह ही उन्हें असफलता हाथ लगी। वास्तव में इनमें से ज्यादातर उन्हीं मौकों को प्राप्त करना चाहते थे, जैसे मौके अनुसूचित जातियों और अनुसूचित जनजातियों ने प्राप्त किए थे और उनका व्यवहार, हमें उन्हें तेजी से आगे बढ़ने और महत्त्वाकांक्षा रखने वाली कठपुतलियों के रूप में वर्गीकृत करने को मजबूर करता है।

4. अल्पसंख्यक : असहाय कठपुतलियाँ : 1971 की जनगणना के अनुसार, भारत की कुल जनसंख्या के 17 प्रतिशत धार्मिक अल्पसंख्यक हैं। अंग्रेजों के भारत छोड़ने से पहले वे अपनी जनसंख्या के आधार पर सापेक्षिक अनुपात में हिस्सेदारी प्राप्त करते थे, लेकिन आजादी के बाद वे शासक वर्गीय धार्मिक समुदायों पर निर्भर हो गए। बार-बार होने वाले साम्प्रदायिक संघर्षों ने मुसलमानों को हमेशा सतर्क बने रहने को मजबूर कर दिया, ईसाई असुरक्षित हो गए, सिख एक सम्मानजनक पहचान के लिए कड़ा संघर्ष कर रहे थे, जबकि बौद्ध धर्मावलम्बी यहाँ तक कि सीधे खड़े होने में भी सक्षम नहीं थे। इस सबसे ये बात साबित हो गई कि भारत के अल्पसंख्यक असहाय और असुरक्षित कठपुतली हैं।

(ख) राजनीतिक चमचे : डॉ. आंबेडकर ने 1945 से पहले अपनी किताब 'कांग्रेस और गांधी ने अछूतों के लिए क्या किया?' में अनुसूचित जाति और अनुसूचित जनजाति के विधायकों और सांसदों की निरीहता का वर्णन किया है और उसके बाद उनके तेजी से बदतर होते हालात के हम साक्षी हैं। उस समय केवल एक मात्र कांग्रेस ऊँची जातियों की पार्टी थी, जो अनुसूचित जातियों के बीच से कठपुतलियों की रचना करती थी। लेकिन आज राज्य स्तर पर बहुत सारी पार्टियाँ हैं, जो कठपुतलियों को पैदा करती हैं, न केवल दलितों के बीच से बल्कि भारत के सभी शोषित और उत्पीड़ित समुदायों से। आज ऊँची जातियों के वर्चस्व वाली सभी पार्टियाँ रस चूस रही हैं और लुगदी 85 फीसदी शोषित, दयनीय समुदायों की ओर उछाल रही हैं। इन राजनीतिक कठपुतलियों ने उनकी स्थिति को और बदतर बना दिया है और इस पहलू को उन लोगों द्वारा नजरअन्दाज नहीं किया जा सकता, जो हमारे सामने आने वाली मुख्य समस्याओं से मुकाबला करना चाहते हैं।

(ग) नादान कठपुतलियाँ : सभी उत्पीड़ित भारतीय, विशेषकर पूरे भारत के दलित, अन्याय के खिलाफ संघर्ष कर रहे थे, लेकिन ज्यादातर संघर्ष स्थानीय और क्षेत्रीय थे। भारत जैसे आकार और जनसंख्या वाले देश में ये संघर्ष इतने बिखरे और अलग-थलग थे कि वे एक अकेले समुदाय के संघर्ष जैसे कभी नहीं लगे। संघर्षरत लोग केवल अपने संघर्ष के प्रति जागरूक थे और उन संघर्षों के प्रति जागरूक थे, जो उनके भाइयों द्वारा अन्य स्थानों पर किए जा रहे थे। दलितों की इस अक्षमता के बारे में इन तथ्यों के बावजूद यह समझा जा सकता है कि दलितों का एक बड़ा हिस्सा, उनके कल्याण के लिए डॉ. आंबेडकर द्वारा किए गए आजीवन संघर्षों से अनभिज्ञ था। यहाँ तक कि आज भी अनुसूचित जातियों के लगभग 50 प्रतिशत लोग डॉ. आंबेडकर के जीवन और कार्यों से अपरिचित हैं। दलितों की इस उपेक्षा का ऊँची जातियों द्वारा भरपूर इस्तेमाल किया गया, इस चीज ने ऊँची जातियों को सक्षम बनाया कि वे उनका कठपुतलियों की तरह इस्तेमाल करें। इस तरह की कठपुतलियों को नादान के रूप में वर्गीकृत किया जा सकता है।

(घ) प्रबुद्ध या आंबेडकरवादी कठपुतलियाँ : उत्पीड़ित समुदायों की सभी कठपुतलियों में सबसे खराब स्थिति जिनकी है, वे हैं प्रबुद्ध या आंबेडकरवादी कठपुतलियाँ। डॉ. आंबेडकर स्वयं संकेत करते हैं कि कैसे दलितों के संघर्ष में गांधी के खिलाफ उनकी भूमिका के कारण नादान दलित गुमराह हुए। नादान जनता अपने हितों के खिलाफ व्यवहार करे, ये तो समझा जा सकता है लेकिन प्रबुद्ध लोगों के बारे में क्या किया जा सकता है, खासकर जिन्हें आंबेडकर ने स्वयं बुद्धिमान और विद्वान् बनाया? इन समझदार व्यक्तियों को गांधी और आंबेडकर द्वारा निभाई गई विभिन्न भूमिकाओं के बारे में निश्चित तौर पर जानना चाहिए था।[11]

कांशीराम आगे कहते हैं :

> यह महान आश्चर्य का विषय था कि करीब एक वर्ष पहले 1981 में 24 सितम्बर को इन प्रबुद्ध लोगों की एक समिति पूना पैक्ट की स्वर्ण जयंती मनाने के लिए बनाई गई। शुरुआती समिति में आरपीआई (रिपब्लिकन पार्टी ऑफ इंडिया) के सचिव, दलित पैंथर्स के पदाधिकारी और आंबेडकर के प्रबुद्ध संघ के कुछ सदस्य थे। डॉ. आंबेडकर और गांधी की भूमिका के बारे में जानने के बाद इन प्रबुद्ध लोगों को यहाँ तक कि पूना पैक्ट की स्वर्ण जयन्ती मनाने के बारे में सोचने की जरूरत भी नहीं थी, लेकिन इन आंबेडकरवादी कठपुतलियों ने केवल इसे किया ही नहीं, बल्कि इसकी तैयारी में एक वर्ष खर्च किया। इसकी सबसे बुरी बात ये थी कि जिन लोगों ने डॉ. आंबेडकर के सुझाव पर श्री आर.आर. भोले के नेतृत्व में 1946 में पूना पैक्ट की निन्दा की थी, वे लोग स्वयं इस समारोह में शामिल थे। इसके अलावा इन लोगों के पूरे व्यवहार और वर्षों तक के दृष्टिकोण और चन्द

फायदे के लिए खुद के कठपुतली बनने की स्वीकृति देने के चलते, इन्हें प्रबुद्ध कठपुतली या आंबेडकरवादी कठपुतलियों के रूप में चिह्नित किया जा सकता है।

(ङ) कठपुतलियों की कठपुतलियाँ : हमारे देश की लोकतांत्रिक संरचना एक परिपक्व निर्वाचक वर्ग पर आधारित है। इस संरचना ने ही अभिजात शासक वर्ग को शोषित और दलित समुदायों से कठपुतलियाँ तैयार करने को मजबूर किया। हम इन राजनीतिक गतिविधियों को देख सकते हैं। इन राजनीतिक गतिविधियों के हम बहुसंख्या में कठपुतलियों के उभार को देख सकते हैं। कठपुतलियों का महत्त्व इस आधार पर आँका जाता है कि उनके समुदाय में उनकी हैसियत क्या है? बड़े पैमाने पर फैली ये कठपुतलियाँ अपने दम पर कुछ भी करने में सक्षम नहीं थीं, क्योंकि उनकी प्रतिबद्धता ऊँची जातियों के प्रति थी और इन कठपुतलियों को अपने नीचे कठपुतलियाँ बनाने को मजबूर किया गया था। इसके अलावा शिक्षित और रोजगार प्राप्त अनुसूचित जातियों और जनजातियों की लगातार बढ़ रही संख्या, इस प्रकार की कठपुतलियों के निर्माण की उर्वर भूमि बन गई थी। शिक्षित और रोजगार सम्पन्न लोग राजनीतिक कठपुतलियों से लाभ पाने के लिए उनकी कठपुतलियाँ बनने को तैयार थे। समय गुजरने के साथ ही ये कठपुतलियों की कठपुतलियाँ भारी संख्या में बन गई थीं।

(च) विदेशों में कठपुतलियाँ : यद्यपि कि शोषित भारत का अपना कोई खुदमुख्तार संघर्ष नहीं हुआ, लेकिन पिछले कुछ वर्षों में कठपुतलियों की संख्या में गिरावट आई है। और 1980 के विधानसभा चुनावों और संसदीय चुनावों में इनकी संख्या काफी निचले स्तर पर पहुँच गई। इस कम संख्या ने विदेशों में रहने वाले अवसरवादी अछूतों को अवसर दिया कि वे कठपुतलियों की कमी को पूरा करें। इस खाली जगह को भरने के लिए बहुत सारे स्वार्थी और अवसरवादी अछूत भारत आए। उनमें से एक सज्जन सत्तारूढ़ पार्टी की कठपुतली बनने के लिए अमेरिका से दिल्ली आए और पार्टी के सदस्यों के इर्द-गिर्द मँडराने लगे। लम्बे समय तक भारत में रहने के बाद उनका सपना टूट गया और कांग्रेस (आई) का सदस्य बनने के बाद, वो न्यूयॉर्क वापस लौट गए। भ्रम टूटने के बाद इन सभी स्वार्थी अछूतों को उन देशों को लौटने को मजबूर होना पड़ा, जहाँ वो रहते थे।

हमने इन असफल प्रयासों का जिक्र इसलिए किया है, ताकि इसे याद रखा जा सके कि कुछ कठपुतलियाँ बाहरी देशों में छिपी हैं और जब भी दलितों-उत्पीड़ितों का अपना स्वतंत्र संघर्ष शुरू होगा, ये अपने छिपे हुए स्थानों से बाहर निकल आएँगे।[12]

चापलूसों तथा कठपुतलियों पर कांशीराम की कटु आलोचना इस किताब में दलित पाठकों की आँख खोलने वाली थी। दलितों और अन्य वंचित समुदायों की

कठपुतलियों की मानसिकता की उनकी गहरी समझ ने उन्हें एक स्वतंत्र दलित राजनीतिक पार्टी गठित करने का प्रयास करने के लिए तैयार किया, जिसके सदस्य गैर दलित राजनेताओं के प्रवक्ता नहीं होंगे और जो दलित समुदाय का भाग्य तय कर सकते हैं तथा उन्हें राजनीतिक अवसर प्रदान कर सकते हैं। जिस पार्टी की कांशीराम ने कल्पना की थी और दो वर्ष बाद गठन किया था, उस पार्टी ने मजबूती से दलित मुद्दों को आगे बढ़ाया और जो विचारधारात्मक समर्थन के लिए किसी अन्य पार्टी पर निर्भर नहीं थी, भले ही सत्ता पाने के लिए विभिन्न विचारधाराओं की विविध राजनीतिक पार्टियों से गठजोड़ किया। 'चमचा युग' से निकले सिद्धान्त का विकास दलित राजनीति में हुआ था। कांशीराम द्वारा उठाए गए मुद्दों का परिणाम भारतीय राजनीति के सच्चे लोकतंत्रीकरण में सामने आया था।

'चमचा युग' में किए गए अपने विश्लेषण के आधार पर कांशीराम ने चार कार्यक्रम बनाए—

1. तात्कालिक उपाय, जो सामाजिक कार्यवाहियों के बारे में था।
2. अल्पकालिक उपाय, जिसमें सीमित राजनीतिक कार्यवाही विकसित हुई थी।
3. दीर्घकालिक उपाय, जो सम्पूर्ण राजनीतिक कार्यवाही की माँग करते थे।
4. स्थायी उपाय, जो सांस्कृतिक रूपान्तरण और सांस्कृतिक नियंत्रण की माँग करते थे।

ये कदम उठाए जाने थे और निश्चित समयावधि के कार्यक्रम को लागू किया जाना था। तात्कालिक उपाय, विविध स्तरों पर हाशिए के लोगों के बीच चेतना जगाना था। जागरूकता दलों को तैयार किया गया और आंबेडकरवादी विचारधारा का प्रचार करने के लिए उन्होंने आंबेडकर मेला का आयोजन किया। उन्होंने पूना पैक्ट की आलोचना की और 4,200 किलोमीटिर की रैली की योजना बनाई, ताकि सीमित संसाधनों को इतने बड़े पैमाने के कामों के लिए कैसे लगाया जाए।[13] यहाँ तक कि 25 दिसम्बर, 1982 को दिल्ली में दलित जन संसद का आयोजन करने के बारे में भी चर्चा हुई, जिसमें सचेत तरीके से दलित समुदाय की विशिष्ट समस्याओं पर बातचीत का विषय मुख्य था।[14] चमचा युग के खात्मे के लिए राजनीतिक कार्यवाही जरूरी होगी। सबसे अच्छा उपाय होगा कि दलितों द्वारा राजनीतिक पार्टी का निर्णाण किया जाए। असमानता से ज्यादा समतामूलक समाज की ओर सांस्कृतिक रूपान्तरण, एक उजाले के युग की शुरुआत करेगा। कांशीराम के अनुसार, इन चारों कार्यक्रमों को लोगों की आन्तरिक चीज बनाने और इसे लोगों द्वारा गहराई से समझने की जरूरत है। इसके बाद ही लोगों को डीएस-4 की गतिविधियों में शामिल होना चाहिए।[15] इस किताब और कांशीराम के अन्य भाषणों से यह बात स्पष्ट होती है कि उन्हें भारतीय राज्य के चरित्र और आजादी के बाद की भारतीय

राजनीति की गहरी समझ थी। भारतीय राज्य बुनियादी तौर पर ब्राह्मणवादी था, जिसमें 15 प्रतिशत ऊँची जातियाँ 85 प्रतिशत बहुजनों पर शासन करती हैं। अंग्रेजों के जाने के बाद स्थापित संसदीय जनतंत्र बहुसंख्यक भारतीयों की इच्छाओं और आकांक्षाओं का प्रतिनिधित्व नहीं करता है। हमारे जाति आधारित समाज में 4–5 प्रतिशत ब्राह्मण जातियों के लोग संसद की 30 प्रतिशत सीटों पर कब्जा जमाए हुए हैं। कुल आबादी में अन्य पिछड़ा वर्ग की हिस्सेदारी 52 प्रतिशत है लेकिन संसद में उनका प्रतिनिधित्व बहुत कम था। कांशीराम ये महसूस करते थे कि इस बदतर प्रतिनिधित्व का कारण है कि अन्य पिछड़े वर्गों ने महात्मा फुले की शिक्षाओं पर ध्यान देना बन्द कर दिया और मनुवाद से संघर्ष करना छोड़ दिया। चुनाव से पहले कुछ समय के लिए वे ब्राह्मणवाद विरोधी नारे लगाते दिख सकते हैं, लेकिन जब चुनाव सामने आता है, तो वे टिकटों के लिए ब्राह्मणों के चरणों में लोट जाते हैं। अनुसूचित जातियाँ और अनुसूचित जनजातियाँ संसद में आरक्षित सीटों के माध्यम से प्रवेश करती हैं, लेकिन ये कांग्रेस की कठपुतली हैं। इस सबके चलते ब्राह्मणवाद का देश की राजनीति, नौकरशाही, अर्थव्यवस्था, धर्म और संस्कृति पर नियंत्रण है। इसके चलते, उनका मानना था कि स्वतंत्रता केवल धनी और प्रभावशाली लोगों के लिए थी, वंचित लोगों के लिए नहीं। पूँजीपतियों, साम्प्रदायिकतावादियों और सामन्ती जमींदारों ने अपनी इच्छाओं को दलितों और अन्य वंचित तबकों पर थोप दिया था। यहाँ तक कि गरीब और वंचित तबकों के लोग अपने वोट देने के अधिकार का भी स्वतंत्रतापूर्वक इस्तेमाल नहीं कर सकते थे और उन्हें बाध्य किया जाता था कि वे उन लोगों को वोट दें, जिन्हें वे पसन्द नहीं करते थे।[16]

उस समय संघर्ष ब्राह्मणवाद के खिलाफ था और आंबेडकर उनके मार्गदर्शक बनने वाले थे। हालाँकि वो आंबेडकरवादियों के बारे में संशयग्रस्त थे। पूना में आंबेडकरवादियों के साथ अपने नजदीकी रिश्तों की बात करते हुए एक बार उन्होंने उपहास उड़ाने वाले लहजे में कहा था, ''उन्होंने बाबा साहब से सीखा कि कैसे एक आन्दोलन को चलाया जाए और आंबेडकर के मिशन को पूरा करने में महाराष्ट्र में महारों की दुखद असफलता से सीखा कि कैसे एक आन्दोलन को न चलाया जाए।'' वह दृढ़ता से विश्वास करते थे कि दोनों चीजें उनके मिशन के लिए महत्त्वपूर्ण सबक हैं।[17] वह अब आंबेडकर की शिक्षाओं को सृजनात्मक तरीकों से समृद्ध करना चाहते थे। ऐसा करते हुए वे हमेशा अपने शिक्षक की इस बात को ध्यान में रखते थे कि राजनीतिक सत्ता दलित मुक्ति की 'मास्टर की' थी और इसे प्राप्त करना, दलित संघर्ष की रणनीति होनी चाहिए।

आंबेडकर का खुद का जीवन बुनियादी मानवीय अधिकारों के लिए एक संघर्ष था, क्योंकि उनका जन्म (1891 में) महाराष्ट्र के एक गरीब महार परिवार में हुआ था। उन्होंने अस्पृश्यता के पीड़ादायक कलंक को पूरे विद्यार्थी जीवन में झेला, जिस

जीवन की शुरुआत सतारा के एक प्राथमिक स्कूल से हुई। उन्होंने ऊँची जातियों के हिन्दुओं की बहुत सारी क्रूरताओं का सामना किया, जिसने उनके दिमाग पर एक स्थायी छाप छोड़ दी। हर तरह की असहयोग और बुरे बर्तावों के दबाव ने उस अपमान और दुर्व्यवहार को समझने में मदद की, जो उनका समुदाय भोग रहा था : इस चीज ने उनके भीतर हिन्दुत्व के लिए एक सुलगती घृणा को जन्म दिया।

आंबेडकर संयुक्त राज्य अमेरिका में अर्थशास्त्र और कानून की उच्च शिक्षा प्राप्त करने के बाद भारत वापस आए, इसके बावजूद रोजगार के लिए उन्हें संघर्ष करना पड़ा, क्योंकि उनके ऊपर अछूत होने का ठप्पा लगा हुआ था। कई वर्षों के बाद उन्होंने बैरिस्टर (अधिवक्ता) के रूप में कार्य करने के लिए बॉम्बे बार की 'अपैलेट साइड' की सदस्यता ली। इस चीज ने उन्हें स्वयं के उद्देश्य यानी अछूतों के उत्थान के लिए खुद को समर्पित करने में अवसर, साधन तथा अवकाश उपलब्ध कराए। उन्होंने सामाजिक कार्यों में शामिल होने का साहस किया और जल्द ही अछूतों के ऐसे नेता बन गए क्योंकि वह खुद उन्हीं से निकले थे और वो वैसा ही महसूस करते थे, जैसा दलित महसूस करते थे, वैसा ही सोचते थे, जैसा दलित सोचते थे। दलित उत्थान के लिए 'बहिष्कृत हितकारिणी सभा' (आउटकास्ट वेलफेयर एसोसिएशन) का निर्माण, उनकी पहली संगठित कोशिश का परिणाम था, इसका उद्देश्य उन बहिष्कृत लोगों के बीच शिक्षा का प्रसार और उनकी सामाजिक-आर्थिक उन्नति करना था, जिन्हें 'डिप्रेस्ड' वर्गों (दलित) के रूप में जाना जाता था। 1927 तक आते-आते आंबेडकर ने अस्पृश्यता के खिलाफ सक्रिय आन्दोलन चलाने का निर्णय लिया। उन्होंने इसे एक जनान्दोलन के रूप में शुरू किया और पीने के पानी के सार्वजनिक स्थलों को दलितों के लिए खोलने और उन्हें उस पानी का इस्तेमाल करने देने और हिन्दुओं के मन्दिरों में प्रवेश के अधिकार के लिए मार्च किया। दलित वर्गों के लिए शिक्षा संस्थान खोलकर, किताबें लिखकर और सार्वजनिक भाषणों के माध्यम से आंबेडकर ने दलित आन्दोलन को गतिशीलता प्रदान की। अपने समुदाय को स्कूली शिक्षा व्यवस्था के लिए आंबेडकर ने डिप्रेस्ड क्लासेज एजुकेशन सोसायटी की स्थापना की और बाद में 1956 में उन्होंने आरपीआई (रिपब्लिकन पार्टी ऑफ इंडिया) की स्थापना की।[18]

***

आंबेडकर को लेकर कांशीराम की बातचीत के केन्द्र में जाति की अभिलाक्षणिकताएँ और समाज एवं राजनीति में उनकी भूमिका होती थी। आंबेडकर ने अपनी किताब 'जाति का उच्छेद' में हिन्दू समाज में जाति, शास्त्र और ब्राह्मणवाद के बारे में अपने सिद्धान्तों को प्रस्तुत किया था।[19] यह किताब पूर्ण रूप में 1936 में 'लाहौर जाति-

पाँति तोड़क मंडल' सम्मलेन के लिए एक भाषण के रूप में तैयार की गई थी। स्वागत समिति द्वारा इस भाषण को प्रस्तुत करने से रोक दिया गया, क्योंकि उन्हें भय था कि इसमें प्रस्तुत विचार सम्मेलन में शामिल लोग बर्दाश्त नहीं कर पाएँगे। बाद में यह भाषण किताब के रूप में सामने आया। पहले दो महीने के भीतर ही इसकी 1500 प्रतियाँ बिक गईं। यह गुजराती, मराठी, हिन्दी, पंजाबी, तमिल और मलयालम भाषाओं में भी प्रकाशित हुई। इसके अंग्रेजी संस्करण की इतनी माँग थी कि इसे दो बार पुनर्मुद्रित करना पड़ा।

जाति के अभिशापों के बारे में आंबेडकर लिखते हैं कि "यह सार्वजनिक भावना को मार देती है और सार्वजनिक परोपकार के बोध को नष्ट कर देती है।" वे आगे कहते हैं, "एक हिन्दू अपनी जाति से पहचाना जाता है, उसका केवल अपनी जाति के प्रति उत्तरदायित्व होता है, उसके मूल्य जाति आधारित हो चुके हैं और नैतिकता जाति से बँध चुकी है...यहाँ परोपकार है, लेकिन इसकी शुरुआत और अन्त जाति से ही होता है। यहाँ सहानुभूति है, लेकिन दूसरी जाति के लोगों के लिए नहीं।"[20]

जाति कैसे भेदभाव की वाहक है, इसे समझाते हुए आंबेडकर कहते हैं कि "चूँकि जाति आम गतिविधियों को बाधित करती है, जिसके चलते 'एकीकृत जीवन और एक होने की चेतना' के साथ हिन्दू, समाज एक नहीं हो सकता था।[21] वास्तव में ऊँची जातियों ने जान-बूझकर निम्न जातियों को हिन्दूवाद के दायरे में ऊपर उठने की इजाजत नहीं दी थी, क्योंकि जाति एक 'बन्द संस्था' थी और एक व्यक्ति इसी में जन्म लेता था।"

आंबेडकर हिन्दुओं के इस दावे पर करारी चोट करते हैं कि वे सहिष्णु हैं। उन्होंने अपमान या जुल्म करने की उनकी तथाकथित सहिष्णुता को उनकी कमजोरी या बेपरवाही के रूप में देखा। यह बात अपने ही समाज के उत्पीड़ित लोगों के प्रति उनके व्यवहार में प्रकट होती है और यह जाति व्यवस्था का परिणाम है, जिसने किसी भी तरह का सहयोग करने से मना कर दिया, यहाँ तक किसी अच्छे काम के लिए भी। यही नहीं लोग उन्हीं अच्छे लोगों का अनुसरण करेंगे जो उनकी जाति से सम्बन्धित हों। 'यह अच्छाई के साथ खड़े होने या बुराई के साथ खड़े होने का मामला नहीं है। यह जाति के साथ खड़े होने या न होने का मामला है। क्या हिन्दुओं ने अपनी जाति के हित में, अपने देश के साथ ही गद्दारी नहीं की है?'[22]

आंबेडकर प्रश्न करते हैं कि क्यों लोगों ने इस सामाजिक अभिशाप को बर्दाश्त किया था?

> दुनिया के अन्य देशों में सामाजिक क्रान्तियाँ हुई हैं। भारत में सामाजिक क्रान्ति क्यों नहीं हुई? यह एक प्रश्न मुझे लगातार परेशान करता है। इसका केवल एक ही उत्तर है, जो मैं दे सकता हूँ और वो यह है कि चतुर्वर्ण जैसी

घृणित व्यवस्था के चलते, हिन्दुओं के निम्न वर्ग, कोई भी सीधी कार्यवाही करने में अक्षम रहे हैं। वे हथियार नहीं उठा सकते थे और बिना हथियार के वे विद्रोह नहीं कर सकते थे. वे सब हलवाहे थे और उन्हें इसकी अनुमति नहीं थी कि वे अपने हल के फल को तलवारों में बदलें। उनके पास संगीनें नहीं थीं और इसलिए जो इन्हें चुन सकता था, वो उनके ऊपर बैठ सका और बैठा। चतुर्वर्ण के चलते वे शिक्षा नहीं प्राप्त कर सकते थे। वे अपनी मुक्ति के रास्ते के बारे में सोच नहीं सकते थे, जान नहीं सकते थे। वे दीनहीन होने के चलते निन्दनीय हो गए। इन सबसे बच निकलने का वे कोई रास्ता नहीं जानते और न तो बच निकलने के कोई साधन ही थे। वो अपनी शाश्वत पराधीनता के अभ्यस्त हो गए, जिसे उन्होंने अपरिहार्य नियति के रूप में स्वीकार कर लिया।

चतुर्वर्ण से अधिक विकृत सामाजिक संगठन नहीं हो सकता है। यह वह व्यवस्था है जो लोगों को उपयोगी गतिविधियों के लिए बेजान, लकवाग्रस्त और अपंग बना देती है। यह अतिशयोक्ति नहीं है। इतिहास में इसके पर्याप्त उदाहरण हैं। भारतीय इतिहास में केवल एक कालखंड है जो स्वतंत्रता, महानता और गौरव का है। यह मौर्य साम्राज्य का समय है। अन्य सभी समयों में देश को पराजय तथा अन्धकार से गुजरना पड़ा, लेकिन मौर्य काल वह समय था, जब चार वर्णों का पूरी तरह उच्छेद हो गया था। जो शूद्र, जनसमुदाय के बड़े हिस्से थे उन्होंने अपनी क्षमता दिखाई और देश के शासक बन गए। पराजय और अँधेरे का समय वो है जब देश में लोगों के बड़े हिस्से के नरकवास में चतुर्वर्ण फला-फूला। एक ही प्रश्न है जो विचार करने लायक बचता है, वह है कि कैसे हिन्दू सामाजिक व्यवस्था में सुधार लाया जाए? कैसे जाति का खात्मा किया जाए? ये सबसे महत्त्वपूर्ण प्रश्न है।[23]

आंबेडकर ने अन्तर्जातीय भोज और विशेषकर अन्तर्जातीय विवाह को जाति के खात्मे उपायों के रूप में देखा। चूँकि ये विचार हिन्दुओं के विश्वासों और जड़सूत्र के विरुद्ध था, इसलिए ऐसा हुआ नहीं। जैसा कि आंबेडकर ने रेखांकित किया है कि 'जाति एक धारणा है, यह एक दिमागी सोच है। जाति के विध्वंस का अर्थ एक भौतिक बाधा का विध्वंस नहीं है। इसका मतलब धारणागत परिवर्तन है।'[24] अपराधी जाति का पालन करने वाले नहीं, बल्कि वो धर्म है, जिसमें यह धारणा अंगीभूत है।

यदि यह बात सही है, तब स्पष्ट है कि जिस दुश्मन से भिड़ना है वे वो लोग नहीं हैं जो जाति व्यवस्था का पालन करते हैं, बल्कि वे शास्त्र हैं जो जाति के धर्म की शिक्षा देते हैं...वास्तविक उपाय शास्त्रों की पवित्रता में विश्वास का विध्वंस करना है।[25]

> सिद्धान्त के स्तर पर चतुर्वर्ण की वास्तविक अवधारणा अभिभावक और आश्रित के मूल रिश्ते पर आधारित थी, लेकिन व्यवहार में यह निस्सन्देह मालिक और नौकर का रिश्ता था। यद्यपि ब्राह्मण, क्षत्रिय और वैश्य के तीन वर्णों का आपसी रिश्ता बहुत अच्छा नहीं था, लेकिन उन्होंने कामचलाऊ समझौता कायम कर लिया था। ब्राह्मण ने क्षत्रियों की चापलूसी कर उन्हें फुसला लिया था और दोनों ने वैश्य के ऊपर निर्भर होकर गुजारा करने के लिए उसे व्यवस्था के भीतर बनाए रखते की इजाजत दे दी थी। लेकिन ये तीनों शूद्रों को दबाकर रखने पर सहमत थे। उन्हें सम्पत्ति अर्जित करने की अनुमति नहीं थी, इसका कारण ये था कि ऐसा न हो कि कहीं ये तीन वर्णों से स्वतंत्र हो जाएँ। उन्हें ज्ञान प्राप्त करने से रोका गया, क्योंकि कहीं ऐसा न हो जाए कि वे अपने हितों की चौकसी करने लगें। उन्हें शस्त्र धारण करने से रोका गया, कहीं ऐसा न हो कि वे अपने मालिकों के खिलाफ विद्रोह कर दें। यह वो तरीका था, जिसे तीनों वर्णों ने शूद्रों के प्रति अपनाया था, जिसे 'मनु का कानून' प्रमाणित करता है। सामाजिक अधिकारों के मामले में कोई भी कानून की संहिता उतनी कुख्यात नहीं थी, जितना 'मनु के कानून' थे। सामाजिक अन्याय का कहीं का कोई भी उदाहरण इसके सामने फीका पड़ जाता है।[26]

> आप सफलता की कैसे उम्मीद कर सकते हैं, यदि शास्त्रों को लोगों के विश्वासों और विचारों को निरन्तर साँचे में ढालने की अनुमति प्रदान करते हैं? शास्त्रों के प्राधिकार का प्रश्न ही नहीं है, लोगों को उनकी पवित्रता और उनके प्रतिबन्धों में विश्वास की अनुमति देकर लोगों पर आरोप लगाए जाते हैं और उनकी आलोचना की जाती है कि उनके क्रिया-कलाप अतार्किक और अमानवीय हैं। यह सामाजिक सुधार का बेतुका रास्ता है। ऐसा लगता है कि गांधी समेत छुआछूत मिटाने के लिए काम करने वाले समाज सुधारकों को इस बात का एहसास नहीं है कि लोगों के क्रिया-कलाप उनके विश्वासों के परिणाम हैं। उनके आचरण उनके मन में बैठे विश्वासों से संचालित हैं। जब तक वे शास्त्रों की पवित्रता पर विश्वास करना बन्द नहीं कर देते, तब तक उनके आचरण में तब्दीली नहीं आएगी, क्योंकि उनके आचरण इन शास्त्रों पर आधारित हैं।[27]

आंबेडकर ने पददलित लोगों को इस बात के लिए प्रोत्साहित किया कि वे बुद्ध और गुरुनानक द्वारा बताए रास्ते का अनुसरण करें, जिन्होंने हिन्दू धर्म ग्रन्थों के प्राधिकार को खारिज किया और दोनों ने हिन्दुओं से यह कहने का साहस किया कि उनके धर्म में क्या गलत है। उन्होंने लोगों को ध्यान दिलाया कि जाति व्यवस्था का खात्मा बुरी तरह से ब्राह्मणों को प्रभावित करेगा, जो बौद्धिक वर्ग के पर्याय थे। 'हिन्दू सिखाए जाते हैं कि ब्राह्मण भूदेव (भूमि के देवता) हैं, उन्हें सिखाया जाता

है कि केवल ब्राह्मण ही उनके एकमात्र शिक्षक हो सकते हैं।' मनु कहते हैं, ''यदि यह पूछा जाए कि धर्म की उन बातों का कैसे सम्मान किया जाए, खासकर जिनका जिक्र नहीं है, तो उसका उत्तर है कि ब्राह्मण, शिक्षक हैं, वे जो कुछ भी प्रतिपादित करेंगे, वह निस्सन्देह कानूनी प्राधिकार रखेगा।''[28] यह उम्मीद करना ही व्यर्थ है कि ब्राह्मण किसी एक ऐसे आन्दोलन का नेतृत्व करने की सहमति देंगे, जो उनकी जातीय सत्ता और प्रतिष्ठा को नष्ट कर दे। आंबेडकर धर्मनिरपेक्ष और पुरोहिती ब्राह्मण के बीच कोई फर्क नहीं देखते थे। 'दो सगे हैं। दोनों एक ही शरीर की दो भुजाएँ हैं और इनमें से एक-दूसरे के अस्तित्व को बचाए रखने के लिए संघर्ष को बाध्य है।'[29]

अत: ब्राह्मणवाद मुख्य दुश्मन है। पहले दलित आन्दोलन में इस अवधारणा का उपयोग ऊँची जातियों के प्रभुत्व को चुनौती देने के लिए किया जाता था। इसका अर्थ व्यापक और अमूर्त था, मनुवाद की परिभाषा से बिलकुल अलग, जिसे कांशीराम ने बाद में खोजा। मनुवाद में इस बात की व्याख्या की है कि कैसे मनु की संहिता ने अपनी सीमाएँ लाँघने का साहस करने वाली निम्न जातियों के लिए दंड का प्रावधान करके उनके उत्पीड़न और शोषण की व्यवस्था कायम की। यह शब्द ब्राह्मण और अन्य ऊँची जातियों के लोगों को भी उनकी पार्टी में आने का अवसर देता है, जो मनु संहिता को खारिज करते थे और दलित आन्दोलन का समर्थन करते थे। कांशीराम जाति के उच्छेद का पक्ष नहीं लेते, जो आंबेडकर का विचार था। राजनीति में जाति की उनकी समझदारी कुछ हद तक आंबेडकर से बिलकुल जुदा थी और उन्होंने घोषणा की कि जैसे ब्राह्मण जातिवाद के आधार पर लम्बे समय तक शासन करते रहे, उसी तरह दलितों को समाज से ब्राह्मणवाद के खात्मे के लिए शासन करना होगा।[30]

कांशीराम समझ गए थे कि विभिन्न सन्तों और गुरुओं तथा फुले और आंबेडकर जैसे नेताओं के सभी प्रयासों के बावजूद जाति व्यवस्था समाप्त नहीं हो पाई, इसलिए वे हाशिए के समुदायों की जातीय चेतना का राजनीतिकरण करने के सिद्धान्त पर पहुँचे। इस काम के लिए उन्होंने सबसे पहले ऊँची जातियों यानी समाज के प्रभावशाली समुदायों द्वारा दलितों को दी गई यातना की स्मृतियों को जगाया और इनके इर्द-गिर्द निम्न जातियों को गोलबन्द करने की कोशिश की। दूसरा, उन्होंने निम्न जातियों के स्वाभिमान को बढ़ाने के लिए चुनिन्दा जातीय इतिहास को खोजने और प्रत्येक दलित जाति की संस्कृति का पुनर्पाठ करने की कोशिश की ताकि इसके मार्फत वे अपने आत्मविश्वास को बढ़ा सकें। वो विश्वास करते थे कि जैसा आंबेडकर चाहते थे, जाति व्यवस्था के खात्मे के लिए सबसे पहले यह महत्त्वपूर्ण था कि निम्न जातियों को राजनीतिक रूप से प्रभावशाली बनाया जाए। इसके लिए उनका राजनीतिक सत्ता प्राप्त करना जरूरी था। जातीय चेतना का राजनीतिकरण कर उन्होंने सामाजिक

रूपान्तरण लाने और एक समतामूलक समाज बनाने की कोशिश की। बसपा ने भाजपा के सहयोग से दो बार उत्तर प्रदेश में सरकार बनाई। हालाँकि भाजपा की हिन्दुत्व विचारधारा में ब्राह्मणवाद को ताकत देने की सम्भावना छिपी थी। प्रकट रूप से जातीय चेतना को आंबेडकर के नाम पर जगाया गया, लेकिन यह पूरी तरह से कांशीराम के दिमाग की उपज थी। इस प्रकार उत्तर प्रदेश में आंबेडकर के सपनों को मजबूत बनाने के लिए कांशीराम और मायावती ने 'जाति व्यवस्था का खात्मा' के नारे को 'जाति व्यवस्था को बढ़ावा दो' में बदल दिया, ताकि उनकी जातीय पहचान और आत्मसम्मान को पुनर्स्थापित करने के लिए दलितों को संगठित किया जा सके।

कांशीराम ने कहा :

> ''जब मुझे 1962-63 में आंबेडकर की किताब 'जातिभेद का उच्छेद' पढ़ने का अवसर मिला, तो मैंने महसूस किया कि शायद यह समाज से जाति व्यवस्था के खात्मे से सम्भव था। लेकिन बाद में जब मैंने जाति व्यवस्था का अध्ययन किया और इस काम को करने के तरीकों की गहराई में गया तो मेरे विचारों में धीरे-धीरे सुधार हुआ। मैंने केवल किताबों से जाति के बारे में ज्ञान नहीं प्राप्त किया था, बल्कि अपनी निजी जिन्दगी से भी प्राप्त किया था। भारी संख्या में जो लोग अपने गाँवों से दिल्ली, मुम्बई और कोलकाता जैसे बड़े शहरों में जाते हैं, वे अपने साथ कोई सम्पत्ति नहीं ले जाते, लेकिन अपने साथ अपनी जाति जरूर लेकर जाते हैं। अपने पीछे अपने गाँव में छोटी झोंपड़ियाँ, जमीन और जानवर इत्यादि छोड़कर जाते हैं और सीवर और रेल पटरियों के नजदीक झुग्गी-झोंपड़ियों में बस जाते हैं। उनके पास कुछ नहीं होता, सिर्फ और सिर्फ केवल उनके पास उनकी जाति होती है। यदि लोगों का अपनी जाति से इतना लगाव है, तो हम कैसे इसके उच्छेद के बारे में सोच सकते हैं। यही वो कारण है, जिसके चलते मैंने जाति के उच्छेद के बारे में सोचना छोड़ दिया।''[31]

आंबेडकर के लिए गाँव दलितों का बूचड़खाना है, क्योंकि दलितों को उत्पीड़ित करने वाली ब्राह्मणवादी शक्तियाँ यहाँ मजबूत हैं। वे गाँवों का वर्णन इस प्रकार करते हैं :

> ''हिन्दू गाँवों को एक गणतंत्र के रूप में देखते हैं और वे उसकी आन्तरिक संरचना पर गर्व करते हैं, जिसमें न लोकतंत्र है, न समानता, न स्वतंत्रता, न भाईचारा। यह ऊँची जातियों के लिए ऊँची जातियों का गणराज्य है। अछूतों के लिए यह हिन्दुओं का साम्राज्यवाद है। यह अछूतों के शोषण का एक उपनिवेश है, जहाँ उनके पास कोई अधिकार नहीं है। असीम धैर्य और विवशता के साथ सेवा ही इस गाँव में दलितों की नियति है। उनके पास दो

ही विकल्प हैं, वे इस काम को करें या मरें। हिन्दुओं का यह बूचड़खाना कितना विषाक्त है। क्योंकि तथ्य साफ है, इस नाते इसे चुनौती नहीं दी जा सकती है।''[32]

यह वही कारण है, जिसके चलते आंबेडकर ये महसूस करते थे कि गाँवों से बड़े शहरों की ओर दलितों का प्रवास, इस प्रकार के उत्पीड़न से मुक्ति पाने में उनकी मदद करेगा। दूसरी तरफ कांशीराम मानते थे कि गाँवों से प्रवास करें या न करें जाति उनके साथ लगी रहती है। वो मानते थे कि जब तक जाति विहीन समाज का निर्माण नहीं हो जाता, जब तक दलितों के लिए यह जरूरी है कि वे अपने सशक्तिकरण के लिए और ब्राह्मणों को सत्ता से हटाने के लिए जाति का राजनीतिक तौर पर एक उपकरण के रूप में इस्तेमाल करें। आंबेडकर और कांशीराम दोनों का अन्तिम लक्ष्य एक जाति विहीन समाज का निर्माण करना था। लेकिन आंबेडकर यह महसूस करते थे कि अन्तर्जातीय विवाह एक उपयुक्त रणनीति थी, जबकि कांशीराम यह महसूस करते थे कि पहले दलित जातियों को अपनी जाति और अस्मिता के संसाधनों का उपयोग करके आत्मसम्मान प्राप्त करना है, जो समाज में हैसियत प्राप्त करने में उनकी मदद करेगा। उसके बाद ही अन्तर्जातीय भोज और अन्तर्जातीय विवाह जैसे संवाद हो सकते हैं। कांशीराम के अनुसार, जाति एक दोधारी तलवार है और उसका इस्तेमाल इस तरह करना चाहते थे, जिससे बहुजनों को फायदा हो और साथ ही ब्राह्मणों के प्रभुत्व को नष्ट किया जा सके।[33] दिल्ली से निकलने वाले एक साप्ताहिक अखबार चौथी दुनिया के अप्रैल (2-8 अप्रैल) 1989 के अंक में अपने एक साक्षात्कार में, अपने ऊपर जातिवाद को बढ़ावा देने के आरोप का जवाब देते हुए कांशीराम ने कहा था :

''वे लोग जो जातिवाद को बनाए रखना चाहते हैं, वे हमसे कहते हैं कि हमें जाति के बारे में बात नहीं करनी चाहिए। यदि ऐसा करने की कोई जरूरत है तो वे इसे हमारी ओर से करेंगे। इसका मतलब है कि अपमानों को सहन करते रहना चाहिए। हम लोगों को उनकी जाति के आधार पर संगठित कर रहे हैं, ताकि जाति व्यवस्था को समाप्त किया जा सके। इसलिए यह उन लोगों के लिए फायदेमन्द है, जो जाति व्यवस्था से पीड़ित हैं, इसके लिए वो साथ आएँ। हम उत्पीड़कों की कम और उत्पीड़ितों की ज्यादा आलोचना करते हैं। हम चाहते हैं कि अपने हीनताबोध की भावना का पूरी तरह त्याग कर दें। यह भावना उनकी जाति से जुड़ी हुई है, जो उनके अन्दर ब्राह्मणवाद से आई है। जातीय हीनताबोध की भावना को हम गर्व की भावना में बदलना चाहते हैं और इस प्रक्रिया में हम जाति के बारे में बात करते हैं। मैं उनसे कहता हूँ कि हम उत्पीड़न बर्दाश्त नहीं करेंगे, बल्कि अत्याचारियों की हिम्मत को तोड़ देंगे।''[34]

इसी साक्षात्कार में साक्षात्कारकर्ता ने टिप्पणी की कि इससे समाज में तनाव बढ़ेगा। ''इसके जवाब में कांशीराम ने कहा कि जब तनाव बढ़ेगा तो एक आग जल उठेगी और इस आग में ऊँची जातियाँ भस्म हो जाएँगी। जब ये घटित होगा तो वे अपने घुटनों के बल आ जाएँगे, जिसके चलते समाज में समानता कायम होगी। यह समानता उनका लक्ष्य था।''[35]

कांशीराम दलितों के लिए आंबेडकर के पृथक् निर्वाचन मंडल की माँग से असहमत थे, हालाँकि दोनों चाहते थे कि समाज की मुख्य धारा में दलितों को स्वीकृति और गौरव प्राप्त हो।[36] कांशीराम का विचार था कि समाज को समतामूलक बनाने के लिए, जिसमें सभी जातियों को समान रूप में देखा जाए और उनकी अपनी जातीय पहचान हो और बसपा का यही दार्शनिक आधार था। वे अपनी सोच को एक कलम के उदाहरण से समझाना पसन्द करते थे। उनके अनुसार, भारतीय समाज एक खड़ी कलम की तरह है। ब्राह्मण इसके शीर्ष पर कलम की कैप की तरह बैठे हैं, जबकि अन्य जातियाँ, जो बहुजन थीं, वो इसका मुख्य हिस्सा थीं और धीरे-धीरे वो नीचे से नीचे आती जाती हैं। दलित और अछूत कलम के बिलकुल निचले तल पर थे। यदि कलम को समतल कर दिया जाए तो वो एक समान समाज का प्रतिनिधित्व करेगी, जिसमें सभी जातियाँ समान स्तर पर होंगी। ये वो समतामूलक समाज था, जिससे बसपा प्रेरित थी और जिसे किसी भी तरीके से कांशीराम प्राप्त करना चाहते थे। यहाँ तक कि वे इसके लिए संदिग्ध अवसरवादी होने का भी जोखिम उठाने को तैयार थे।[37] इससे यह बात साफ हो जाती है कि क्यों वे सरकार बनाने के लिए भाजपा से गठजोड़ करने को तीन बार तैयार हुए।

दूसरे मामले भी थे, जिन पर कांशीराम और आंबेडकर में मत भिन्नता थी। आंबेडकर ने कोलंबिया विश्वविद्यालय में अध्ययन किया था, वह पश्चिमी ज्ञान परम्परा में स्वयं गहाराई तक डूबे थे। उन्होंने अपने दलित विश्लेषण के अथिकांश विचारधारात्मक तत्त्वों को इतिहास से प्राप्त किया था। कांशीराम की प्रेरणाएँ ज्यादातर देशी जमीन की थीं। वह पंजाब के एक गाँव में पैदा हुए थे और उनका प्रशिक्षण पूना की दलित राजनीति में हुआ था। दलितों के पक्ष में दिए गए उनके तर्कों में इतिहास और मिथक मिले-जुले थे। कोई इसे मिथकीय इतिहास कह सकता है, लेकिन दूसरी तरफ आंबेडकर अपने विमर्श में मिथकों को बहुत कम महत्ता देते थे। वास्तव में वे इतिहास के माध्यम से प्राचीन मिथकों की व्याख्या करने की कोशिश करते थे। कांशीराम मानते थे कि दलितों के सशक्तिकरण के लिए उन्हें उनकी वंशावली से जोड़ने की पद्धति फायदेमन्द है और जातियों से सम्बन्धित मिथक, ऐसा करने के महत्त्वपूर्ण साधन थे।[38] बसपा ने क्षेत्र विशेष के लोगों को संगठित करने के लिए, उस इलाके के चुने हुए लोकप्रिय मिथकों को चुना। ये मिथक कम जाने- पहचाने चरित्रों की छोटी-छोटी कहानियाँ या उनसे जुड़ी घटनाएँ

महज नहीं थे। ये उन व्यक्तियों के बारे में लम्बे-लम्बे विवरण थे, जिन्होंने इतिहास में महत्त्वपूर्ण भूमिकाएँ निभाईं; और ऐसे लोगों की जीवन गाथाओं को, सम्बन्धित समुदायों के विचार को प्रेरित करने तथा एकजुट करने की प्रेरणा के रूप में उपयोग किया जा सकता था। इन वर्णनों को इस तरह से चुना जाता था कि वे आँखों देखे दृश्य की तरह सामने आएँ और देखने वाले की कल्पना को उत्प्रेरित कर दें। दलित समुदायों को संगठित करने के लिए जिन मिथकों का बसपा द्वारा इस्तेमाल किया गया, वे प्रभावशाली थे। क्योंकि सम्मान पाना और समाज में अपने स्थान की खोज समुदायों की स्वयं की माँग थी।[39] (अधिक जानकारी के लिए अध्याय चार देखें।)

आंबेडकर कुछ हद तक भिन्न तरीके से प्राचीन मिथकों और इतिहास में समानता खोजते थे। वे किस्सों, कहानियों, भजनों, उद्धरणों, कहावतों, गीता और महाभारत जैसे भारतीय साहित्य में पाए जाने वाले प्राचीन ग्रन्थों से उदाहरण लेकर कुछ प्राचीन मिथकों के निहितार्थ निकालते थे।[40] उदाहरण के लिए महाभारत से सन्दर्भ लिया और इस बात की ओर ध्यान दिलाया कि कैसे 'कपोत पंछी' 'शायेन पंछी' के पीछे पड़ गया था, जिसने अपनी जान बचाने के लिए शिव से शरण माँगी थी। इसी तरह ऊँची जाति के लोगों के अत्याचार से परेशान होकर दलितों ने औपनिवेशिक काल के दौरान ब्रिटिश लोगों से सहायता माँगी थी।[41] बहुत सारे अछूतों ने हिन्दू धर्म की रक्षा के लिए अपने जीवन का बलिदान कर दिया। जैसे 'एकलव्य का अँगूठा' और 'खार्द' के युद्ध में अछूतों के सिर कटे थे।[42] आंबेडकर महिलाओं की स्थिति के बारे में भी बात करते हैं, जिनकी हालत मनु के आगमन से पहले ज्यादा अच्छी थी। वह बुद्ध का उदाहरण देते थे और उन्होंने सिद्ध किया कि जब बुद्ध ने महिलाओं को बौद्ध विहारों में भिक्षुणी का दर्जा दे दिया, तो वो कैसे आजाद और सशक्त हो गई थीं। यहाँ उन्हें अध्ययन करने और सीखने का मौका मिला।[43]

हाशिए के समूहों के सशक्तिकरण के आन्दोलन को आंबेडकर ने 'दलित आन्दोलन' कहा, जबकि कांशीराम 'बहुजन' आन्दोलन कहना पसन्द करते थे। वे दलित शब्द इस्तेमाल करने से बचते थे। कांशीराम का मानना था कि रोकर या भीख माँगकर नहीं बल्कि 'दलितपन' के दुष्चक्र से आक्रामक तरीके से खुद को आजाद कर दलितों को मजबूत और सशक्त बनना है। वह चाहते थे कि अब दलित इस मुक्ति को स्वयं के लिए माँगने की जगह दूसरों की ओर आगे बढ़ा दें।

आंबेडकर ने दलित मुक्ति की राजनीति को एक नैतिक सन्दर्भ उपलब्ध कराने का प्रयास किया। उनके लिए राजनीतिक लक्ष्य पूरा करने के लिए नैतिकता अधिक महत्त्वपूर्ण थी। संवैधानिक नैतिकता यानी संविधान की कानूनी धाराओं के अलावा उसकी आत्मा से बँधे होना, राजनीति में व्यापक नैतिकता का ही हिस्सा था। यह मुक्त बौद्धिक जीवन और लोकतांत्रिक राजनीतिक सम्भावना के लिए महत्त्वपूर्ण

था, जिसकी जड़ें लोकतांत्रिक राजनीतिक संघर्ष में निहित थीं। इससे आगे बढ़कर डॉ. आंबेडकर को लगता था कि स्वतंत्रता और समानता को व्यवहार में लाने के लिए सामाजिक आचरण के अर्थ में 'नैतिकता' अनिवार्य है। नैतिकता के अभाव में केवल दो ही विकल्प थे, अराजकता या पुलिस।[44]

इसके विपरीत कांशीराम अपने राजनीतिक प्रयोगों में से एक राजनीतिक सत्ता स्थापित करने के साधनों पर ज्यादा विचार नहीं करते थे। उनका परिणाम पर जोर था, यानी राजनीतिक सत्ता को हासिल करना। इसके चलते कांशीराम की बाद में तेलतुम्बड़े जैसे आलोचकों द्वारा भर्त्सना की गई। तेलतुम्बड़े ने कहा :

> आंबेडकर के आन्दोलन के आधारभूत मूल्य स्वतंत्रता, समानता और भाईचारा द्वारा सामने आता है। लगता है कांशीराम राजनीतिक और धन की ताकत के अलावा किसी अन्य मूल्य को कोई महत्त्व नहीं देते हैं। आंबेडकर में कोई भी उत्पीड़ितों के प्रति गहरे लगाव और अत्याचार करने वालों के प्रति प्रचंड क्रोध की कमी नहीं देख सकता है। कांशीराम का लगाव रैलियों में दिए गए उनके भाषणों में मुश्किल से ही अभिव्यक्त होता था। यह वही लगाव और प्रतिबद्धता थी, जिसके चलते आंबेडकर जीवन के अन्त समय तक मार्क्स और मार्क्सवाद की चर्चा करते रहे और अपने विकल्पों को इसकी कसौटी के रूप में कुछ हद तक कसते रहे। कांशीराम सहज ही इससे घृणा करते थे। आंबेडकर ने दलित समस्या को सूत्रबद्ध करने की कोशिश की। कांशीराम ने या तो इसे हल्के में लिया या बिलकुल ही ध्यान नहीं दिया। उन्होंने अपने बहुजन की समस्या की प्रकृति सुस्पष्ट करने की कभी कोशिश नहीं की। यदि उनके इस दोहराव को छोड़ दिया जाए कि बहुजन, ऊँची जातियों के अल्पमत के अधीन रहते हैं। आंबेडकर के लिए निश्चित मूल्य, नैतिकता संहिता इत्यादि सर्वोच्च चीजें थीं, लगता है कांशीराम कभी इन चीजों के झंझट में पड़ते नहीं दिखे। आंबेडकर हमेशा पददलित लोगों के लिए पहले योजनाएँ और कार्यक्रम की रूपरेखा बनाते और उत्पीड़ितों के लिए उपयुक्त संरचना की कल्पना करते थे। कांशीराम इस तरह की चीजों की साफ-साफ उपेक्षा करते थे। आंबेडकर के लिए राजनीतिक सत्ता साधन थी, कांशीराम के लिए लगता है, यही अन्त था। इन स्पष्ट मतभेदों के होते हुए भी कांशीराम आंबेडकर को उनकी सत्ता की अनैतिक तलाश को स्वीकृति देने वाले एक आइकन के रूप में प्रस्तुत कर देश के कुछ खास हिस्सों में दलित जनता को अपनी ओर खींचने में सफल रहे।[45]

अपनी रणनीति को व्यवहार में लागू करते समय, चुनावी फायदे के लिए कांशीराम ने कई बार समझौते किए, जिसने दलितों को सत्ता तो दिलाई, लेकिन कुछ हद तक सशक्तिकरण के लिए उनका संघर्ष कमजोर पड़ा। बसपा ने सरकार चलाने के लिए भाजपा से गठजोड़ कायम किया, जिसके चलते उसे आलोचना का भी

सामना करना पड़ा। बहुत सारे लोगों ने बसपा की सदस्यता बहुजन समाज के हित के लिए नहीं, बल्कि अपने व्यक्तिगत स्वार्थ के लिए ली।

दलितों का बौद्ध धर्म परिवर्तन कांशीराम के लिए समस्या बना रहा और मायावती के लिए भी। आंबेडकर मानते थे कि हिन्दूवाद के दायरे में दलितों का सशक्तिकरण सम्भव नहीं है। यह बुनियादी तौर पर जातिवाद पर आधारित है। वे सोचते थे कि अगर दलित हिन्दूवाद के दायरे में बने रहते हैं, तो उन्हें भेदभाव का सामना करना पड़ेगा। 14 अक्टूबर, 1956 को अपने लाखों अनुयायियों के साथ आंबेडकर ने नागपुर के धर्म परिवर्तन स्थल पर हिन्दू धर्म छोड़कर बौद्ध धर्म स्वीकार कर लिया। यह उस शपथ के प्रति प्रतिबद्धता थी, जो उन्होंने 1935 में ली थी, जिसमें उन्होंने दृढ़ता से कहा था, ''मुझे अपने जन्म पर कोई अधिकार नहीं था और मैं हिन्दू धर्म में पैदा हुआ था। हालाँकि मैं एक हिन्दू के रूप में नहीं मरूँगा।''[46] इसी भावना के साथ 30 मार्च, 2002 को नागपुर की एक जनसभा में कांशीराम ने घोषणा की थी कि—

''बाबा साहब के बौद्ध धर्म स्वीकार करने की 50वीं वर्षगाँठ पर कहा कि मायावती और मैं, अपने दो करोड़ चमार भाइयों के साथ बौद्ध धर्म ग्रहण कर लेंगे।''[47] हालाँकि दूसरे मौकों पर कांशीराम ने 'महाराष्ट्र के दलितों के बौद्ध धर्म में परिवर्तन' की ये कहते हुए आलोचना की कि उन्होंने बौद्ध धर्म में भी जातिवाद ला दिया है, जबकि पहले उसमें कोई जाति विभाजन नहीं था।

फिर भी जब कभी कांशीराम महाराष्ट्र या अन्य किसी जगह आंबेडकरवादियों के सामने बोलते थे, तो हमेशा बौद्ध धर्म ग्रहण करने की बात करते थे, लेकिन कभी भी उन्होंने ऐसा किया नहीं। मायावती ने भी बौद्ध धर्म में परिवर्तन नहीं किया। उनके धर्म परिवर्तन न करने के पीछे यह भय था कि ऐसा करना उत्तर प्रदेश के गाँवों के चमारों को चोट पहुँचाएगा और इसके फलस्वरूप उनके बीच पार्टी का आधार कमजोर होगा, क्योंकि ये लोग कबीर पंथ, रविदसिया सम्प्रदाय, शिवनारायणी सम्प्रदाय और हिन्दुओं के अन्य उप पंथों से सम्बन्ध रखते थे। हालाँकि कांशीराम ने इस विवशता को दूसरी तरह से व्याख्यायित करने की कोशिश की। जून 2001 में बुद्ध जयंती के एक कार्यक्रम में भोपाल में उन्होंने घोषणा की कि केवल शासकों का धर्म फलता-फूलता है। 'अपनी बात को आगे बढ़ाते हुए उन्होंने कहा कि इतिहास हमें सिखाता है कि अशोक और हर्षवर्धन बौद्ध धर्म को केवल इसलिए आगे बढ़ा सकते थे, क्योंकि वे शासक थे और इसलिए दलितों को सबसे पहले शासक बनना है। कांशीराम ने अपनी बात जारी रखते हुए कहा कि वह इस मुद्दे को बुद्ध जयंती के अवसर पर चर्चा में ले आए, क्योंकि धर्म राजनीति से नजदीकी से जुड़ा हुआ है।'[48] मायावती, कांशीराम का इस आरोप से बचाव करती हैं कि उन्होंने आंबेडकर और उनके विचारों को किनारे लगा दिया। उन्होंने कहा कि दलितों

को यह याद रखना चाहिए कि ऐसा आंबेडकर के रास्ते का अनुसरण करने के लिए किया गया था और इसे मनुवाद और गांधीवाद के विरोध में पेश किया गया था। कांशीराम के हिन्दू धर्म छोड़कर बौद्ध धर्म न स्वीकार करने पर मायावती उनका बचाव करते हुए कहती हैं, "वर्तमान सन्दर्भों में धर्म परिवर्तन दलितों के फायदे में नहीं होगा..." उन्होंने स्वीकार किया कि कांशीराम की अन्तिम इच्छा बौद्ध धर्म स्वीकार करने की थी। इस चीज को स्पष्ट करते हुए उन्होंने कहा, "जैसा कि कांशीराम ने सलाह दी थी, पहले बसपा को संसद में पूर्ण बहुमत प्राप्त करना चाहिए और केन्द्र में शासन करना चाहिए। दूसरे शब्दों में, ऐसा जब होगा तभी वह अपने करोड़ों समर्थकों के साथ बौद्ध धर्म ग्रहण करेंगी।"[49]

कांशीराम, आंबेडकर की तरह साम्यवाद के घोर विरोधी थे, लेकिन दोनों में एक अन्तर था। आंबेडकर ने केवल मार्क्स की विचारधारा की आलोचना की, जबकि कांशीराम भारतीय कम्युनिस्ट पार्टी के प्रति आलोचनात्मक थे। उनका सोचना था कि भारतीय कम्युनिस्ट अपने क्रान्तिकारी लक्ष्य से भटक गए हैं, क्योंकि उन्होंने वर्ग पर अत्यधिक जोर दिया और भारत में जाति की सच्चाई से मुँह मोड़ लिया। कांशीराम के अनुसार, हाशिए के लोगों का रोजमर्रा का जीवन केवल उनकी जाति से तय होता है।

आंबेडकर और कांशीराम के बीच मतभेद उनके भिन्न सामाजिक आधारों से भी सामने आए। कांशीराम अपने को ठेठ देहाती कहते थे। वो कहते थे, "मैं देहाती आदमी हूँ और जैसे एक देहाती आदमी मक्खन निकालने के लिए दही मथता है, मैं भी समाज को मथता हूँ।"[50] वे अक्सर टिप्पणी करते थे कि आंबेडकर एक महान विद्वान् थे, जबकि वे खुद एक सामान्य शिक्षा प्राप्त आदमी हैं। वो बार-बार दोहराते थे कि समाज की समस्याओं को आत्मसात् करने के लिए उन्होंने देश में इधर-उधर खूब यात्राएँ की थीं।[51]

कांशीराम अक्सर ये कहते हुए अपनी चमार जाति की पहचान पर जोर देते थे कि "हम पंजाब के चमार हैं। सिख धर्म के चलते हमें शिक्षा मिली। यह मुझे स्पष्ट है कि अगड़ी और ऊँची जातियों द्वारा चमारों के खिलाफ किए गए अन्याय से मैं संघर्ष करना चाहता हूँ।"[52] वो अपने रणनीतिक दलित/बहुजन विमर्श के साथ आगे बढ़े, जिसके अनुसार, चमार प्राथमिक हैं और अन्य निम्न जातियों को इनके साथ जोड़ने की कोशिश करते हैं। यह चीज हमेशा कारगर नहीं होती और इसके अलावा यह अलग मामला है कि इसने दलित जातियों के बीच भी समस्या पैदा की है।

फिर भी कांशीराम 18 तरह की चमार जातियों को बसपा के बैनर तले एक साथ ले आए। उनका प्रयोजन था 'समुदाय के शिक्षित और नौकरीशुदा सदस्यों के दृष्टिकोण को अशिक्षित और ग्रामीण सदस्यों तक लाना।'[53] वह यह कहने में गर्व

महसूस करते थे कि उत्तर प्रदेश पहले 'आर्यावर्त' के नाम से जाना जाता था और उन्होंने इसे 'चमरावर्त' में बदल दिया।

मजे की बात यह है कि कांशीराम महाराष्ट्र के महारों के प्रति अत्यधिक आलोचनात्मक थे। महार आंबेडकर के आन्दोलन की रीढ़ थे। महारों के प्रति कांशीराम की अत्यधिक आलोचनात्मक दृष्टि उनके भाषणों और साक्षात्कारों में सामने आती है। 7 सितम्बर, 2003 को महाराष्ट्र के चन्दनपुर में दिए गए अपने एक भाषण में कांशीराम ने महारों की 'गिरती स्थिति' पर टिप्पणी करते हुए उन्हें धोखेबाज कहा, जो पिछले 35 वर्षों से आंबेडकर के नाम को बदनाम कर रहे थे।[54] उन्होंने महारों को बुरी तरह से विभाजित समुदाय के रूप में प्रस्तुत किया और महाराष्ट्र में दलित आन्दोलन की असफलता का दोष उन पर मढ़ा। यहाँ तक कि विभाजित बने रहने की प्रवृत्ति को रेखांकित करते हुए कांशीराम ने उनके लिए 'महारकी' शब्दावली गढ़ी और कहा कि "जहाँ कहीं पाँच, सात या दस महार इकट्ठे हो जाते हैं, वहाँ वे दूसरे महारों और अन्य दलितों को भी नीचा दिखाने की 'महारकी' में मशगूल हो जाते हैं।"[55] कांशीराम महारों की इस प्रवृत्ति को इसका जिम्मेदार ठहराते हैं कि वे मतंग और कुनबी तथा अन्य पिछड़े वर्ग जैसी जातियों को साथ लेकर दलित आन्दोलन को आगे नहीं बढ़ा पाए। 'कांशीराम कहते हैं कि यद्यपि आंबेडकर का प्रतीक चिह्न हाथी था, लेकिन महारों ने स्वयं इसे भुला दिया और वो बसपा थी, जिसने आहिस्ता-आहिस्ता चलने वाले हाथी को उत्तर प्रदेश में तेजी से दौड़ा दिया।'[56] उन्होंने रेखांकित करते हुए कहा कि कैसे आंबेडकर महाराष्ट्र के महारों तक सीमित होकर रह गए थे और चमारों की भूमि में प्रवेश करने में सफल नहीं रहे, जहाँ कांग्रेस ने दलित नेता जगजीवन राम को स्थापित कर दिया, ताकि चमार स्वयं को आंबेडकर से खुद को न जोड़ पाएँ। उन्होंने आगे जोड़ा कि कैसे उन्होंने सफलतापूर्वक चमारों को बहुजन राजनीति से जोड़ा और वो भी व्यापक पैमाने पर।[57]

कांशीराम ने महाराष्ट्र के उन आंबेडकरवादियों को भी जवाब दिया, जो कहते थे कि आंबेडकर के विचारों का सम्मान करते हैं, लेकिन व्यावहारिक समस्याओं के चलते इन्हें लागू करना सम्भव नहीं था। नागपुर के कस्तूरचन्द पार्क में एक भाषण देते हुए कांशीराम ने उनके दावे का खंडन किया और उत्तर प्रदेश के शहरों और गाँवों का उदाहरण दिया, 'जहाँ 11,524 आदर्श आंबेडकर गाँवों को बिजली, पानी और सड़क की सुविधा से युक्त किया गया था।'[58]

महाराष्ट्र के लोगों द्वारा आंबेडकर के नाम पर एक विश्वविद्यालय की माँग की आलोचना करते हुए कांशीराम ने कहा कि उन्हें राज्यसत्ता पर कब्जा करना चाहिए और वर्तमान में राज्य या सत्तारूढ़ लोगों से भीख माँगने की जगह इस प्रकार का विश्वविद्यालय बनाना चाहिए। उन्होंने ध्यान दिलाया कि उत्तर प्रदेश में बसपा ने सरकार बनाई और उसके बाद नौ विश्वविद्यालयों के नाम महान दलितों के नाम पर रखे।[59]

हाशिए के लोगों और दलितों के लिए समानता और आर्थिक सशक्तिकरण हासिल करने के लिए आरक्षण को उपकरण के रूप में इस्तेमाल करने के बारे में कांशीराम पूरी तरह आंबेडकर से असहमत थे। आंबेडकर मानते थे कि आरक्षण निम्न जातियों को सामाजिक और आर्थिक असमानता से मुक्ति दिलाने में मदद कर सकता है। आंबेडकर की आलोचना करते हुए भी वह इतने व्यावहारिक थे कि यह देख सकें कि जब तक समाज जातीय भेदभाव से पूर्णतया मुक्त नहीं हो जाता, तब तक दलितों को आरक्षण की जरूरत है। उनके अनुसार, नौकरी पाने के लिए आरक्षण उतना महत्त्वपूर्ण नहीं था, बल्कि समाज में दलितों की हिस्सेदारी को सुनिश्चित करने के लिए यह ज्यादा महत्त्वपूर्ण था।[60] 'वर्तमान लोकतांत्रिक संरचना में दलितों को अवसर मुहैया कराता है, आरक्षण एक उपकरण है।'[61]

हालाँकि कांशीराम सिद्धान्ततः आरक्षण के विरोधी थे, क्योंकि वे महसूस करते थे कि दलितों को स्वयं को आरक्षण माँगने की जगह आरक्षण देने वाले समुदाय में बदल लेना चाहिए। कांशीराम मानते थे कि आरक्षण के लिए सारा संघर्ष नौकरशाही में हिस्सेदारी के लिए संघर्ष था, न कि राजनीति में हिस्सेदारी के लिए। जबकि दलितों का संघर्ष केवल तभी मजबूत हो सकता है, जब वे राजनीति में हिस्सेदारी और प्रतिनिधित्व हासिल कर लेते हैं। वह महसूस करते थे कि भारतीय राज्य की राजनीति के साथ मुख्य समस्याएँ थीं—विभिन्न समुदायों के प्रतिनिधित्व में असन्तुलन। परम्परागत आंबेडकरवादियों को लगता था कि कांशीराम ने आंबेडकर से एक भिन्न रुख लिया और उनकी आलोचना कर रहे थे, लेकिन कांशीराम आरक्षण की सीमाएँ समझ गए थे और दलितों को एक आत्मविश्वास सम्पन्न और आत्मगौरव से युक्त समुदाय में विकसित करने की कोशिश कर रहे थे, जिसे आरक्षण की जरूरत न हो।

कांशीराम एक व्यावहारिक राजनीतिज्ञ थे, लेकिन इससे उनका एक सम्पूर्ण नजरिया खारिज नहीं हो जाता, जो लोकतांत्रिक प्रक्रियाओं में हाशिए के लोगों की हिस्सेदारी को सुनिश्चित करेगा। उन्होंने कहा था कि 'यदि उनकी पार्टी सत्ता में आई तो उनका उद्देश्य होगा धीरे-धीरे प्राथमिक उद्योगों पर कब्जा करना और उनका राष्ट्रीयकरण करना, जिससे श्रमिकों को जीवन निर्वाह के लिए पर्याप्त मजदूरी मिलेगी और उनके काम करने के लिए अनुकूल स्थितियाँ बनेंगी, यही उनका आर्थिक एजेंडा होगा। अन्य उद्योगों को निजी कम्पनियों को चलाने की अनुमति दी जाएगी, क्योंकि सामान्य तौर पर वो औद्योगिकीकरण के खिलाफ नहीं थे।'[62]

कांशीराम का सुझाव था कि प्राकृतिक सम्पदा सरकार के नियंत्रण में होनी चाहिए और इन्हें निजी कम्पनियों को नहीं दिया जाना चाहिए। उन्होंने भूमि सुधार नीति के बारे में भी बताया, जिसके अनुसार, खाली जमीन सरकार द्वारा ले ली जानी चाहिए और उसे गरीबों तथा दलितों में बाँट देना चाहिए।

कांशीराम इस बात को लेकर भी चिन्तित थे कि आर्थिक गतिविधियों में दलितों की हिस्सेदारी बढ़नी चाहिए और उन्हें आर्थिक तौर पर एक शक्तिशाली और व्यवसायी समुदाय के रूप में उभरना चाहिए। यह वही कारण था, जिसके चलते बामसेफ के संगठन के शुरुआती चरणों में, सम्मेलनों के दौरान दलित समुदाय के कौशल और आर्थिक गतिविधियों को सामने लाने के लिए प्रदर्शनियाँ आयोजित की जाती थीं।

ये प्रदर्शनियाँ उनके राष्ट्रीय सम्मेलनों में आयोजित की गई थीं। चंडीगढ़ और सोलापुर जैसी स्थानीय इकाइयों ने भी गोष्ठियों के दौरान प्रदर्शनियों का आयोजन किया। असल में ये इस बात का प्रचार करने की कोशिशें थीं कि दलितों को अपने आर्थिक कौशलों का विकास करना चाहिए, अपनी आर्थिक गतिविधियों में विविधता लानी चाहिए और ब्राह्मणवादी समूहों द्वारा संचालित पार्टियों के प्रभुत्व वाले राज्य पर पूरी तरह निर्भर रहने की बजाय अपने पैरों पर खड़ा होना चाहिए।[63]

यह बात कहने की जरूरत है कि यद्यपि कांशीराम ठेठ रूप में दलितों के नेता के रूप में थे, लेकिन राष्ट्र के निर्माण में अन्य अल्पसंख्यक समुदायों की भूमिका के बारे में भी वह गम्भीर थे। वह साम्प्रदायिक ध्रुवीकरण और दंगों के पूरी तरह से विरोधी थे, जो अक्सर भड़क उठते थे। साम्प्रदायिक दंगों का विश्लेषण करते हुए उन्होंने दलितों को चेतावनी दी थी कि उनका साम्प्रदायिक ताकतों द्वारा इस्तेमाल किया जा रहा था, जैसा कि 1979 में अलीगढ़, जमशेदपुर और नाडिया में हुए दंगों में साफ दिखा था। अलीगढ़ में मुसलमानों को जाटवों के खिलाफ खड़ा किया गया था। जमशेदपुर में अनुसूचित जनजातियों को मुसलमानों के खिलाफ भड़काया गया था, जबकि नाडिया में पिछड़ी जातियों के गुंडों ने मुसलमानों पर हमला बोला था। यह प्रवृत्ति, दलितों और पिछड़े समुदायों के लिए अत्यन्त खतरनाक थी। कांशीराम के अनुसार, एससी/एसटी और अल्पसंख्यकों के बीच कोई ऐसा राजनीतिक नेतृत्व नहीं था, जो इस प्रवृत्ति को रोके और भारत के सभी दलित और पिछड़े समुदायों के बीच भाईचारे को विकसित करे।[64]

कांशीराम लोकतांत्रिक प्रक्रिया में ईसाइयों की भागीदारी के अभाव से भी चिन्तित थे। उन्होंने महसूस किया कि ईसाई लोकतांत्रिक प्रक्रिया से अलग-थलग और उदासीन थे।[65] उन्होंने लगातार ईसाइयों को न्योता दिया कि वो राष्ट्र निर्माण की प्रक्रिया में दलितों के साथ हाथ मिलाएँ।[66] जनसंख्या में 10 प्रतिशत की हिस्सेदारी वाले आदिवासियों की राजनीतिक हिस्सेदारी की कमी पर भी उन्होंने दुख जताया था। छोटा नागपुर, अरुणाचल प्रदेश, दादरा और नगर हवेली इत्यादि देश के विभिन्न हिस्सों में फैले आदिवासियों की स्थिति बहुत अधिक दयनीय थी। उन्होंने आदिवासियों से अपील की कि वे साझा मंच बनाकर हाशिए के लोगों के सशक्तिकरण के संघर्ष में शामिल हों।[67]

निष्कर्ष के रूप में यह कहा जा सकता है कि कांशीराम ने आंबेडकर के विचारों को विस्तारित और संशोधित किया, बदलते समय की राजनीतिक जरूरतों के हिसाब से उन्हें उलटा-पलटा। आंबेडकर के साथ ही वे फुले, शाहूजी महाराज, मार्क्स और बुद्ध के विचारों से भी प्रभावित थे और उनके विचार इन सभी नेताओं के विचारों के मेल से विकसित हुए थे। इसके अतिरिक्त, अपनी राजनीतिक कार्यवाहियों के माध्यम से आंबेडकर के बारे में संवाद और बहसों को पैदा किया। वे आंबेडकर के अन्धभक्त नहीं थे। कांशीराम कहते थे, 'आंबेडकर ने किताबों से सीखा, लेकिन मैंने अपने जीवन और लोगों से सीखा।' और यह भी कि 'वह किताबें इकट्ठा करते थे, मैंने लोगों को इकट्ठा करने की कोशिश की।'[68] इस तरह से उन्होंने आंबेडकर के संघर्ष को नया अर्थ दिया।

कांशीराम इस बात से सहमत थे कि सिर्फ देश की राजनीतिक संरचना में एक महत्त्वपूर्ण परिवर्तन ही दलितों को वर्तमान सत्ता संरचना को बदल देने और ऊँची जातियों के प्रभुत्व को उलट देने का मौका देगा। इसलिए उनके लक्ष्य में वे सभी समूह शामिल थे जो शताब्दियों से सामाजिक, शैक्षणिक, आर्थिक और सांस्कृतिक तौर पर हाशिए पर थे। वे सभी एससी/एसटी, ओबीसी, तथाकथित आपराधिक आदिवासियों, घुमन्तू कबीलों और अन्य पिछड़े सामाजिक समूहों को एक साथ लाना चाहते थे। यह आंबेडकर के उलट था, जो अपने लेखन और भाषणों में अन्य समुदायों के बारे में बात करते थे, लेकिन राजनीतिक एकजुटता के लिए स्वयं महारों पर केन्द्रित रहते थे।

कांशीराम आर्थिक असर की तुलना में जाति को समाजशास्त्रीय सन्दर्भ में ज्यादा देखते थे। उन्होंने 'दलित' के विचार के साथ जुड़े कलंक को मिटाने की कोशिश की। इसके लिए निम्न जातियाँ परिवर्तन और क्रान्ति का प्रतीक बन गईं। आंबेडकर की तरह कांशीराम ने भी अछूतों को गांधी द्वारा दिए गए शब्द 'हरिजन', जो कि अछूतों पर कृपा दिखाने वाला था, को खारिज कर दिया और जैसा हम देख चुके हैं, उन्होंने इसकी जगह 'बहुजन' शब्द दिया। यह शब्द बुद्ध और फुले द्वारा दिए गए 'बहुमत' शब्द की अवधारणा से थोड़ा अलग था और जिसे कांशीराम ने राजनीतिक सशक्तिकरण के लिए विचारधारात्मक आधार तैयार करने में इस्तेमाल किया था।

आनन्द तेलतुमड़े जैसे समकालीन राजनीति के आलोचक इस रणनीति की प्रशंसा करते हैं। तेलतुमड़े मानते हैं कि चुनावी राजनीति के सच्चे अर्थों में, जो कि किसी तरह सभी दलित पार्टियों का एक बड़ा जुनून बन गई है, यह रणनीति बहुत असरदार साबित हुई, हालाँकि देश के कुछ ही हिस्से में ऐसा हो पाया।

तेलतुम्बड़े के शब्दों में :

> उनको श्रेय देते हुए ये कहा जा सकता है कि वह उस शिखर को प्रतिबिंबित करते थे, जिसके लिए आंबेडकर की सार्वजनिक प्रतिमाएँ खड़ी थीं। कांशीराम

> ने चतुराई से इस प्रतीक की राजनीतिक क्षमता को समझा, जिसने पददलित जातियों के नाम पर सत्ता तक पहुँचने की स्वीकृति प्रदान की। बहुसंख्यक समुदायों की ओर से हाशिए पर धकेले जाने की भावना ने धार्मिक अल्पसंख्यकों में यह सम्भावना दी थी कि वे आसानी से इसमें जुड़कर संसदीय मुहावरे में, एक दुर्जेय चुनावी क्षेत्र बना दें।[69]

कांशीराम और आंबेडकर दोनों सोचते थे कि दलितों को स्वयं को एक ऐसे राजनीतिक शक्ति के रूप में संगठित होना चाहिए कि प्रभावशाली राजनीतिक समूह पूर्ण बहुमत प्राप्त करने में असफल रहें। ऐसी स्थिति में जो भी समर्थन में आएगा, उसके साथ दलित अपनी शर्तों को तय कर सकें। 'हम एक मजबूत सरकार नहीं बनाना चाहते, बल्कि एक कमजोर सरकार चाहते हैं। इस प्रकार की सरकार दलितों की आवाज सुनेगी और उनकी भलाई के काम करेगी। बहुमत से दूर यह सरकार दलितों की आवाज सुनेगी और उनकी बेहतरी के लिए काम भी करेगी।'[70] आंबेडकर से मतभेद होते हुए भी कांशीराम ने आंबेडकर के सन्देश को पूरे देश में फैलाने के लिए जी-तोड़ काम किया। बहुत सारी अनुसूचित जातियाँ पूरी तरह आंबेडकर और उनके विचारों के बारे में नहीं जानती थीं। इन लोगों में बहुत सारे मानते थे कि उनका संघर्ष गांधी और कांग्रेस द्वारा चलाया गया था, न कि आंबेडकर द्वारा। अन्य लोगों से उलट, कांशीराम के लिए यह तथ्य अचम्भित करने वाला नहीं था। पंजाब छोड़ने से पहले वह भी आंबेडकर के बारे में कुछ नहीं जानते थे। इस प्रकार उनके लिए यह आवश्यक था कि पूरे देश की निम्न जातियों के बीच आंबेडकर के सन्देश को फैलाएँ।[71]

आंबेडकर के विचारों को फैलाने और बहुजन समुदायों के आन्दोलन को मजबूती प्रदान करने के लिए कांशीराम ने महसूस किया कि उनके लिए यह जरूरी है कि उनका अपना मीडिया हो। उनके अनुसार, भारतीय मीडिया मनुवादी और ब्राह्मणवादी दोनों था और वह उनके मिशन के बारे में सूचनाओं को विकृत कर पेश करता था।

> वे मानते थे कि अखबार चेतना जगाने के लिए एक शक्तिशाली माध्यम थे और भारत में संघर्ष के हथियार के रूप में इनका इस्तेमाल किया जा चुका था। फरवरी 1981 में उनके द्वारा निकाली जाने वाली एक समाचार पत्रिका 'द ऑप्रेस्ड इंडियन' में उन्होंने 10 वर्षों के भीतर बहुजन मीडिया खड़ा करने का एक खाका रखा। उन्होंने इसमें वादा किया कि इसकी शुरुआत आंबेडकर जयंती के अवसर पर 14 अप्रैल, 1991 में की जाएगी। योजना पाँच चरणों में लागू होगी : मीडिया की शुरुआत करना, नियमित करना, स्थायित्व देना, मानकीकरण करना और स्थायी बनाना। उन्होंने इसे मिशन प्रकाशन योजना (मिशनरी पब्लिशिंग योजना) का नाम दिया था। और इस योजना के तहत

> उन्होंने हिन्दी में 'बहुजन संगठक' नामक अखबार निकाला। इसकी कीमत प्रकाशन के व्यय और पाठकों की भुगतान करने की क्षमता पर निर्भर करती।[72]

'बहुजन नायक' अखबार के लिए काम करने वाले एक पत्रकार आनन्द रहाटे एक घटना को याद करते हैं, जो कांशीराम द्वारा अपनी मीडिया विकसित करने के पीछे का कारण थी। वह कहते हैं कि कोलकाता में हुई पहली रैली की शाम पत्रकार कांशीराम के पास आए तो कांशीराम ने मजाक करते हुए कहा, 'ओह, अच्छा तो पत्रकारों की टीम भी आ गई है! बहुत अच्छा! कल की रैली की एक अच्छी रिपोर्टिंग होनी चाहिए। अन्य अखबार हमारी खबरों को विकृत कर देंगे और इसी कारण मैं कहता हूँ कि हमारा अपना मीडिया होना चाहिए।'[73]

कांशीराम के मिशन का उद्देश्य पूरे देश और दुनिया के भी दलितों के बीच आत्मसम्मान और सशक्तिकरण की चेतना का विस्तार करना था। वह यह नहीं सोचते थे कि दलितों का संघर्ष केवल एक स्थानीय और राष्ट्रीय है, बल्कि यह उत्पीड़ितों का एक अन्तर्राष्ट्रीय संघर्ष है। इसी के चलते उन्होंने अपनी गतिविधियों को देश के सभी कोनों में फैलाया। पूर्वोत्तर में उन्होंने मणिपुर, इम्फाल, सिलीगुड़ी इत्यादि जगहों की यात्राएँ कीं। अन्तर्राष्ट्रीय स्तर पर, दिसम्बर 1982 में जापान के ओसाका में बुराकू लिबरेशन रिसर्च इंस्टीट्यूट द्वारा आयोजित पहले, इंटरनेशनल कॉन्फ्रेंस अगेंस्ट डिस्क्रिमिनेशन (भेदभाव के खिलाफ अन्तर्राष्ट्रीय कांग्रेस) में शिरकत करने गए। उन्होंने वहाँ के अपने अनुभव को इस प्रकार रखा : 'एक सप्ताह रहने के दौरान सम्मेलन को सफल बनाने के लिए मैंने विविध तरीकों से योगदान दिया। भारत लौटते समय मैं पूरी तरह सन्तुष्ट था कि भेदभाव के खिलाफ यह अन्तर्राष्ट्रीय सम्मेलन दुनिया में समानता लाकर अपनी परिणति पर पहुँचेगा। मैं चाहता हूँ कि दूसरा सम्मेलन भारत में हो।'[74] भारत में दलितों के सशक्तिकरण के लिए चल रहे संघर्ष के सन्देश के साथ कांशीराम 1985 में इंग्लैंड भी गए और वहाँ के बर्मिंघम, लन्दन और अन्य शहरों की यात्रा की।[75]

आंबेडकर को लोकप्रिय बनाने के कांशीराम के ठोस प्रयासों के परिणाम सामने आए। 2012 में 'आउटलुक' पत्रिका द्वारा कराए गए एक सर्वे में गांधी के बाद महान भारतीय नेताओं में भीमराव आंबेडकर को सबसे अधिक मत मिले थे। उन्हें हर समय के प्रासंगिक व्यक्तित्व के रूप में सम्मान दिया जाता है क्योंकि उन्होंने लाखों उत्पीड़ित लोगों को उनकी खुद की पहचान दिलाई। यद्यपि वह 20वीं शताब्दी की शुरुआती आधी सदी में रहे और काम किया, लेकिन उनकी प्रासंगिकता तब तक बनी रहेगी जब तक राजनीतिक, सामाजिक, वैचारिक और धार्मिक के साथ-साथ आर्थिक न्याय दूर बने रहेंगे और न्याय और बराबरी के लिए संघर्ष चलता रहेगा।[76]

कांशीराम ने अपने तरीके से बहुजन राजनीति के माध्यम से आंबेडकर को दोबारा खोजा। इस प्रक्रिया में बहुत सारे आंबेडकरवादी निराश हुए, जो उनसे सहमत नहीं थे। धीरे-धीरे, लेकिन निश्चित तौर पर 1980 के दशक से पहले स्वतंत्र भारत में आंबेडकर राजनीतिक विमर्श के हाशिए पर डाल दिए गए थे। लेकिन अपने विशिष्ट रूपकों और प्रतीकों, जिसे कांशीराम ने दिया था, से लैस दलित विमर्श और संस्कृति ने भारतीय राजनीति की धुरी को बदल दिया। उन्होंने आंबेडकर को एक बार फिर लोगों की चेतना का हिस्सा बनाया। एक बार फिर उनकी राजनीतिक चेतना में वह एक ऐसी ताकत बन गए, जिसे गम्भीरता से लिया जाने लगा। अगले अध्याय में राजनीतिक और सांस्कृतिक रूप में हाशिए के समूहों को बहुजन के बैनर तले लाने के लिए कांशीराम द्वारा अपनाए गए तौर-तरीकों की बात होगी और इस तरह बसपा की चर्चा होगी।

अध्याय-4

कांशीराम की सांस्कृतिक राजनीति और बसपा का गठन

महाराष्ट्र में काम करते हुए कांशीराम को, जब मान्यवर या साहेब कहकर सम्बोधित किया जाने लगा था, अपने आन्दोलन को देश के दूसरे हिस्सों में फैलाने की जरूरत का एहसास हुआ। इसलिए बामसेफ के ऑफिस को नई दिल्ली स्थानान्तरित कर दिया गया। उसके बाद यहाँ से भी डीएस-4 की भी शुरुआत कर दी गई। कांशीराम ने अनुभव किया कि अपने समुदाय में अन्य लोगों को संगठित कर रहे दलितों में डीएस-4 के बैनर से आगे बढ़ने और अपनी खुद की पार्टी बनाने की बहुत मजबूत लालसा है। यद्यपि कांशीराम डीएस-4 की सीमित सफलता से प्रसन्न नहीं थे, समय बीतने के साथ उन्होंने संघर्ष के हथियारों को बदलने की जरूरत को महसूस किया। संकेतों को पहचानते हुए उन्होंने 14 अप्रैल, 1984 को आंबेडकर के जन्मदिन के अवसर पर बोट क्लब नई दिल्ली में एक नई पार्टी के गठन की घोषणा की। इस पार्टी का नाम बहुजन समाज पार्टी (बसपा) रखा गया।

ये वो समय था, जब मंडल कमीशन के सुझावों के लागू किए जाने की सम्भावना से चारों ओर अशान्ति फैली हुई थी। मंडल कमीशन का गठन मोरारजी देसाई के नेतृत्व वाली जनता पार्टी की सरकार ने 1979 में किया था, जिसका काम था, 'सामाजिक या शैक्षणिक तौर पर पिछड़ेपन की पहचान करना।' कमीशन का मुखिया भारतीय संसद के सदस्य बिन्देश्वरी प्रसाद मंडल को बनाया गया। कमीशन का काम था, सरकारी नौकरियों तथा शिक्षण संस्थानों में आरक्षण लागू करने के प्रश्न पर विचार करना तथा जातीय भेदभाव की समस्या को खत्म करने के लिए आरक्षण तय करना। कमीशन की रिपोर्ट ने पिछड़ापन निर्धारित करने के लिए 11 सामाजिक, आर्थिक एवं शैक्षणिक संकेतकों का इस्तेमाल किया। 1980 में रिपोर्ट प्रस्तुत की गई, इस रिपोर्ट में अन्य पिछड़ी जातियों के लिए निश्चित सीटों के आरक्षित किए जाने के माध्यम से सकारात्मक भेदभाव किए जाने की बात

चित्र–1. कांशीराम का जन्म स्थान बुंगा साहिब गाँव, जिला–रोपड़। साभार : ब्रजेन्द्र कुमार गौतम

चित्र–2. खवासपुर गाँव में कांशीराम का पैतृक घर, जिला–रोपड़। साभार : ब्रजेन्द्र कुमार गौतम

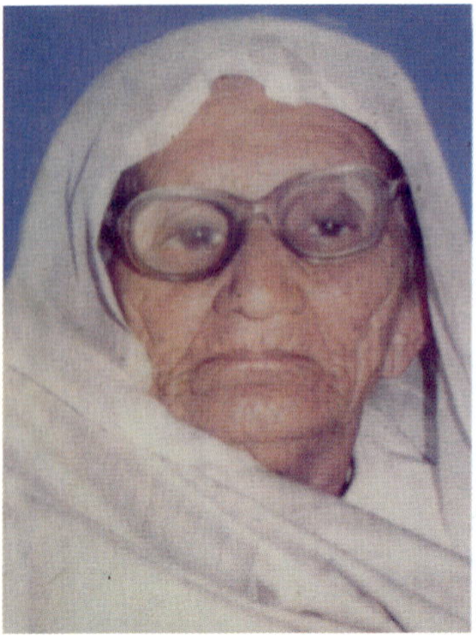

चित्र–3. कांशीराम की माता, बिशन कौर।
साभार : ब्रजेन्द्र कुमार गौतम

चित्र–4. कांशीराम की बहन, सबरन कौर। साभार : ब्रजेन्द्र कुमार गौतम

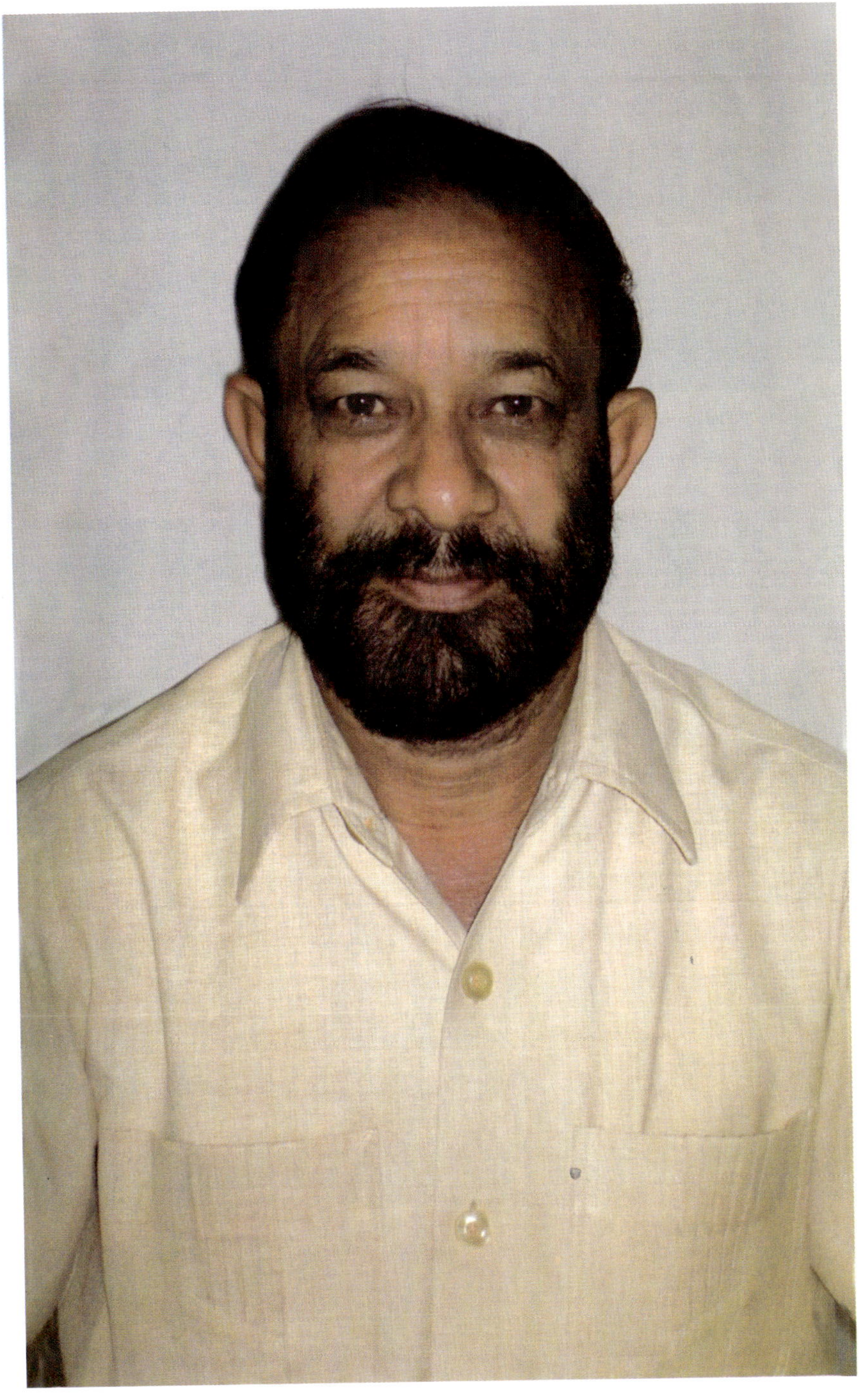

चित्र–5. कांशीराम के भाई दलबारा सिंह। साभार : ब्रजेन्द्र कुमार गौतम

चित्र–6. कांशीराम राजनीतिक सभा को सम्बोधित करते हुए। साभार : ब्रजेन्द्र कुमार गौतम

चित्र–7. बसपा का चुनाव चिह्न। साभार : निवेदिता

मा.कांशीराम जी द्वारा डा. देवी सिंह 'अशोक' को लिखा गया पत्र

BAMCEF

ALL INDIA BACKWARD
S.T., O.B.C.) AND
ORITY COMMUNITIES
OYEES FEDERATION - DELHI
H. Q. - DELHI

Address:
BAMCEF CENTRAL UNIT
10912, GALI NO. 2 (A)
SATNAGAR, KAROL BAGH,
NEW DELHI - 110005.

No. BAMCEF/Seminar/77.

Dated. 4th August, 1977.

Dear Mr Ashok,

Please refer to my earlier letter for invitidg you to participate in the Seminar on the subject," Significane of first 3 decades of Independence to the oppressed and minority Communities of India and future outlook for them." To give further details of the programme regarding place and time etc. please note the followig :

Place : Community Hall, Panchkuian Road, Paharganj, New Delhi.

Time : 11th August, 1977, 11.00 A.M. to 6.00 P.M.
3 Sessions with tea and lunch breaks.

12th August, 1977, 9.00 A.M. to 6.00 P.M.
4 Sessions with tea andlunch breaks.

Hoping to meet you on 11th August, 77 when our programme starts.

With best wishes and kind regards,

Yours sincerely,
Kanshi Ram
(Kanshi Ram)
Convenor.

N.B.:- We want you in Delhi on 11th and 12th Aug. 1977 for the Seminar. Time & Place are mentioned in the letter. Resp. Then we meet in Delhi.

Kanshi Ram

चित्र-8. कांशीराम द्वारा डॉ. देवी सिंह 'अशोक' को लिखा हस्तलिखित पत्र।

साभार : दलबारा सिंह

चित्र–9. चुनाव अभियानों के दौरान बसपा के समर्थकों द्वारा पहने जाने वाले बैज। साभार : निवेदिता

चित्र–10. इलाहाबाद में एक राजनीतिक सभा को सम्बोधित करतीं मायावती। साभार : निवेदिता

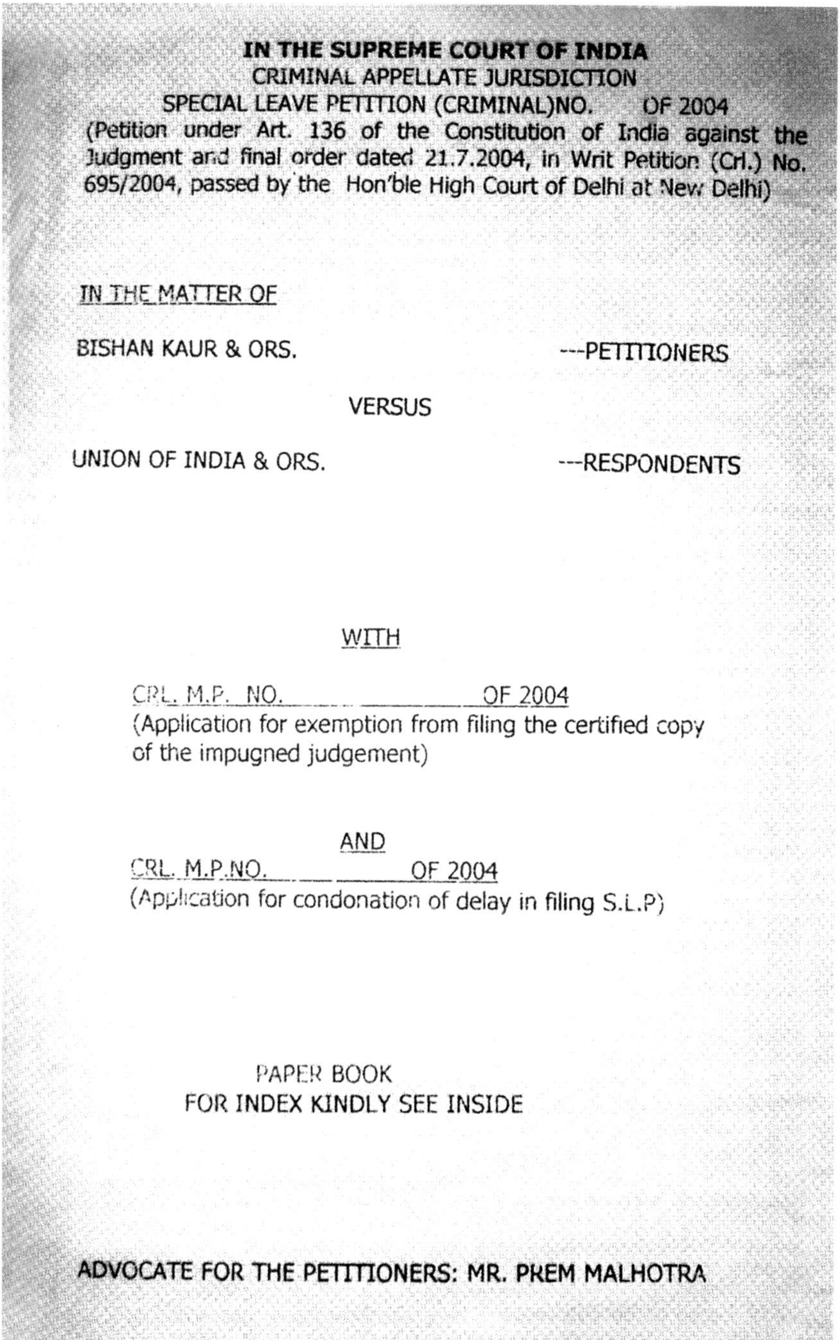

IN THE SUPREME COURT OF INDIA
CRIMINAL APPELLATE JURISDICTION
SPECIAL LEAVE PETITION (CRIMINAL)NO. OF 2004
(Petition under Art. 136 of the Constitution of India against the Judgment and final order dated 21.7.2004, in Writ Petition (Crl.) No. 695/2004, passed by the Hon'ble High Court of Delhi at New Delhi)

IN THE MATTER OF

BISHAN KAUR & ORS. ---PETITIONERS

VERSUS

UNION OF INDIA & ORS. ---RESPONDENTS

WITH

CRL. M.P. NO. OF 2004
(Application for exemption from filing the certified copy of the impugned judgement)

AND

CRL. M.P.NO. OF 2004
(Application for condonation of delay in filing S.L.P)

PAPER BOOK
FOR INDEX KINDLY SEE INSIDE

ADVOCATE FOR THE PETITIONERS: MR. PREM MALHOTRA

चित्र–11. कांशीराम की माता बिशन कौर और अन्य लोगों द्वारा कांशीराम की देखरेख के अधिकार के लिए दायर याचिका। साभार : दलबारा सिंह

JAI BHEEM JAI BHARAT

SAHIB SHRI KANSHI RAM JI BACHAO SANGHARSH COMMITTEE

DALWARA SINGH
National Chairman
Village-Khawaspur, P.O. Mallakpur,
Distt. Ropad, Punjab.
Tel: 01881-242241, Mob: 9814465229

HIRA LAL JAWADDI
National General Secretary
BRS Nagar, Ludhiana, Punjab.
Tel: 9316948370

सेवा में,
महामहिम राष्ट्रपति महोदय
भारत गणतंत्र
नई दिल्ली।

विषयः मा0 कांशीराम साहिब को कु0 मायावती की निजी कैद से मुक्त कराने हेतु।

ज्ञापन

आदरणीय महामहिम जी,

आपको सादर अवगत कराना है कि मा0 कांशीराम साहिब संघर्ष कमेटी (भारत) के द्वारा 10 मई 2006 से कु0 मायावती की निजी कैद से मा0 कांशीराम साहिब को आजाद कराने हेतु जंतर-मंतर पर अनवरत धरना दिया जा रहा है और लगातार मांग की जाती रही है कि शासन और प्रशासन हस्तक्षेप कर यदि मा0 कांशीराम साहिब बीमार हैं तो उन्हें अस्पताल में होना चाहिए और यदि स्वस्थ हैं तो उन्हें बहुजन समाज के बीच होना चाहिए। पर खेद है कि राष्ट्रीय मान्यता प्राप्त राजनैतिक दल 'बहुजन समाज पार्टी' के संस्थापक/ अध्यक्ष एवं लोकसभा व राज्यसभा के पूर्व सदस्य मा0 कांशीराम साहिब जिन्हें कु0 मायावती ने अपने सरकारी आवास सी 1/ 11, हुमायूँ रोड, नई दिल्ली में कैद कर रखा है को आजाद कराने हेतु न ही लोकसभा सभा अध्यक्ष और न ही राज्यसभा सभापति और न ही सरकार द्वारा कोई कार्यवाही की गई है।

अतः आप से जनहित में माँग है कि मा0 कांशीराम साहिब को कु0 मायावती की निजी कैद से मुक्त करा कर एवं अस्पताल में भर्ती कराकर उनके स्वास्थ्य का मेडीकल बुलेटिन जारी करवाने का आदेश प्रदान करें ताकि देश के करोड़ों करोड़ मा0 कांशीराम साहिब के समर्थकों को सही तथ्यों की जानकारी मिल सके। इसी आशा और विश्वास के साथ।

आपका

दिनांकः 11.08.2006

D. Singh
(दलबारा सिंह)
अध्यक्ष
मा0 कांशीराम बचाओ संघर्ष कमेटी (भारत)

चित्र-12. 11 अगस्त 2006 को दलबारा सिंह द्वारा भारत के तत्कालीन राष्ट्रपति ए.पी.जे. अब्दुल कलाम को लिखा गया पत्र।

साभार : दलबारा सिंह

स्वीकार की थी। रिपोर्ट में अन्य पिछड़ा वर्ग (ओबीसी) के लिए 27 प्रतिशत आरक्षण तय करने का सुझाव दिया गया। संविधान द्वारा अनुसूचित जातियों के लिए 15 प्रतिशत तथा अनुसूचित जनजातियों के लिए 7.5 प्रतिशत आरक्षण पहले से दिया गया था। 27 प्रतिशत आरक्षण देने का मामला सर्वोच्च न्यायालय के 1963 के उस फैसले के बाद आया था, जिसके तहत अनुसूचित जाति एवं जनजाति के आरक्षण समेत, कुल आरक्षण 50 प्रतिशत से अधिक नहीं हो सकता।[1]

कमीशन द्वारा रिपोर्ट दिए जाने के लगभग एक दशक बाद, 1989 में तत्कालीन प्रधानमंत्री वी.पी. सिंह ने इसे लागू करने का आदेश दिया। अगस्त 1990 में मंडल कमीशन के सुझावों के आधार पर वी.पी. सिंह ने सरकारी नौकरियों में आरक्षण की घोषणा की। आरक्षण विरोधी इस कदम को लेकर काफी गुस्से में थे। पूरे देश में कस्बों एवं शहरों में प्रदर्शन शुरू हो गए। दिल्ली विश्वविद्यालय के एक छात्र राजीव गोस्वामी ने विरोध में आत्मदाह कर लिया। कुछ दूसरे कॉलेजों के छात्रों ने भी इस उदाहरण का अनुसरण किया। इन लोगों ने शिक्षा एवं रोजगार में 'निम्न' जातियों, विशेषकर पिछड़ी जातियों के आरक्षण के खिलाफ एक तीखा संघर्ष चलाया। इस आरक्षण विरोधी संकट के समय, दलितों पर दबाव पड़ा कि वे आरक्षण के पक्ष में खड़े हों और पिछड़ों अथवा अन्य पिछड़ी जातियों के आरक्षण का समर्थन करें।

मंडल कमीशन के प्रस्तावों को अभी लागू नहीं किया गया था और इसे लेकर बहस चल ही रही थी कि बसपा के मार्फत अपने आन्दोलन को शुरू करने के लिए कांशीराम ने अन्य पिछड़ा वर्ग और दलितों को एक साथ लाकर 'बहुजन' समूह बनाने के लिए इस अवसर के इस्तेमाल का फैसला कर लिया। बसपा ने नारा दिया, 'मंडल आयोग के प्रस्तावों को लागू करो या गद्दी छोड़ो।' बसपा ने नई दिल्ली के बोट क्लब से 01 से 14 अगस्त, 1984 के बीच 'जेल भरो आन्दोलन' की शुरुआत कर दी, जिसमें बसपा के हजारों कार्यकर्ता, जिसमें महिलाएँ भी शामिल थीं, गिरफ्तार हुए। देश के दूसरे राज्यों तथा जिला मुख्यालयों में इसी प्रकार के आन्दोलन तथा प्रदर्शन किए गए। मंडल कमीशन के समर्थन में यह पहला आन्दोलन था। वाम मोर्चा, भारतीय जनता पार्टी, राष्ट्रीय जनता दल (राजद), जनता दल (यूनाइटेड), समाजवादी पार्टी और कांग्रेस जैसे दूसरे राजनीतिक दल भी मंडल आयोग के समर्थन में थे।

बसपा के प्रदर्शन के तुरन्त बाद, यानी 15 अगस्त से एक और आन्दोलन शुरू हो गया, जिसका नाम था—ऑल इंडिया रिवोल्ट अगेंस्ट पॉलिटिकल स्लेवरी (राजनीतिक दासता के खिलाफ अखिल भारतीय विद्रोह)। इस आन्दोलन का उद्देश्य बहुजन समाज, विशेषकर ओबीसी को इस बात का एहसास दिलाना था कि आखिर वे क्यों आजादी के 37 साल बाद भी दास हैं। उसी वर्ष 13 नवम्बर, 1984

को आम चुनाव कराए जाने की घोषणा हो गई। अभी बसपा का निर्माण हुए केवल सात महीने हुए थे, लेकिन पार्टी ने 9 राज्यों तथा तीन संघ शासित प्रदेशों में अपने उम्मीदवार खड़े किए। इस चुनाव में बसपा को 10 लाख से अधिक मत प्राप्त हुए थे। उसे उत्तर प्रदेश में लगभग छह लाख मत प्राप्त हुए, जबकि पंजाब में लगभग दो लाख मत प्राप्त हुए। 1984 में हुए विधानसभा चुनावों में भी बसपा ने अपने उम्मीदवार मैदान में उतारे और तीन महीने के अन्दर ही केवल उत्तर प्रदेश में ही बसपा के मतों में तीन लाख मतों की वृद्धि दर्ज की गई। इस सफलता ने ही कांशीराम को उत्तर प्रदेश में अपना ध्यान केन्द्रित करने का फैसला कराया।

***

समय बीतने के साथ उत्तर प्रदेश के सामाजिक-आर्थिक ढाँचे में आए बदलावों ने कांशीराम को यहाँ जड़ जमाने में मदद की। जी.के. लीटेन और रवि श्रीवास्तव के अनुसार, मोटे तौर पर उत्तर प्रदेश की राजनीति के तीन चरण थे। इनकी अभिलाक्षणिकताओं को 'नये आर्थिक वर्गों' के उभार और इसके परिणामस्वरूप 'प्रभावशाली वर्ग की रणनीति में आए बदलावों' के आधार पर चिह्नित किया जा सकता था। ये तीन चरण इस प्रकार थे : 1947 से 1967, कांग्रेस के नेतृत्व में हरित क्रान्ति का चरमोत्कर्ष; 1967 से 1989 के दौर को 'मध्यम एवं धनी किसानों के उभार' के तौर पर देखा जाता है और 1989 तथा उसके बाद का दौर जिसे 'अन्य पिछड़ा वर्ग और अनुसूचित जाति के नेतृत्व के उभार' और इसके साथ ही हिन्दूवादी पहचान के निर्माण की कोशिशों के रूप में चिह्नित किया जाता है।[2]

यद्यपि जातीय कारक 1947 से ही चुनावों में निर्णायक भूमिका निभाते रहे, लेकिन 1950 से लेकर 1960 के दशक के अन्तिम दौर तक कांग्रेस का गांधीवादी एवं नेहरूवादी आकर्षण सभी जातियों एवं वर्गों में कायम था। कांग्रेस की विचारधारा सभी विभाजनों को दरकिनार कर, सभी को एक छतरी के नीचे ला सकती थी। 1976 तक कांग्रेस प्रभावी थी। इसके बाद ही उसको चुनौती मिलनी शुरू हुई। यह चुनौती 1977 में निर्णायक स्थिति में पहुँची, जब आपातकाल के दो वर्षों के दौरान किए गए अतिरेकों की कीमत कांग्रेस को चुनावों में पराजय के रूप में चुकानी पड़ी।[3]

यह ध्यान देने योग्य है कि उत्तर प्रदेश में अन्य पिछड़ी जातियाँ और दलित कभी भी, यहाँ तक कि सत्ता पर कब्जे की खातिर भी एक साथ नहीं आए। हालाँकि लोहिया ने 'पिछड़े पाएँ, सौ में साठ' का नारा देकर दलित एवं पिछड़ों को साथ लाने की कोशिश की, लेकिन जमीनी स्तर पर कभी भी यह गठजोड़ कायम नहीं हुआ। पाँचवें दशक में यानी 1952 से 1957 के दौरान सोशलिस्ट पार्टियों, उदाहरण के

लिए लोहियावादियों ने पिछड़ी जातियों के मुद्दों को उठाया। कांशीराम ने 1995 में अपनी बहुजन राजनीति को मूर्त रूप देने के लिए पिछड़ों एवं दलितों की मिली-जुली सरकार बनाने का प्रयास किया, लेकिन यह गठजोड़ केवल छह महीने तक कायम रहा।

1967 के आम चुनावों के बाद मतदाताओं में वर्गों के आधार पर बिखराव देखा गया। चरण सिंह के रूप में पश्चिमी उत्तर प्रदेश में धनी किसानों का उभार दिखाई देता है। उन्हीं की तरह, कांग्रेस से भारी संख्या में लोग भारतीय क्रान्ति दल (बीकेडी) में शामिल हुए। यह पार्टी अभी बनी ही थी।[4] दलितों का अभी भी झुकाव कांग्रेस की ओर बना रहा और पिछड़ा वर्ग, लोहिया से लेकर मुलायम सिंह तक गैर-कांग्रेसी राजनीति की ओर झुका हुआ था। तो कांशीराम को, एक दलित पार्टी बनाने के अपने एजेंडे में कैसे सफलता मिली?

जब 1984 में कांशीराम ने उत्तर प्रदेश की राजनीति में बसपा के साथ प्रवेश किया तो उस समय वहाँ तीन प्रमुख राजनीतिक धाराएँ थीं—कांग्रेस, भारतीय जनता पार्टी तथा समाजवादी पार्टी। उपनिवेश विरोधी राष्ट्रवादी आन्दोलन तथा आजादी के बाद नेहरूवादी राष्ट्रनिर्माण की विरासत कांग्रेस के साथ जुड़ी हुई थी। भारतीय जनता पार्टी हिन्दूवादी राजनीति को लेकर सक्रिय थी, जबकि समाजवादी पार्टी पिछड़े वर्गों को लामबन्द करने की कोशिश कर रही थी तथा सोशलिस्ट राजनीति को पुनर्जीवित करने का प्रयास कर रही थी। उत्तर प्रदेश का सामाजिक ताना-बाना समृद्ध तथा बहुस्तरीय था। यह ब्राह्मणवादी वर्चस्व का गढ़ था और पौराणिक आर्यावर्त का केन्द्र था। दूसरी तरफ यह ब्राह्मणवाद विरोधी धार्मिक सुधार आन्दोलनों का केन्द्र भी था, क्योंकि यह महान व्यक्तियों की स्मृतियों तथा बुद्ध से जुड़े स्थानों का भी केन्द्र था। बुद्ध की कर्मभूमि गंगा के मैदान वाली भूमि थी। वे अभी भी हाशिए के लोगों की संस्कृतियों में जिन्दा थे। इसके अलावा मध्यकाल के दौरान यह भक्ति आन्दोलन का भी केन्द्र था, जिसका नेतृत्व कबीर, रैदास, शिवनारायण, दरिया साहेब और जगजीवन दास जैसे सन्तों ने किया था। ये सन्त दलितों के बीच बहुत लोकप्रिय थे। भारी संख्या में दलित इन सम्प्रदायों के अनुयायी बने थे, जिन्होंने दलितों को धार्मिक एवं सांस्कृतिक उत्थान का एक साधन उपलब्ध कराया, वरना ब्राह्मणवादी धार्मिक एवं आनुष्ठानिक दायरे में दलितों के लिए कोई जगह नहीं थी। इसीलिए उत्तर प्रदेश विरोधाभासों की एक जमीन थी, जहाँ एक तरफ ब्राह्मणवादी वर्चस्व को चिह्नित किया जाता है तो दूसरी तरफ हाशिए के समूहों के बीच दिन-प्रतिदिन की उनकी संस्कृति में ब्राह्मणवाद विरोधी स्मृतियों के अंश मौजूद हैं। इन सब कारणों से उत्तर प्रदेश कांशीराम के उभार की उर्वर जमीन थी।

कांशीराम का जन्म पंजाब में हुआ और वह यहीं पले-बढ़े। पंजाब देश का ऐसा प्रान्त है, जहाँ सर्वाधिक (29 प्रतिशत) दलित आबादी है, लेकिन वह पंजाब

में उतना मजबूत आधार नहीं बना सके, जितना उन्हें उत्तर प्रदेश में सफलता मिली। इसके बहुत सारे कारण हैं। पहला तो यह कि पंजाब में दलित उस प्रकार के भेदभाव एवं अपमान का सामना नहीं करते, जैसा उन्हें उत्तर भारत में कहीं भी करना पड़ता है, विशेषकर उत्तर प्रदेश में। जैसा कि पहले चर्चा की जा चुकी है, सिख पंथ के समानता एवं विश्वबन्धुत्व के सन्देश ने बड़ी संख्या में 'निम्न' जातियों को अपनी ओर आकर्षित किया। 'निम्न' जातियों ने बड़ी संख्या में 'सिख धर्म' स्वीकार किया था। इसके बावजूद, उत्तर प्रदेश के उलट पंजाब में ब्राह्मणों की जगह जाटों का वर्चस्व है। इसलिए दलितों का गुस्सा ब्राह्मणवाद के खिलाफ कम था। संघर्ष की जमीन आर्यसमाज के लिए खुली थी। आदि धर्म और रविदसिया जैसे समाज सुधार आन्दोलनों और आर्य समाज के आगमन ने यहाँ ज्यादा समतामूलक समाज बनाने में मदद की। पंजाब में दलितों ने कड़े परिश्रम, कामों की विविधता तथा अप्रवासन के माध्यम से अपनी आर्थिक स्थिति को मजबूत भी बनाया। दलितों ने बहुत सारे ऐसे पेशे भी अपनाए, जो मुख्य रूप से व्यापारिक एवं दस्तकार जातियों के माने जाते थे।[5]

इस प्रकार पंजाब के दलित विभिन्न जातियों, आर्थिक संस्तरों और धार्मिक पहचानों वाला का एक रंग-बिरंगा समूह था। 'ये 37 उप जातियों में बँटे हुए हैं, इनमें से बहुत सारी जातियाँ एक दलित समूह के रूप में एकजुट होने से इनकार करती हैं।'[6] शुरुआत में पंजाब के दलितों को संगठित करने के लिए कांशीराम को केवल राजनीतिक रैलियाँ ही नहीं करनी पड़ीं, बल्कि पार्टी कार्यकर्ताओं से जातिवाद के खिलाफ संघर्ष करने और ठेका कृषि मजदूरों, जिन्हें स्थानीय बोलचाल में 'सीरी' कहा जाता था, के अधिकारों के लिए भी संघर्ष छेड़ने का आह्वान करना पड़ा। कांशीराम के बाद, पंजाब में बसपा के दूसरे नेता जातिवाद के खिलाफ राज्य में इस प्रकार का कोई आन्दोलन विकसित करने में असफल रहे। कांशीराम ने खुद महसूस किया कि पंजाब का दलित समाज कितना विभाजित था।

पंजाब में 2007 के विधानसभा चुनावों के परिणाम दलितों की राजनीतिक वफादारी की सीमा का एक बेहतरीन उदाहरण हैं और ये अच्छी तरह दिखाता है कि क्यों अस्सी के दशक के अन्तिम वर्षों तक, जनसंख्या में एक बड़ा हिस्सा होते हुए भी, राज्य के दलित बसपा के जातिवादी कार्ड के प्रति उत्साहित नहीं हुए थे। पंजाब में बसपा के सफल न हो पाने का एक अन्य कारण यह था कि वहाँ पर बसपा का कोई ऐसा बड़ा नेता नहीं था जो दलितों को धार्मिक एवं क्षेत्रीय विभाजनों से ऊपर उठाकर, उन्हें बसपा के साथ खड़ा कर सके। इस प्रकार, दलितों का आन्तरिक विभाजन, पंजाब में बसपा की एकजुट करने और एक ऐसी बड़ी ताकत बनने की राह में बाधा बन गया, जिसकी एक पहचान होती। एक सार्वजनिक मंच की गैर मौजूदगी के चलते दलितों में से कुछ लोग एवं उनके स्थानीय प्रभुत्वशाली लोगों

ने अपने हितों की रक्षा के लिए कांग्रेस और शिरोमणि अकाली दल समेत विभिन्न राजनीतिक पार्टियों का सहारा लिया।

जाटों के प्रभुत्व वाले अकाली दल, कांग्रेस और भारतीय जनता पार्टी के रिकॉर्ड सबक देने वाले हैं। 1969 में अनुसूचित जातियों के 44 प्रतिशत विधायक अकाली दल से थे। यह प्रतिशत धीरे–धीरे बढ़ा; 1977 में 48 प्रतिशत, 1985 में 62 प्रतिशत, और 1997 में यह बढ़कर 77 प्रतिशत हो गया। इसके विपरीत कांग्रेस के अनुसूचित जातियों के विधायकों की संख्या में उतार–चढ़ाव होता रहा है : कांग्रेस में कुल विधायकों की संख्या के मुकाबले अनुसूचित जातियों के विधायकों की संख्या 1967 में 52 प्रतिशत, 1972 में 61 प्रतिशत, 1980 में 45 प्रतिशत, 1992 में 63 प्रतिशत और 2002 में 48 प्रतिशत थी। भाजपा भी इस मामले में पीछे नहीं थी, 1997 में पार्टी में 13 प्रतिशत अनुसूचित जाति के विधायक थे। विडम्बनापूर्ण स्थिति यह थी कि बसपा तथा कम्युनिस्ट पार्टी में कोई अनुसूचित जाति का विधायक नहीं था।

इसी तरह, सभी पार्टियों में दलित नेता थे। अकाली दल में धाना सिंह गुलशन, गुरुदेव सिंह बादल, चरनजीत सिंह अटवाल, सतवंत कौर सन्धू, बसन्त सिंह खालसा, गुलजार सिंह रानिक, महिन्दर कौर जोश, देस राज ढुग्गा, सरवन सिंह फिलौर, गोविन्द सिंह कांझला, शीतल सिंह और डॉ. दलबीर सिंह वेर्का जैसे दलित रहे हैं। धाना सिंह गुलशन केन्द्र सरकार में राज्यमंत्री बने तथा चरनजीत सिंह अटवाल लोकसभा के उपाध्यक्ष बने। कांग्रेस के महत्त्वपूर्ण कद्दावर दलित नेताओं में केन्द्रीय मंत्री रहे बूटा सिंह, मास्टर गुरबन्ता सिंह, जोगिन्दर सिंह मान, दर्शन सिंह के.पी., चौधरी जगजीत सिंह, महिन्दर सिंह के.पी., शमशेर सिंह दुल्लन, चौधरी सन्तोख सिंह, अरुना चौधरी, चौधरी सुंदर सिंह, चौधरी राम लुभाया, सन्तोष चौधरी रहे हैं। इनमें शमशेर सिंह दुल्लन और महिन्दर सिंह के.पी. पार्टी के प्रदेश अध्यक्ष भी बने।

दलित विधायकों का सभी पार्टियों में होने तथा बसपा को सफलता न मिलने के कारणों की व्याख्या यह भी की जाती है कि ब्राह्मणों एवं बनियों का वोट बैंक कांग्रेस से जुड़ा रहा है और जाटों का अकाली दल से। 'ये पार्टियाँ सत्ता की प्रबल दावेदार हैं। अन्य दूसरी पार्टियाँ जैसे भारतीय जनता पार्टी, बहुजन समाज पार्टी और भारतीय कम्युनिस्ट पार्टी छोटे खिलाड़ी हैं। ये तभी प्रभावशाली हो सकती हैं, जब ये कांग्रेस एवं अकाली दल जैसी दो महत्त्वपूर्ण पार्टियों से गठजोड़ कायम करके चुनाव लड़ें।'[7]

इस राजनीतिक बिसात के बीच बसपा के लिए जगह न बना पाने के कारण कांशीराम ने पंजाब की जगह उत्तर प्रदेश में पार्टी को स्थापित करने पर अपना ध्यान केन्द्रित किया। दलित जाति के रूप में संख्या के तौर पर सबसे अधिक एवं

राजनीतिक तौर पर सर्वाधिक जागरूक चमारों के चलते बसपा को उत्तर प्रदेश में उभरने में मदद मिली। चमारों का एक हिस्सा आजादी के पहले ही शिक्षित हो चुका था और इसके चलते अन्य निम्न जातियों की तुलना में वो राजनीतिक तौर पर ज्यादा जागरूक हो चुके थे। परम्परागत तौर पर चमार मरे हुए जानवरों का चमड़ा निकालने, चर्मशोधन तथा चमड़े की वस्तुएँ बनाने के काम करते थे, जबकि उनकी महिलाएँ ऊँची जाति की महिलाओं को बच्चा जनने में मदद करती थीं और नवजात का नाभि रज्जु (नाड़ा) काटती थीं। चमारों के जीवन में बेहतरी औपनिवेशिक काल के दौरान तब होना शुरू हुई जब इनके बीच का एक हिस्सा अपनी आर्थिक स्थिति को बेहतर बनाने के लिए शहरों की ओर विस्थापन करना शुरू कर दिया। ये लोग अपने गाँवों में उत्पीड़ित थे। कुछ चमार पश्चिमी प्रभावों में आए, उन्होंने अंग्रेजी तथा अन्य यूरोपीय भाषाओं का कामकाजी ज्ञान प्राप्त किया और मिशन स्कूलों के माध्यम से शिक्षित हुए। आर्यसमाज द्वारा स्थापित शिक्षण संस्थाओं ने चमारों की उपजाति जाटवों को शिक्षित करने में महत्त्वपूर्ण भूमिका निभाई। विशेषकर पश्चिमी उत्तर प्रदेश में।[8] चमार जाति से आने वाले समाज सुधारक स्वामी अछूतानन्द ने भी औपनिवेशिक काल के दौरान इस इलाके में दलितों को अपने बच्चों को शिक्षित करने हेतु तैयार करने के लिए एक आन्दोलन चलाया था।

आजादी के बाद 1950 के दशक में चमारों ने, जो कि अभी भी जाति आधारित पेशों से जुड़े हुए थे, नाड़ा–मवेशी आन्दोलन चलाया। नाड़ा–मवेशी आन्दोलन का उद्देश्य परम्परागत तिरस्कृत पेशे से अपने आपको मुक्त करना और अपनी इच्छानुसार अपना पेशा चुनने का बुनियादी अधिकार प्राप्त करना था। इस आन्दोलन ने चमारों की जिन्दगी पर गहरा प्रभाव डाला और तुच्छ कामों से मुक्ति ने सामाजिक सम्मान पाने में चमारों की मदद की। 1950 के पूरे दशक में यह आन्दोलन बिहार तथा उत्तर प्रदेश के ज्यादातर गाँवों में फैला। इस आन्दोलन के बारे में चर्चा हम विस्तार से पहले ही कर चुके हैं। कोलकाता एवं मुम्बई जैसे स्थानों पर विस्थापित दलितों के बीच के शिक्षित 'साहेब' गाँवों में वापस आए और इस आन्दोलन को फैलाने में निर्णायक भूमिका निभाई। इनमें से ज्यादातर लोग आंबेडकरवादी विचारों से प्रभावित थे और लोगों को अपने बच्चों को शिक्षित करने के लिए प्रोत्साहित किया।[9]

आर्य समाज ने अभियानों के माध्यम से नाड़ा–मवेशी कामों का विरोध करने के लिए चमारों के बीच जागरूकता पैदा की। रिपब्लिकन पार्टी की स्थापना के लिए 1954 में आन्दोलन चला और इसने एक प्रमुख भूमिका निभाई। आखिरकार 1956 में यह पार्टी बनी और इसने अपने कार्यकर्ताओं तथा अखबारों के माध्यम से चमारों के बीच इस बारे में जागरूकता फैलाई। लोगों तक परम्परागत पेशे छोड़ने तथा अपने बच्चों को शिक्षित करने का सन्देश पहुँचा।

आरपीआई की उत्तर प्रदेश शाखा का गठन आगरा में 1958 में हुआ।[10] महाराष्ट्र के महारों की तरह पश्चिमी उत्तर प्रदेश के जाटव भी आंबेडकर के अनुयायी थे। वे यह मानते थे कि आरपीआई उनके हितों को समझेगी तथा उन्हें ज्यादा बेहतर तरीके से पूरा करेगी।[11] आरपीआई का गठन एवं विस्तार, 1930 के दशक से शुरू हुई जाटवों अथवा चमड़े का काम करने वालों की राजनीतिक लामबन्दी की परिणति का प्रमाण था, जो कि असहयोग आन्दोलन में भागीदारी से शुरू होकर, पूना पैक्ट के खिलाफ संघर्ष और आगरा में 1944-45 में अनुसूचित जाति फेडरेशन के निर्माण में भागीदारी तक जाती है। यहाँ तक कि 1946 के विधानसभा चुनावों में सुरक्षित सीटों से चुनाव लड़ते हैं।[12] आरपीआई कार्यकर्ताओं और शिक्षित दलित समूहों ने सरकार पर दबाव बनाया कि वह आन्दोलन में शामिल दलितों की दमन से रक्षा करे।

उत्तर प्रदेश में आन्दोलन के शुरुआती दिनों में कांशीराम जो एक रविदसिया चमार थे, ने दिल्ली से रांची तक मौजूद चमारों को संगठित करने की रणनीति अपनाई। कांशीराम चाहते थे कि पार्टी के कार्यकर्ता कम से कम स्नातक हों। 'वे मानते थे कि ब्राह्मणों के बाद यदि देश में किसी समुदाय के लोग सबसे ज्यादा शिक्षित हैं तो वो चमार हैं।'[13] उनकी राय थी कि दूसरे दलित समुदाय भी बसपा से जुड़ेंगे, लेकिन बसपा का केन्द्र, पंजाब से लेकर बिहार तक चमारों से बनेगा। उन्होंने एक अन्य अवसर पर यह घोषणा की कि वह गंगा से यमुना के बीच के 'आर्यावर्त' को 'चमारवर्त' में बदल देंगे। इस तरह उन्होंने राजनीतिक क्षमता सम्पन्न एक सामाजिक समूह की सवर्णों एवं पिछड़ी जातियों के नेताओं के नेतृत्व वाली पार्टियों पर निर्भरता को खत्म कर दिया। उन्होंने नाड़ा-मवेशी आन्दोलन के चमार कार्यकर्ताओं को बसपा के लिए तैयार कार्यकर्ता के रूप में पाया।

उत्तर प्रदेश में सोशलिस्ट आन्दोलन ने भी कांशीराम की राजनीति के लिए आधार जमीन तैयार की थी। हम पहले ही देख चुके हैं कि कैसे समाजवादी व्यक्तित्व वाले नेता राममनोहर लोहिया ने यह नारा दिया कि विधानसभा में पिछड़ी एवं दलित जातियों को 60 प्रतिशत प्रतिनिधित्व मिलना चाहिए। कांशीराम ने उन्हीं तर्कों का इस्तेमाल करते हुए यह नारा दिया कि 'जिसकी जितनी संख्या भारी, उसकी उतनी हिस्सेदारी।' लोहिया और कांशीराम दोनों ने दलितों एवं पिछड़ों की दावेदारी के लिए लोकतंत्र में संख्या बल के महत्त्व को उजागर किया। लोहिया प्रेरित एक दूसरा सोशलिस्ट समूह अर्जक संघ था। अर्जक संघ 1970 के दशक में सक्रिय था। दलितों, विशेषकर चमारों के सशक्तिकरण में इसने मदद पहुँचाई और पिछड़ी जातियों को दलितों के साथ लाने की कोशिश भी की। अर्जक संघ की स्थापना रामस्वरूप वर्मा ने 01 जून, 1968 को की थी और 01 जून, 1969 को 'अर्जक साप्ताहिक' निकलना शुरू हुआ। अर्जक संघ का मुख्य उद्देश्य ब्राह्मणवाद का खात्मा और एक समतावादी समाज की स्थापना करना था।

रामस्वरूप वर्मा राममनोहर लोहिया के सहयोगी थे और अर्जक संघ में सक्रिय थे। 1952 के चुनावों में रामस्वरूप वर्मा सोशलिस्ट पार्टी के टिकट पर कानपुर जिले के राजपुर विधानसभा से चुनाव लड़े, लेकिन वह 100 वोटों से हार गए। 1956 में रामस्वरूप गुप्ता के खिलाफ चुनाव लड़े और जीतकर विधायक बने। वह 1962 में पुनः चुनाव हार गए, लेकिन 1967 में दोबारा चुनाव जीत गए। चौधरी चरण सिंह के नेतृत्व में बनी उत्तर प्रदेश सरकार में वित्तमंत्री बने।[14] अर्जक संघ ने दलितों के सशक्तिकरण के लिए उत्तर प्रदेश के विभिन्न भागों में एक अभियान चलाया। इस अभियान में उन्होंने नाड़ा-मवेशी आन्दोलन तथा चमारों का समर्थन किया। जहाँ भी नाड़ा-मवेशी आन्दोलन चलता, वहाँ अर्जक संघ सक्रिय हो जाता था। चमारों के दमन की घटनाओं के खिलाफ संघर्ष करने के लिए रामस्वरूप वर्मा स्वयं बिहार एवं कटक गए। अर्जक संघ के लेख अछूतों की स्थिति पर केन्द्रित थे। ये लेख 'अछूतों की समस्याएँ और समाधान', 'निरादर कैसे मिटे' आदि पुस्तिकाओं के रूप में प्रकाशित हुए। दलितों और पिछड़ों के बीच प्रतिरोध की चेतना को विद्वत्तापूर्ण लेखों के द्वारा बढ़ाने का, यह दृढ़ निश्चय से किया गया प्रयास था। हालाँकि राममनोहर लोहिया की तरह अर्जक संघ भी दलितों एवं पिछड़ों को एक साथ लाने में असफल रहा।

इस बात को रेखांकित करने के लिए कि पार्टी भारत की 85 प्रतिशत दलित एवं अन्य पददलित आबादी का प्रतिनिधित्व करती है, पार्टी के लिए मान्यवर कांशीराम ने बसपा के लिए बहुजन (बहुमत) नाम चुना। शेष 15 प्रतिशत में ब्राह्मण, क्षत्रिय और बनिया शामिल थे, जो मिलकर आबादी का 'अल्पजन' या 'अल्पसंख्यक' घटक बनाते थे। जैसा कि हमने अध्याय तीन में देखा, ब्राह्मणवाद का निषेध बहुजन समाज पार्टी के दर्शन का आधार था। राजनीतिक सत्ता प्राप्त करना बसपा की प्राथमिकता थी, लेकिन उसका उद्देश्य यहीं तक सीमित नहीं था। वह सामाजिक परिवर्तन भी लाना चाहती थी। इन अर्थों में बसपा केवल एक पार्टी नहीं थी, बल्कि एक आन्दोलन और मिशन थी। कांशीराम और कार्यकर्ताओं ने बसपा को इसी लाइन पर सम्बोधित किया। उन्होंने जोर दिया कि उनका मिशन ही उनका सन्देश है। कांशीराम ने दलितों को नसीहत दी कि 'वे ब्राह्मणवाद के खिलाफ विद्रोह करें, खुद को प्रस्तुत करें, शहीद बनें, अपने लोगों में भाईचारा बढ़ाएँ, भाग्य और भगवान के डर से खुद को मुक्त करें और एक ऐसा समाज बनाने की कोशिश करें जिसमें स्वतंत्रता, बराबरी और भाईचारा हो। इसके लिए उन्होंने दलितों को खुद को संगठित करने और राजनीतिक सत्ता पर कब्जा करने के लिए प्रोत्साहित किया। आपकी मुक्ति का यही रास्ता है कि बाबा साहेब के रास्ते पर चलो—शिक्षित हो, खुद को संगठित करो और संघर्ष करो।'[15] उन्होंने अपने समर्थकों के सामने यह स्पष्ट कर दिया कि महात्मा फुले, शाहूजी महाराज और बाबा साहेब द्वारा शुरू किए

गए संघर्षों को आगे ले जाने की जिम्मेदारी अब उनके कन्धे पर है और उन्हें ही उनके मिशन को अन्तिम परिणति तक पहुँचाना है।

मान्यवर कांशीराम ने जो चुनाव-चिह्न पसन्द किया और चुनाव आयोग से उसकी माँग की, वो था हाथी। हाथी निचले समुदायों से बने हुए इस क्षेत्र के शुरुआती निवासियों का एक महत्त्वपूर्ण सांस्कृतिक प्रतीक है। इस विशाल हाथी जैसे समाज के सिर पर अल्पसंख्यक ऊँची जाति के मनुवादी महावत की तरह बैठे हैं और हाथी जैसे गरीब बहुसंख्यक आबादी को अन्याय, शोषण और उत्पीड़न के लोहे के अंकुश से तब तक कोंचते हैं, जब तक खून न निकलने लगे और पूरे दिन कमरतोड़ मेहनत के लिए मजबूर करते हैं। 'हाथी कड़े श्रम का भी प्रतीक है। हाथी पेड़ों की विशाल सिल्लियों को बिना थके जंगलों से ढोता है और उन्हें ट्रकों पर लादता है, जबकि वो केवल पत्तियाँ और शाखाएँ खाकर जिन्दा रहता है। यही हाल भारत के बहुसंख्यक लोगों का है। वे भी कड़ा परिश्रम करते हैं और सब्जी एवं रोटी जैसे मामूली भोजन पर जिन्दा रहते हैं, जबकि इसके विपरीत ऊपरी जातियाँ महँगा एवं पौष्टिक खाना-पीना हजम करती हैं।'[16]

इसके अलावा, प्रतीकात्मक रूप से दलितों के लिए हाथी बुद्ध धर्म से सम्बन्धित था, जिसे इनमें से बहुतों ने स्वीकार किया था। जातक कथाओं तथा बौद्ध धर्म से सम्बन्धित अन्य ग्रन्थों में हाथी से सम्बन्धित अनेक कहानियाँ हैं। एक कहानी बताती है कि कैसे बुद्ध की माता महामाया ने एक सपना देखा कि एक सफेद हाथी आता है और अपनी सूँड़ उठाता है, जिसमें एक कमल का फूल होता है। और यह फूल उनके गर्भाशय में सीधे प्रवेश कर जाता है। जब महामाया ने इस सपने के बारे में महाराजा शुद्धोधन को बताया, विद्वानों ने बताया कि महारानी के गर्भ से एक लड़के का जन्म होगा, जो एक महान राजा बनेगा। पहले वह गृहस्थ जीवन जिएगा लेकिन बाद में परिव्राजक बनकर एक सादगीपूर्ण जिन्दगी जिएगा और वंचित लोगों के उद्धार के लिए कार्य करेगा।[17]

हाथी का तीसरा महत्त्व भी था, इसका सम्बन्ध डॉ. आंबेडकर से था, जिन्होंने इसे आरपीआई का चिह्न बनाया था। चूँकि बसपा ने डॉ. आंबेडकर की राजनीतिक विरासत को अपनाया था, इसलिए उसने हाथी को अपना चुनाव-चिह्न चुना। इसने आरपीआई के समर्थकों एवं आंबेडकरवादियों को नई पार्टी के साथ जुड़ाव कायम करने में मदद पहुँचाई। इसके अतिरिक्त हाथी पूरे भारत में दलितों द्वारा पूजी जाने वाली देवी का वाहन है। यह देवी विशेषकर हिमाचल प्रदेश, पंजाब, बिहार आदि जगहों पर पूजी जाती है।[18] 'हाथी' चुनाव-चिह्न चुनते समय कांशीराम ने गहरी दूरदर्शिता का परिचय दिया। जो झंडा बसपा द्वारा चुना गया, उसमें नीली पृष्ठभूमि पर हाथी था।

इसके बाद कांशीराम ने सांस्कृतिक राजनीति के माध्यम से दलितों के बीच आत्मसम्मान की भावना बैठाने की कोशिश की। इस काम के लिए उन्होंने कई

तरीके निकाले। उनमें एक तरीका यह था कि प्रत्येक दलित एवं पिछड़ी जाति के सन्तों, गुरुओं एवं नायकों को महत्त्व दिया जाए। प्रत्येक 'निम्न' जाति के अपने नायक थे, जो उनकी मौखिक परम्परा में गीतों और कहानियों के माध्यम से स्मृतियों में थे। कांशीराम ने इन नायकों को राजनीतिक स्रोत में बदलने की रणनीति अपनाई। बसपा ने इन नायकों की एक ऐसी छवि रची जिसे जमीनी स्तर पर अशिक्षित एवं अर्द्धशिक्षित दलित अपनी पहचान के प्रतीक के रूप में अपना सकें।

कांशीराम ने जनश्रुतियों एवं इतिहास में रुचि रखने वाले स्थानीय कार्यकर्ता और बुद्धिजीवियों की ब्लॉक स्तर पर कमेटियाँ बनाईं, जिनमें मुख्यत: शिक्षक एवं दलित कार्यकर्ता थे। इन कमेटियों को निर्देश दिया गया था कि वो विभिन्न जातियों में उनके नायकों और सन्त रविदास, सन्त कबीर और स्वामी नारायण जैसे उनके पंथ के गुरुओं के बारे में सूचना एकत्रित करें।[19]

दलितों के गुरु रविदास की तरह अन्य दोनों गुरु भी मध्यकाल में पैदा हुए थे। यह वह समय था जब जातिवाद, सामाजिक ऊँच–नीच, छुआछूत, धार्मिक कूपमंडूकता एवं रूढ़िवाद अपनी पराकाष्ठा पर थे। 'मनु संहिता' में मौजूद ब्राह्मणवादी संस्कृति हर जगह खुलेआम लागू की जाती थी। इस कुकृत्य के खिलाफ कोई प्रतिरोध नहीं होता था। इसके अतिरिक्त, मुगल शासक अपनी संख्या बढ़ाने तथा भारत में अपनी स्थिति मजबूत करने के इरादे से विभिन्न प्रलोभनों एवं आकर्षणों द्वारा 'निम्न' जातियों को इस्लाम धर्म स्वीकार करा रहे थे। सन्त रविदास ने अपने उपदेशों के माध्यम से हिन्दू धर्म में सुधार करने की कोशिश की, ताकि निम्न जातियाँ इस्लाम के प्रति आकर्षित न हों और वर्णव्यवस्था बनी रहे।[20] वो एक अत्यन्त सम्माननीय दलित सन्त थे और रविदसिया पंथ उन्हीं के नाम पर बना, जिसमें अधिकांशत: चमार थे।

ये सभी गुरु ब्राह्मणवादी परम्पराओं और सामाजिक असमानता के खिलाफ संघर्ष करते थे तथा दलितों को अपने अधिकारों के लिए लड़ने के लिए प्रेरित करते थे। बाद में कबीरपंथी एवं शिवनारायणी पंथ या सम्प्रदाय विकसित हुए और दलितों एवं पिछड़ों के बीच बहुत लोकप्रिय हुए। राजनीतिक लामबन्दी के लिए इन दलित जातियों के नायकों, सन्तों और इस तरह के अन्य व्यक्तियों की जीवनियों पर आधारित लोकप्रिय पुस्तिकाएँ प्रकाशित की गईं। लगभग 50 से 60 पृष्ठ की ये पुस्तिकाएँ सस्ते अखबारी कागजों पर प्रकाशित की जाती थीं। ये पुस्तिकाएँ राजनीतिक सभाओं, मेलों एवं चेतना मंडपों (उत्तर प्रदेश के बलिया, बहराइच, इटावा आदि शहरों एवं कस्बों में दलित लेखकों द्वारा चलाए जाने वाले छोटे पुस्तक केन्द्रों) में बड़े पैमाने पर बेची या वितरित की जाती थीं। इन पुस्तिकाओं के लेखक एवं प्रकाशक मध्यवर्ग अथवा उच्च मध्यमवर्ग के अधिकांश शिक्षित एवं राजनीतिक तौर पर जागरूक दलित थे।[21]

अगला काम इन नायकों को एक चेहरा देना था। कभी-कभी इन नायकों के बारे में प्रचलित कथाओं से ही उनकी एक छवि बनती थी। लेकिन जब अन्य दृश्य स्रोत नहीं मिलता तो आमतौर पर इनकी एक तस्वीर बनाने की जरूरत पड़ती जो उनके बारे में उपलब्ध सामान्य वर्णनों से मेल खाए। कांशीराम तथा बसपा के अन्य नेता चित्रकारों के साथ बैठे और इन नायकों का रेखाचित्र तैयार करवाया। स्थानीय दलित नायकों की प्रतिमाएँ पूरे उत्तर प्रदेश में स्थापित हुईं। जनश्रुतियों के नायकों के अलावा, आंबेडकर, कबीर और रविदास के चित्र, पोस्टर, कैलेंडर के रूप में दलित घरों की दीवारों पर चिपकाए गए। कुछ हिन्दू दलित घरों में ये तस्वीरें गणेश, हनुमान, दुर्गा आदि हिन्दू देवताओं की तस्वीरों के साथ-साथ ही टाँगी गईं। जबकि बौद्ध धर्मावलम्बी घरों में ये तस्वीरें बुद्ध की प्रतिमा के साथ टाँगी जाती थीं। यह ध्यान देने की बात है कि आंबेडकर, फुले, शाहूजी महाराज जैसे सम्माननीय दलित महानायकों के कैलेंडर और पोस्टर मुख्य रूप से शहरों एवं कस्बों में रहने वाले दलितों के घरों में पाए जाते थे। दूसरी तरफ गाँवों में रविदास आदि स्थानीय सन्तों एवं दलित नायकों को लोकप्रिय बनाने के लिए इनकी तस्वीरें राजनीतिक रैलियों के दौरान पर्चे, पुस्तिकाओं के रूप में निःशुल्क बाँटी जाती थीं।

इन सब चीजों ने एक मिथ एवं साझी स्मृति रचने में मदद की। नये तौर-तरीकों और व्याख्याओं पर आधारित प्रचार के माध्यम से, ये नायक दलितों की रोजाना की जिन्दगी के हिस्से बन गए। बसपा ने दलितों पर गहरा प्रभाव डालने के लिए ताकतवर दृश्य माध्यमों का बखूबी इस्तेमाल किया। उत्तर प्रदेश के दलितों में जातीय गर्व एवं महिमा को उभारने में इन सब चीजों ने मिथकों, स्मृतियों और दृश्यमान तस्वीरों के बीच एक जीवन्त रिश्ता कायम कर दिया।

उत्तर प्रदेश के विभिन्न स्थानों के स्थानीय नायकों को दलित पहचान के प्रतीक के रूप में लोकप्रिय बनाया गया। बुन्देलखंड क्षेत्र के झाँसी, हमीरपुर, ललितपुर और बाँदा के कोरी जाति के बीच झलकारी बाई; लखनऊ, बहराइच, बाराबंकी, जौनपुर और इलाहाबाद के पासियों के बीच बिजली महाराज; रायबरेली, जौनपुर और इलाहाबाद में दलदेव महाराज को पासियों के बीच लोकप्रिय बनाया गया, जबकि पूर्वांचल और अवध के पासियों के बीच बालेदीन लोकप्रिय बनाए गए। अवध क्षेत्र के प्रतापगढ़, सुल्तानपुर और इलाहाबाद में वीरा पासी को भी लोकप्रिय बनाया गया जबकि इलाहाबाद, प्रतापगढ़ और सुल्तानपुर के पासियों के बीच ऊदादेवी को लोकप्रिय बनाया गया। पूर्वांचल के वाराणसी, गाजीपुर, बलिया, बस्ती और देवरिया क्षेत्र के बौद्ध धर्मावलम्बियों के बीच महामाया को लोकप्रिय बनाया गया, जबकि वाराणसी, जौनपुर, इलाहाबाद और आजमगढ़ के चमारों के बीच सन्त रविदास को लोकप्रिय बनाया गया।[22]

जनश्रुतियों के इन नायकों के अलावा, 1857 के विद्रोह के गुमनाम दलित नायक बसपा के लिए समृद्ध ऐतिहासिक सामग्री साबित हुए। दलितों का दावा है कि पुरुषों

में बालु मेहतर, उदैया पासी, चेतराम जाटव, बांके चमार, गंगा बख्श, वीरा पासी, मक्का पासी, मातादीन भंगी और महिलाओं में झलकारी बाई, ऊदादेवी, अवन्ति बाई, पन्नाधाय और महावीरीदेवी इस विद्रोह के दलित नायक–नायिका थे।[23] इन नायक–नायिकाओं ने बसपा की सांस्कृतिक सामग्री का मुख्य आधार तैयार किया। यह ध्यान देने की बात है कि बसपा ने स्वतंत्रता आन्दोलन के अन्य चरणों के दलित नायकों को ही नहीं खोजा, बल्कि ये इतने महत्त्वपूर्ण थे कि उन्हें एक आदर्श के रूप में विकसित किया। मसलन; उत्तर प्रदेश में 1914 में मदारी पासी के नेतृत्व में किसान आन्दोलन[24], चौरी–चौरा की घटना में अनेक दलितों का शहीद[25] होना आदि।

कांशीराम ने जिन मिथकों को चुना, उनमें एक था बुन्देलखंड क्षेत्र के रीवा और सतना जिलों में यादव जाति के छाउर की अत्यन्त लोकप्रिय कहानी। छाउर एक चरवाहा था, जिसने स्थानीय राजा के खिलाफ संघर्ष किया; दुसाधों के नायक चुहारमल की कहानी; बुन्देलखंड क्षेत्र के झाँसी, हमीरपुर, ललितपुर और बाँदा जिले की कोरी जाति की महानायिका झलकारी बाई; अवध और केन्द्रीय उत्तर प्रदेश के इलाहाबाद, प्रतापगढ़ और लखनऊ जिले के पासियों की नायिका ऊदादेवी की कहानी। इन सभी कहानियों का इस्तेमाल कांशीराम ने लोगों को प्रेरित एवं प्रभावित करने के लिए किया।

इस क्षेत्र में चुहारमल और रानी रेशमा की कहानी एक प्रसिद्ध कहानी के तौर पर प्रचलित है। रानी रेशमा भूमिहार जाति के स्थानीय राजा की बेटी थीं जो बहुत सुन्दर थीं। उसका भाई अजब सिंह और चुहारमल एक ही स्कूल में पढ़ते थे और गहरे मित्र बन गए। एक बार जब अजब सिंह बीमार पड़े तो चुहारमल उन्हें देखने उनके घर गए। वहाँ रेशमा चुहारमल को देखकर उनसे इतना आकर्षित हुई कि उनसे विवाह करने की चाहत पैदा हो गई। रेशमा ने चुहारमल को सन्देश भेजा कि वे उससे अकेले में मिलें। चुहारमल एक बहादुर और खूबसूरत नौजवान थे, लेकिन उनके भीतर गहरी धार्मिकता भी थी। उन्होंने रेशमा के प्रस्ताव को स्वीकार नहीं किया। रेशमा ने अपमानित महसूस किया और उनसे बदला लेने की ठान ली। संयोग से उनके जमींदार पिता की सेना तथा चुहारमल के बीच संघर्ष हुआ। जमींदार की सेना हार गई। बदला लेने का ठान चुकी रेशमा ने चुहारमल को पराजित करने के लिए तांत्रिक की सहायता ली, लेकिन कोई सफलता नहीं मिली। उसके बाद की कहानी रेशमा के पिता की सेनाओं और चुहारमल के बीच के भयंकर युद्ध की कहानी है। लेकिन चुहारमल इतना ताकतवर थे कि उन्हें पराजित नहीं किया जा सका। इस कहानी के अनुसार, वो अभी भी जिन्दा हैं। देवी दुर्गा के आशीर्वाद के चलते वो अमर हो गए हैं।

झाँसी, हमीरपुर आदि इलाकों के दलितों ने जैसा बताया उसके अनुसार, झलकारी बाई का मिथक 1857 के विद्रोह से आता है, जिसे प्रथम स्वतंत्रता के रूप में भी जाना जाता है।

> रानी लक्ष्मीबाई के राजमहल में झलकारी बाई नाम की एक दासी थी। वह निम्न जाति की एक महिला थी। जब अंग्रेजों ने झांसी के किले को घेर लिया और चारों तरफ से हमला करने लगे, झलकारी बाई ने रानी को सलाह दी कि उन्हें अपने बच्चे को अपनी पीठ पर बाँधकर सुरक्षित महल छोड़ देना चाहिए (बच्चा उनका उत्तराधिकारी था)। जबकि वह खुद रानी के भेष में अंग्रेजों को धोखा देगी। रानी ने उनकी सलाह मान ली और अपने बच्चे के साथ कुशल सुरक्षित निकल गईं। यह चाल काम कर गई और अंग्रेज लम्बे समय तक झलकारी बाई की असली पहचान को लेकर अनिश्चित बने रहे। ब्रिटिश बहुत बाद में समझ पाए कि 'रानी' वास्तव में झलकारी बाई है। तब तक बहुत देर हो चुकी थी और रानी पहले ही काफी दूरी तय करके सुरक्षित स्थान पर पहुँच चुकी थीं।[26]

ऊदादेवी की कहानी भी 1857 से जुड़ी हुई है। इस कहानी का वर्णन अवध क्षेत्र के पासी करते हैं। ऊदादेवी लखनऊ के नवाब की पत्नी बेगम हजरत के महल की निजी सहयोगी थीं। लोगों के अनुसार, यह घटना 19 नवम्बर, 1857 को घटी।

> लखनऊ के सिकन्दर बाग के अन्दर बीचोबीच एक विशाल पीपल का पेड़ था। इसके नीचे मिट्टी के घड़े रखे हुए थे, जिनमें से अधिकांश में ठंडा पानी भरा हुआ था। जब खूनी युद्ध खत्म हुआ तो बहुत सारे सैनिक यहाँ अपनी प्यास बुझाने, आराम करने तथा छाया पाने के लिए आए और उन्होंने पाया कि यहाँ ब्रिटिश सेना की 53वीं और 59वीं रेजिमेंटों के सैनिकों के शव पड़े हुए हैं। शवों पर लगे घावों को देखकर ब्रितानवी सेना के कैप्टन डाउसन ने पाया कि सैनिकों पर लगी गोलियाँ इस बात का सुबूत थीं कि उन्हें ऊपर से गोली मारी गई है। पेड़ की छाया से हटकर डाउसन ने वैलेस को बुलाया और पेड़ की पड़ताल करने को कहा कि कहीं कोई पेड़ पर तो नहीं है। सावधानीपूर्वक पीछे हटते हुए वैलेस ने पेड़ की ओर अपनी बन्दूक कर, उस व्यक्ति की तलाश शुरू कर दी। उसे पेड़ पर एक व्यक्ति दिखा तो उसने फौरन डाउसन को आवाज लगाई। उसने बन्दूक तान ली और कहा कि वह उसकी मुराद खुदा के सामने पूरी करेगा। गोली चलाते ही एक व्यक्ति का शरीर जमीन पर आ गिरा। वह लाल रंग का जैकेट तथा गुलाबी रंग की चुस्त पतलून पहने हुए था। जब मृत व्यक्ति के शरीर से जैकेट हटाई गई तो पता चला कि यह तो महिला है। उसके पास पुराने किस्म के दो पिस्टल थे। एक पिस्टल में गोलियाँ भरी हुई थीं, दूसरी पिस्टल खाली हो चुकी थी। उसकी जेब में जिन्दा कारतूस थे, जिसे बड़ी सावधानी से बनाया गया था। जब वैलेस ने देखा कि उसने किसको मारा है, तो वह रोने लगा। उसने कहा कि 'यदि मैं जानता कि यह महिला है तो भले मुझे हजारों बार मरना पड़ता, मैं उसके ऊपर गोली नहीं चलाता।' यह महिला कोई और नहीं ऊदादेवी थीं।[27]

ये नायक जिन जातीय समूहों से जुड़े हुए थे, उन समूहों को लामबन्द करने के लिए बसपा ने शुरुआती समय में उनका उपयोग किया, लेकिन धीरे-धीरे ये पूरे दलित समुदाय के आदर्श नायक बन गए। उदाहरण के लिए झलकारी बाई का उपयोग कोरी जाति को लामबन्द करने के लिए किया गया, क्योंकि वह कोरी जाति से थीं। उन्हें झलकारी बाई कोरी के रूप में उद्धृत किया गया। बाद में जब इस मिथक का उपयोग मायावती की छवि गढ़ने के लिए इस्तेमाल किया गया तो, उन्हें केवल झलकारी बाई के रूप में प्रचारित किया गया। इसी प्रकार जब ऊदादेवी 'पासी', महावीरीदेवी 'भंगी', अवन्तिका 'लोधी' और पन्नाधाय 'धनुक' की कहानियों को मायावती से जोड़ा गया तो उनके पहले नाम का ही जिक्र किया गया। हालाँकि इसका अर्थ यह नहीं था कि विभिन्न दलित उपजातियों की अपनी निजी पहचान को छोड़ दिया गया। इसकी जगह अपनी जातियों के नायकों की कहानियों के माध्यम से उनकी जातीय पहचान मजबूत होती गई और यहाँ तक कि वे एक व्यापक दलित पहचान से खुद को जोड़ने लगे और बसपा द्वारा की गई गोलबन्दी के माध्यम से वे एक राजनीतिक मंच पर ला दिए गए।

1857 के विद्रोह की कहानियों ने न केवल दलितों को अपने खुद के नायकों को स्थापित करने में मदद की, बल्कि मुख्यधारा की कहानियों में स्थापित उच्च जातियों के नायकों को अपदस्थ करने में मदद की। ऊँची जातियों को धोखेबाज, षड्यंत्रकारी और ऐसे समुदाय के रूप में प्रस्तुत किया गया जो अपनी ही मातृभूमि के प्रति गद्दार रहे थे। दलित यह साबित करना चाहते थे कि हालाँकि ऊँची जातियाँ धोखेबाज थीं, लेकिन वो ऐतिहासिक आख्यानों पर कब्जा करके अपनों को महान राष्ट्रवादी के रूप में प्रस्तुत करने में सफल रहीं।

बसपा की राजनीतिक रणनीति के हिस्से के बतौर, 1985 से 2005 के बीच पहले चरण में पूरे उत्तर प्रदेश में सड़कों के किनारे झलकारी बाई, ऊदादेवी, सुहेलदेव और बिजली पासी की प्रतिमाएँ स्थापित की गईं।[28] झलकारी बाई की प्रतिमा उन जगहों पर भी स्थापित की गई, जहाँ उनकी कहानी काफी लोकप्रिय थी, जैसे झाँसी और बुन्देलखंड। ऊदादेवी की प्रतिमा विशेषकर अवध क्षेत्र में स्थापित की गई, क्योंकि उनका सम्बन्ध लखनऊ से था।

पासी राजा, महाराजा बिजली पासी की कहानी दलितों के जातीय स्वाभिमान के प्रतीक के रूप में विशेष महत्त्व रखती थी, क्योंकि इससे प्रमाणित होता था कि निम्न जातियों के कुछ लोग राजा भी थे। पासियों के एक सक्षम नेता के तौर पर माना जाता है कि मध्यकाल में अवध के एक बड़े क्षेत्र पर उनका अधिकार था और उन्होंने अपनी स्थिति मजबूत कर ली थी। पासी अवध क्षेत्र के मूल निवासी थे और बेहद आजाद स्वभाव के थे। बिजली पासी पृथ्वीराज चौहान के समकालीन थे और बिजनौर शहर बसाने का श्रेय उन्हीं को जाता है, जो कि लखनऊ के पास एक छोटा-

सा कस्बा है। उन्होंने बारह किलों की स्थापना की, जो कि उनके राज्य की समृद्धि तथा शक्ति के द्योतक थे। उनके किले, जहाँ से उन्होंने शासन किया, उसके ध्वंसावशेष अभी भी लखनऊ में मौजूद हैं। बसपा ने इन्हें स्मारक का रूप दे दिया है। यहाँ बिजली पासी की प्रतिमा स्थापित की गई है, जो कि मध्यकालीन योद्धाओं की तस्वीरों जैसी है, जिसके हाथ में धनुष-तीर है।

बसपा ने जब महाराजा बिजली पासी को अपनाया उससे कहीं पहले 20वीं शताब्दी की शुरुआत में वह एक प्रसिद्ध शख्सियत थे। उस समय की तत्कालीन भारत सरकार ने इस महाराजा बिजली पासी की याद में डाक टिकट जारी किया था, ताकि इस प्रसिद्ध शासक के बारे में और उसकी बहादुरी की कहानियों की ओर लोगों का ध्यान आकर्षित कराया जा सके। बिजली पासी की तरह ही उनसे पहले निम्न जातियों के अनेक राजा हुए थे। सुहेलदेव श्रावस्ती के राजा मोरध्वज के बड़े पुत्र थे। व्यापक जनसाधारण में मान्यता है कि सुहेलदेव भर समुदाय के राजा थे, जहाँ से पासी समुदाय का विकास हुआ था। लेकिन बहराइच की अगड़ी जातियों के कुछ लोगों ने उन्हें एक वैश क्षत्रिय (सूर्यवंशी क्षत्रिय) के रूप में प्रस्तुत किया था। हालाँकि इसे प्रमाणित करने वाले कोई ऐतिहासिक साक्ष्य मौजूद नहीं हैं।[29]

बसपा पार्टी ने नायकों एवं सन्तों का एक पिरामिड तैयार किया। पिरामिड के आधार में स्थानीय नायक झलकारी बाई एवं ऊदादेवी जैसी 1857 की वीरांगनाएँ थीं। दूसरे स्तर पर बलदेव, दलदेव, बिजली पासी जैसे स्थानीय राजा थे। तीसरे स्तर पर महाभारत के एकलव्य एवं रामायण के शम्बूक जैसे पौराणिक एवं मिथकीय नायक थे, जिन्हें ब्राह्मणवादी प्रभुत्व को गिराने के लिए एक समानान्तर आख्यान के रूप में प्रस्तुत किया गया। इसके ऊपर कबीर, रविदास और बुद्ध जैसे सन्त थे। और पिरामिड के शीर्ष पर आंबेडकर, पेरियार और शाहूजी महाराज थे। पिरामिड के सामने कांशीराम और मायावती थे। विचार ये दिखाने का था कि कैसे पिरामिड के हर स्तर से संचित प्रतीकात्मक शक्ति स्मृतियों में मौजूद स्थानीय नायकों से होते हुए आंबेडकर तक जाती है और यहाँ से यह कांशीराम और मायावती तक पहुँचती है और जिसे उनकी छवि के निर्माण में इस्तेमाल किया गया था।

कांशीराम द्वारा विकसित रणनीति थी कि क्षेत्र-विशेष के नायकों की कहानियाँ बार-बार बताई जाएँ, उनके संग्रहालय बनवाए जाएँ और उनकी कहानियों के इर्द-गिर्द उत्सवों का आयोजन किया जाए, ताकि दलितों के मानस में एक सामूहिक स्मृति का निर्माण किया जा सके। ये कहानियाँ इस तरह कही जाती थीं कि दलित राष्ट्र निर्माण और इसमें निभाई गई अपनी महत्त्वपूर्ण भूमिका की कल्पना कर सकें। उनके पूर्वजों द्वारा किए गए योगदान को दबाकर इस बात पर बल दिया गया कि उनकी कुर्बानियों के बावजूद, लाखों दलितों की इच्छाएँ, आकांक्षाएँ और सपने अभी भी पूरे नहीं हुए। इन वर्णनों ने राष्ट्र निर्माण की कहानी में दलितों की

सम्मानजनक जगह के उनके दावों को पुष्ट किया और राज्य प्रायोजित विकास परियोजनाओं तथा अन्य लोकतांत्रिक लाभों में इनकी पर्याप्त हिस्सेदारी के दावों को मजबूत बनाया। अपने लिए आरक्षण एवं सामाजिक न्याय के पक्ष में वे एक नैतिक तर्क लेकर उपस्थित हुए। 'दलितों ने सवाल उठाया कि हालाँकि इस राष्ट्र निर्माण में उन्होंने अपना खून-पसीना बहाया था, लेकिन सरकार ने सामाजिक, सांस्कृतिक और आर्थिक क्षति से उबरने में उनकी कोई मदद नहीं की थी। साथ ही राष्ट्र निर्माण के इतिहास में उनकी भूमिका को पर्याप्त स्वीकृति नहीं दी गई और आजादी की लड़ाई में उनके योगदान को नजरअन्दाज किया जाता रहा,[30] जिसके लिए उन्होंने खून-पसीना बहाया है। इन वर्णनों का इस्तेमाल कर कांशीराम ने हाशिए के लोगों के अतीत के सामाजिक और ऐतिहासिक अर्थ को पुनर्सृजित किया, जो कि उनकी जातीय महिमा के माध्यम से उनके गर्व को खड़ा करने में मदद करेगा और इस प्रक्रिया में उनकी प्रतिष्ठा और आत्म सम्मान में इजाफा होगा।

दलित नायकों की छवि गढ़ने के अलावा, कांशीराम ने उत्तर प्रदेश के दलितों में आंबेडकर को लोकप्रिय बनाने की कोशिश की। राज्य में आंबेडकर को लोकप्रिय बनाने का आधार, स्वामी अछूतानन्द ने पहले ही तैयार कर दिया था, क्योंकि वह आदि हिन्दू आन्दोलन में शामिल थे और उनके साथ आंबेडकर का गहरा जुड़ाव था। 1932 में हुए पूना पैक्ट ने भी दोनों के बीच दोस्ती को मजबूत किया, क्योंकि स्वामी अछूतानन्द इस समझौते पर हस्ताक्षर करने वालों में से एक थे। औपनिवेशिक काल में अल्मोड़ा से प्रकाशित होने वाले 'समता' अखबार के पहले सम्पादक हरि प्रसाद टमटा से भी आंबेडकर का गहरा रिश्ता था। मौखिक तौर पर आंबेडकर की प्रसिद्धि फैल चुकी थी, क्योंकि टमटा अपने मित्रों से आंबेडकर के बारे में बातें करते थे और अखबार 'समता' में आंबेडकर के लेख नियमित रूप से निकलते थे, जिससे प्रिंट मीडिया में भी ये बात प्रचारित हो चुकी थी। उत्तर भारत के शिक्षित दलितों ने भी पूना समझौते में आंबेडकर की भूमिका को अखबारों में पढ़ रखा था। इन लोगों ने महाराष्ट्र से प्रकाशित होने वाले दलित अखबारों को लेना शुरू कर दिया, जिसमें आंबेडकर के लेख होते थे। इस तरीके से यहाँ के लोग आंबेडकर के विचार और लेखन से परिचित हुए और उन्हें उत्तर प्रदेश में लोकप्रियता प्राप्त हुई।[31]

आजादी के बाद, 1958 से आरपीआई का उत्तर प्रदेश में विस्तार हुआ। इसके राजनीतिक विमर्श के प्रचारित, प्रसारित होने से आंबेडकर लोगों की सामूहिक चेतना के हिस्सा बन गए। आम दलितों के दिमाग में उनकी एक महामानव तथा दलितों के मसीहा की छवि बनी। एक ऐसा मसीहा जो शिक्षा एवं विकास के माध्यम से दलितों को नवजागरण की ओर ले जाएगा। आरपीआई का राजनीतिक विस्तार पश्चिमी उत्तर प्रदेश में शुरू हुआ तथा कानपुर एवं उससे जुड़े क्षेत्रों की ओर फैला। आगरा दलित राजनीति के एक केन्द्र के रूप में उभरने लगा था। आंबेडकर ने

18 मार्च, 1956 को लाखों शिक्षित दलितों की एक रैली को सम्बोधित किया था। इस तरह की सभाओं के माध्यम से डॉ. आंबेडकर की प्रसिद्धि इस पूरे क्षेत्र में फैल गई। इससे पहले, सभाओं के प्रचार–प्रसार के लिए आंबेडकर की तस्वीर आरपीआई द्वारा वितरित पोस्टरों एवं पम्फलेटों के माध्यम से लोगों तक पहुँच चुकी थी। इन तस्वीरों में डॉ. आंबेडकर आधुनिक पोशाक सूट–बूट में अपने एक हाथ में संविधान की किताब लिये हुए दिखाई देते थे। यह तस्वीर आम दलितों के बीच जागरूकता का एक ऐसा प्रतीक बन गई, जिसे शिक्षा और बेहतर भविष्य के लिए उनके संघर्ष के माध्यम से हासिल किया जाना था। इसने दलितों की दलित, शोषित और अशिक्षित के तौर पर बनी घिसी–पिटी छवि को तोड़ने में मदद की।

डॉ. आंबेडकर की मृत्यु के बाद उनकी तस्वीरें कैलेंडर और पोस्टरों में प्रकाशित हुईं और उनकी प्रतिमाएँ स्थापित होनी शुरू हो गईं। उनकी तस्वीरें दलितों की पत्रिकाओं, अखबारों और पुस्तिकाओं के आवरण पृष्ठ पर भी प्रकाशित होने लगीं। ये चित्र आम एवं अशिक्षित दलितों तक पहुँचे; इसके साथ ही जब वे रोजमर्रा की राजनीतिक बहसों और भाषणों में उनका मिथकीय और प्रशंसनीय कहानी सुनते तो उनके दिमाग में आंबेडकर की छवि एक रक्षक और भारतीय लोकतंत्र के शिल्पकार के रूप में आत्मसात् हो जाती थी। कुछ स्थानों पर उन्हें बुद्ध के अवतार के रूप में उद्धृत किया गया, जबकि अन्य जगहों पर उन्हें ऊँची जातियों से ज्यादा बुद्धिमान माना गया।

जब बसपा 1980 में उत्तर प्रदेश में चुनावी मैदान में उतरी तो कांशीराम ने पाया कि राज्य में आंबेडकर की बहुत कम प्रतिमाएँ हैं। ये प्रतिमाएँ केवल सरकार, अर्द्ध–राजनीतिक और सामाजिक संगठनों द्वारा स्थापित की गई थीं। बसपा की स्थापना के बाद और आक्रामक तरीके से अपनी पहचान स्थापित करने की रणनीति के तहत दलित राजनीतिज्ञों और कार्यकर्ताओं ने विभिन्न स्थानों पर डॉ. आंबेडकर की प्रतिमाएँ स्थापित करनी शुरू कर दीं। इन सबके चलते डॉ. आंबेडकर ऐसे क्षेत्र में जमीनी स्तर पर दलितों तक पहुँचे, जहाँ उनके बारे में लोगों ने बहुत कम सुना था; यह महाराष्ट्र से बिलकुल उलट था, जहाँ वह घर–घर जाने जाते थे।

उत्तर प्रदेश की खास सामाजिक बुनावट और संस्कृति को ठीक से समझने से पहले बसपा ने सामाजिक और आर्थिक पहलुओं से भरे आंबेडकरवादी वृत्तान्तों के मार्फत दलितों को संगठित करने की कोशिश की। उत्तर प्रदेश में उच्च जातियों और निम्न जातियों दोनों की स्मृतियों में सन्तों, प्रसिद्ध महापुरुषों, पौराणिक नायकों और स्थानीय नायकों का एक विशेष स्थान था।[32] इसके बाद वाले चरण में बसपा ने जनता की नब्ज पकड़ ली। उसे महाराष्ट्र के दलित आन्दोलन की तुलना में अपनी राजनीतिक भाषा में बदलाव करना पड़ा। यानी आंबेडकर के मिथक की बहुलता को इस इलाके के लोगों के सांस्कृतिक प्रतीकों में बिखरे मिथकों से बदलना पड़ा। जैसा कि हम देख चुके हैं, एक ही पिरामिड के हिस्से के रूप में आंबेडकर और

स्थानीय सांस्कृतिक नायकों को अब एक–दूसरे के अनुपूरक के रूप में प्रस्तुत किए जाने थे, न कि एक–दूसरे के विरोधी के रूप में।

बसपा की सांस्कृतिक राजनीति के शिल्पकार के रूप में कांशीराम ने पृथक् 'जागृति जत्था' नाम से पार्टी की एक शाखा स्थापित की। बामसेफ के समय शुरू किया गया यह जत्था बसपा के लिए लामबन्दी करने में भी महत्त्वपूर्ण उपकरण साबित हुआ। इस जत्थे में कलाकार, संगीतकार, अभिनेता, साहित्यकार और बुद्धिजीवी शामिल थे। कांशीराम मानते थे कि यह जत्था दो उद्देश्यों की पूर्ति करेगा। पहला, राजनीतिक सन्देशों को जनता के बीच फैलाने में इसका उपयोग होगा और दूसरा, इसके माध्यम से दलितों के बीच सृजनात्मक लोग खोजे और तैयार किए जाएँगे। उन्होंने कहा कि 'इस प्रक्रिया से हमने दलित समुदाय के बीच से असंख्य कलाकार चिह्नित किए हैं, जिनमें पुरुष एवं महिलाएँ दोनों शामिल हैं। इनके प्रशिक्षण के बाद दलितों में एक नई तरह की सांस्कृतिक चेतना फैलेगी। इस प्रक्रिया के तहत हम उन बहुत सारे सांस्कृतिक कार्यकर्ताओं, सांस्कृतिक नेताओं और लेखकों के सम्पर्क में हैं, जो हमारे मिशन का हिस्सा हो चुके हैं।'[33]

नई दिल्ली के रामलीला मैदान में 1981 में बामसेफ के दूसरे राष्ट्रीय अधिवेशन के दौरान कांशीराम ने जागृति जत्थे के महत्त्व को रेखांकित किया था :

> सम्मेलन में शामिल हुए सभी कार्यकर्ताओं में सबसे ज्यादा उत्कृष्ट काम 'जागृति जत्था' ने किया। प्रदर्शनी में बने विशाल भित्ति चित्र को कलाकार मिस्टर पाटिल के निर्देशन में इस जत्थे द्वारा तैयार किया गया है और इसे हर किसी ने सराहा है। सम्मेलन की पाँचों रातों में नृत्य, नाटक और अन्य कलाएँ प्रस्तुत की गईं, जो रात के 9:00 बजे से 1:00 बजे तक चलती थीं और जिसे देखने के लिए भारी संख्या में लोगों की भीड़ जुटती थी। यह बताता है कि यह जत्था कितना मजबूत हो चुका है। इस जत्थे के सदस्यों ने उन सभी कार्यक्रमों के ऊपर फिल्में बनाई हैं, जो आने वाली पीढ़ियों के लिए विरासत होंगी।[34]

राजनीतिक कार्यक्रमों के हिस्से के रूप में आंबेडकर मेला ऑन व्हील्स से सामाजिक न्याय का सन्देश पहुँचाने के लिए 'जागृति जत्थे' के पेंटर इन वाहनों पर चित्र एवं पोस्टर बनाते थे। समाज में व्याप्त असमानताओं से परिचित लेखकों एवं बुद्धिजीवियों से भी कांशीराम ने अपील की कि वे दलित एवं बहुजन आन्दोलन को मजबूत बनाने के लिए अपने विचार प्रस्तुत करें। कांशीराम ने कहा कि 'संक्षेप में, यदि हम इन छोटी–छोटी कोशिशों के परिणामों का हिसाब देखें, तो हम कह सकते हैं कि छोटे प्रयासों से हमें भारी लाभ प्राप्त हुए।'[35]

कांशीराम ने परम्परागत दलित मेलों का उपयोग भी राजनीतिक अवसर के रूप में किया। वह इन मेलों में जाते थे, जहाँ भारी संख्या में दलित इकट्ठे होते थे और

अपने राजनीतिक सन्देश पहुँचाते थे। उन्होंने दलितों की परम्परागत स्मृतियों, कथाओं और कहानियों में मौजूद असन्तोष की अन्तर्धारा को एक राजनीतिक अर्थ देने और इन मेलों से जुड़े सन्देश देने की कोशिश की। 'छत्तीसगढ़ में आयोजित ऐसे ही एक रामनामी मेले में एक बार कांशीराम को आमंत्रित किया गया। इस मेले ने यहाँ की जमीन और यहाँ रहने वाले लोगों के बारे में समझ विकसित करने में कांशीराम को अवसर प्रदान किया।'[36]

सांस्कृतिक राजनीति की इन विभिन्न रणनीतियों ने दलितों को संगठित करने में कांशीराम की मदद की, खासकर उत्तर प्रदेश में और बसपा के उभार के लिए आधार तैयार किया।

***

कांशीराम ने दिल्ली में दलितों की सघन जनसंख्या वाले रैगरपुरा में पार्टी का मुख्यालय बनाने का निर्णय लिया। वे एक ऐसा स्थान चाहते थे जो केन्द्र में हो तथा सस्ता हो। रैगरपुरा इस काम के लिए आदर्श था। ऑफिस साधारण-सा एक कमरे का था। इसी समय कांशीराम के साथ जुड़ने वालों में राजाराम फौजी, भूदेव प्रसाद गौतम, प्रताप सिंह सुमन, ओमप्रकाश गौतम, सलीम सिद्दीकी, सलीम वारिसी, हरि सिंह बघेल, राजाराम आनन्द, के.पी. राणा, रामप्रसाद स्वामी, धनीराम फोरमैन, राम चरन लाल, आर.पी. मेहरा, हरिमोहन चिन्तक, होती लाल सेवक, मुनीश लाल गौतम, हरिओम शरण, डॉ. रामस्वरूप माहौर, कुँवरपाल सिंह, रघुवीर सिंह गौतम तथा बेनीराम जैसे महत्त्वपूर्ण लोग थे।[37] जब मायावती ने पार्टी की बागडोर सँभाली तो ये लोग आखिरकार हाशिए पर चले गए। इनमें से जितने लोग जिन्दा हैं, उनमें से कोई भी आज पार्टी के अहम पद पर नहीं है।

बसपा के शुरुआती चरण में पार्टी, बामसेफ और बसपा दोनों के कार्यकर्ताओं द्वारा संचालित होती थी, लेकिन बामसेफ के सदस्यों के लिए बसपा को वोट देना अनिवार्य नहीं था, क्योंकि वो राजनीतिक रूप से किसी पार्टी से जुड़ा नहीं था। सरकारी कर्मचारी के तौर पर बामसेफ के लोग किसी पार्टी के सदस्य भी नहीं हो सकते थे। हालाँकि अक्सर बामसेफ के सदस्य बसपा को ही वोट देते थे और चुनावों के समय वे पार्टी ऑफिसों का संचालन करते थे।

बसपा के विकास में बामसेफ की भूमिका अमिट है। वास्तव में बसपा का घोषणा-पत्र बामसेफ के लोगों ने तैयार किया था। इसका कारण यह है कि बामसेफ के लोग ज्यादा शिक्षित थे। बसपा के चुनावी कार्यालयों के प्रमुख भी प्राय: बामसेफ के सदस्य ही होते थे। चुनावों के दौरान होने वाले आय-व्यय का सारा ब्योरा बामसेफ रखता था, क्योंकि अधिकांश फंड उसी के द्वारा जुटाया जाता था और

उसके सदस्य इसकी निगरानी रखना चाहते थे। बामसेफ के सदस्य बसपा के लिए चुनावी रणनीति भी तैयार करते थे।

लेकिन इन दो निकायों की निकटता ने अपने आप में ही समस्या पैदा कर ली। बसपा के अधिकांश कार्यकर्ता पार्टी पर बामसेफ के नियंत्रण से सहमत नहीं थे। उनका मानना था कि शिक्षित और सरकारी कार्यालयों में काम करने के कारण बामसेफ के सदस्यों को उत्तर प्रदेश के समाज की जमीनी सच्चाई का पता नहीं था। इसके अलावा, वे बसपा कार्यकर्ताओं की जमीनी रिपोर्टों को अक्सर नजरअन्दाज कर दिया करते थे और अपने तरीके से हर चीज की योजना बनाते थे। अधिकांश बसपा कार्यकर्ताओं का ये भी मानना था कि बामसेफ के सदस्य जमीनी सूचनाओं की गलत जानकारी देकर कांशीराम को दिग्भ्रमित करने की कोशिश करते थे।[38]

अन्ततोगत्वा, सारी जिम्मेदारी कांशीराम के कन्धे पर आ गई। पूरी चुनावी रणनीति उन्हीं के द्वारा बनाई जाती थी। वे अपने अभियानों के दौरान लोगों से नियमित तौर पर सम्पर्क कायम करते थे। पहले से दिमाग में बनी-बनाई रणनीति की जगह उन्होंने बसपा को पार्टी की फौरी जरूरतों के अनुसार संगठित किया। उनका विश्वास था कि जैसे-जैसे बहुजन समाज बढ़ा है, पार्टी भी बढ़ेगी और नई जरूरतों के हिसाब से नये-नये आयाम जुड़ेंगे। इस तरह कांशीराम ने बसपा को एक निरन्तर विकसित होते रहने वाली संस्था के रूप में कल्पना की थी।

'सांगठनिक जरूरतों के उद्देश्य से देश को 100 मंडलों (जोनों) में विभाजित किया गया और पूरे देश में पार्टी के 3,500 कार्यालय स्थापित किए गए। पार्टी मुख्यालय दिल्ली में ही बना रहा और कांशीराम निर्विरोध इसके मुखिया बने रहे। शुरुआत में उपाध्यक्ष, सचिव जैसे पदाधिकारी नहीं थे। हर कोई पार्टी का कार्यकर्ता होता था। हालाँकि तकनीकी तौर पर कांशीराम पार्टी के मुखिया थे, लेकिन वे भी कार्यकर्ता कहलाना ही पसन्द करते थे। स्थानीय और राज्य स्तर के प्रमुख संयोजक (को-ऑर्डिनेटर) के तौर पर जाने जाते थे और ये सभी कांशीराम के द्वारा निजी तौर पर चुने गए थे।'[39] शुरू में राज्य स्तरीय कार्यालय नहीं थे, लेकिन बाद में उत्तर प्रदेश तथा कुछ अन्य राज्यों में पार्टी कार्यालय खोले गए। कोई आन्तरिक चुनाव नहीं होता था और 2004 तक तो कोई चुनावी घोषणा-पत्र भी जारी नहीं हुआ था। अब भी बसपा में आन्तरिक चुनाव नहीं होते हैं और रैलियों में उनके द्वारा की गई नई घोषणाओं को घोषणा-पत्र से ज्यादा महत्त्व दिया जाता था।[40]

राज्य और स्थानीय स्तरों पर पार्टी का को-ऑर्डिनेटर अनौपचारिक तौर पर अध्यक्ष के रूप में उल्लिखित किया जाता था, जबकि कांशीराम को राष्ट्रीय अध्यक्ष के रूप में उद्धृत किया जाता था। प्रत्येक क्षेत्रीय अध्यक्ष का चुनाव कांशीराम करते थे। हर ब्लॉक में एक डिविजन का मुखिया होता था, जो खुद कांशीराम द्वारा चुना

हुआ होता था। शुरुआती स्तर पर डिविजन का मुखिया बामसेफ के सदस्यों की सहायता से काम करता था, लेकिन सीधे कांशीराम के प्रति जवाबदेह था। वह प्राय: कांशीराम तथा जिले के मुखिया के बीच मध्यस्थ की भूमिका निभाता था, वह भी कांशीराम द्वारा ही चुना हुआ होता था तथा उन्हीं के प्रति जवाबदेह होता था। सभी मुखिया एक जैसे मानक के आधार पर चुने जाते थे। चुनाव करते समय समर्पण, क्षमता, ईमानदारी, व्यक्ति-विशेष के पास समय तथा जाति के कारकों का विशेष ध्यान रखा जाता था। नये सदस्य अक्सर सरकारी कर्मचारी होते थे और दलित एवं पिछड़ी जाति के होते थे। ये नये सदस्य दलित गोलबन्दी के लिए काडर के रूप में काम करते थे। ये सदस्य बामसेफ के उन लोगों के अतिरिक्त थे, जो बामसेफ में शामिल होने के लिए घर-घर जाकर अपील करते थे। केवल दलितों ने ही नहीं बल्कि मुस्लिम और पिछड़ी जातियों के लोग भी बामसेफ को आर्थिक मदद देते थे, जो उन्हें बदले में रसीद जारी करते थे। यह एकत्रित धन संयोजकों के माध्यम से मुख्यालय पहुँचता था। कुछ वर्ष बाद जैसे ही बसपा की ताकत बढ़ी, बामसेफ का महत्त्व कम होने लगा और बाद में वो पूरी तरह भंग हो गया था।[41]

उत्तर प्रदेश में 14 मंडल यानी जोन थे और प्रत्येक के मुखिया को 'मंडल संयोजक या जोनल को-ऑर्डिनेटर' कहा जाता था। ये मंडल संयोजक जिले के संयोजकों को चुनते थे और जिला संयोजक अपनी बारी आने पर बूथ-स्तर के कार्यकर्ताओं का चुनाव करते थे। ये सारे चुनाव बेशक कांशीराम की सहमति से होते थे। बसपा ने विभिन्न विधानसभा चुनावों के बूथों के संचालन के लिए पूरी तैयारी की थी। बूथ-कमेटियों में 10 सदस्य होते थे, जो विभिन्न जातियों के होते थे। वे अपने गाँवों के मतदाताओं के प्रतिनिधि होते थे। प्रत्येक गाँव की कार्यवाहियों एवं गतिविधियों के बारे में सूचना जिला संयोजक को दी जाती थी। चुनाव के एक वर्ष पहले ब्लॉक स्तर के संयोजकों का एक काडर कैम्प होता था, जिसमें उन्हें यह निर्देश दिया जाता था कि कैसे सूचना ऊपर पहुँचाई जाए। प्रत्येक विधानसभा क्षेत्र में संगठित काडरों को प्रशिक्षण राज्य-स्तर के संयोजकों द्वारा दिया जाता था। सभी निर्देश मायावती की ओर से होते थे, जिनके शब्दों का वजन पार्टी में कांशीराम के बाद सबसे ज्यादा था। पार्टी का मत प्रतिशत बढ़ाने की जिम्मेदारी काडरों और संयोजकों के ऊपर थी। इसके लिए, बसपा के हाईकमान द्वारा रणनीति बनाई जाती थी, जिसकी सूचना बूथ स्तर के कार्यकर्ताओं और अन्य पार्टी कार्यकर्ताओं को दे दी जाती थी। आमतौर पर जिला संयोजक इन प्रशिक्षण शिविरों का प्रबन्धन देखते थे।[42] बसपा के राजनीतिक कार्यकर्ता दो श्रेणियों में बाँटे गए थे : वर्कर और काडर। काडरों में वो दलित शामिल होते थे, जो शिक्षित और नौकरीशुदा होते थे और घर-बार छोड़कर बाहर रहते थे या शहरी झुग्गियों में गतिशील दलित समुदाय का हिस्सा बन चुके होते थे। जबकि वर्कर दो तरह के थे : पूर्णकालिक कार्यकर्ता

और अंशकालिक कार्यकर्ता। पूर्णकालिक कार्यकर्ता अपना सारा समय मिशन की गतिविधियों को समर्पित कर देते थे, जबकि अंशकालिक कार्यकर्ता पार्टी के लिए कुछ घंटे का समय देते थे। वर्कर मुख्यतया शहरी झुग्गियों से आए लोग होते थे। इनमें से अधिकांश बेरोजगार नौजवान थे। कुछ छोटे-मोटे व्यवसाय में थे या शहरों में नौकरी करते थे। इनमें खेतिहर मजदूर और वेंडर (फुटपाथ पर सामान बेचने वाले दुकानदार) भी थे। यह शिक्षित, अर्द्ध शिक्षित और अशिक्षित सदस्यों का मिश्रण था।

काडर मूल रूप में बसपा के थिंक टैंक थे और केन्द्र बिन्दु थे जिनके चारों ओर वर्करों का घेरा था। ये वर्करों का निरीक्षण करते थे, शिक्षित करते थे तथा उन्हें लामबन्द करते थे। पूर्णकालिक वर्करों का चुनाव बहुत सावधानीपूर्वक किया जाता था। प्राय: ऐसे लोगों को चुना जाता था, जिनकी पारिवारिक जिम्मेदारियाँ ज्यादा न हों या उन पर बहुत सारा सामाजिक दायित्व न हो। ऐसे लोगों को पार्टी के लक्ष्यों के प्रति पूरी तरह समर्पित होना होता था। उनकी मुख्य जिम्मेदारी दलित चेतना को फैलाना, जरूरतमन्द दलितों की अपने स्तर पर मदद करना, रैलियों का आयोजन करना आदि थी। चुनावों और रैलियों आदि के दौरान अंशकालिक कार्यकर्ता भी पार्टी के लिए पूर्णकालिक रूप से काम करते थे। प्राय: इनका चयन स्थानीय पार्टी प्रमुख द्वारा होता था। कार्यकर्ता सफेद शर्ट तथा नीली पैंट पहनते थे, जो कि पार्टी का रंग था। ब्राह्मणवादी जातियों के 'जय श्रीराम' के अभिवादन की जगह वे एक-दूसरे को 'जय भीम' कहकर अभिवादन करते थे। 'जय भीम' भीमराव आंबेडकर और उनके द्वारा किए गए संघर्ष को सम्मान देने का प्रतीक था। इसका अर्थ था, 'समता को सलाम, स्वतंत्रता को सलाम, भाईचारे को सलाम और इंसाफ को सलाम।' अभिवादन के रूप में 'जय भीम' केवल व्यक्ति को सलाम नहीं था, बल्कि यह एक पूरी विचारधारा का सम्मान था।

बसपा का सदस्य होने के लिए किसी भी व्यक्ति को सबसे पहले दलित समाज के लिए काम करना पड़ता था; जब व्यक्ति विशेष का समर्पण साबित हो जाता था तभी उसे पार्टी का सदस्य होने की अनुमति दी जाती थी। बसपा में किसी मौजूदा सदस्य द्वारा उसका नामांकन जरूरी था। उसे सदस्यता शुल्क या रजिस्ट्रेशन फीस के रूप में तीन रुपए जमा करने होते थे और सदस्य बन जाने के बाद वार्षिक सदस्यता के रूप में 12 रुपए जमा करने पड़ते थे। कांशीराम ने पार्टी के पूरी तरह से स्थायी काडर की बुनियादी योग्यता स्नातक रखी थी, क्योंकि उनका राजनीतिकरण करना आसान होता। पार्टी कार्यकर्ताओं का यह शिक्षित वर्ग कांशीराम के बहुजन आन्दोलन की रीढ़, कांशीराम और दलित समुदाय के बीच संवाद के तार और उनके बीच विचारों के प्रचार-प्रसार के वाहक बन गया।[43] अनुसूचित जाति और अनुसूचित जनजाति के लगभग 20 लाख पढ़े-लिखे सरकारी कर्मचारियों को आम

और अशिक्षत दलितों के बीच राजनीतिक चेतना जगाने के लिए शिक्षित-प्रशिक्षित कर काडर के रूप में विकसित किया गया था। ये बुद्धिमान थे और उनके पास हुनर और पैसा भी था।

हालाँकि किसी भी जाति को बसपा की सदस्यता लेने से मना नहीं किया गया था, लेकिन ऊपरी जाति के लोगों ने सामान्य तौर पर बसपा की सदस्यता नहीं ली।* बसपा के सदस्यों को भी ऊँची जातियों से दूरी बनाए रखने और उनके साथ अपनी गोपनीय बातों तथा रणनीति को अवगत न कराने का निर्देश था। सिद्धान्ततः ऊपरी जातियों के लोग सदस्य बन सकते थे, लेकिन नेता नहीं बन सकते थे। कांशीराम ने कहा था कि 'ऊँची जाति के लोग पार्टी में शामिल हो सकते हैं लेकिन नेतृत्व दलितों के हाथ में बना रहेगा।'[44] वह मानते थे कि ऊँची जाति के लोग यथास्थितिवादी होते हैं। उन्होंने कहा था, 'ऊपरी जाति के लोग पूछते हैं कि हम उन्हें पार्टी में शामिल क्यों नहीं करते हैं लेकिन मैं उनसे कहता हूँ कि आप लोग तो दूसरी अन्य पार्टियों को तो नेतृत्व दे ही रहे हैं। यदि आप हमारी पार्टी में शामिल होंगे तो आप बदलाव को रोकेंगे। मैं ऊपरी जातियों को पार्टी में शामिल करने से डरता हूँ। वे यथास्थितिवादी होते हैं और हमेशा नेतृत्व पर कब्जा करने की कोशिश करते हैं। यह व्यवस्था परिवर्तन की प्रक्रिया को विफल कर देगी। जब हमारी शंका समाप्त हो जाएगी तभी मैं उन्हें पार्टी में शामिल होने की इजाजत दूँगा।'[45]

बसपा के लिए सँजोए अपने सपने को साकार करने के लिए कांशीराम ने इसके बौद्धिक आधार को विकसित करने के लिए एक शोध शाखा (रिसर्च विंग) बनाई, जिसमें पार्टी के बुद्धिजीवी और विचारक शामिल थे। यह शाखा एक कमेटी जैसी थी, जिसके सदस्यों का चयन खुद कांशीराम करते थे। कुछ लोगों को अल्पकालिक तौर पर तो कुछ लोगों को लम्बी अवधि के लिए नियुक्त किया जाता था। सदस्यों का चयन उन्हें दिए गए कामों को सम्पन्न करने के आधार पर किया जाता था। मायावती के पार्टी में शामिल होने से पहले ऐसी स्थिति थी। कमेटी का कोई पदाधिकारी नहीं था; सभी सदस्यों का ओहदा एक समान था। कमेटी पार्टी के मामले में नीतिगत निर्णय लेती थी और इसके साथ-साथ जाति के इतिहास की खोज, मिथकों का निर्माण और साहित्य भी रचती थी, जिसके आधार पर दलित जातियों को लामबन्द किया जाता था। जिला और ब्लॉक स्तर पर भी शोध शाखाएँ होती थीं, जो राष्ट्रीय शोध शाखा की तरह ही काम करती थीं। इनके सदस्यों का चयन जिले का मुखिया करता था।[46]

---

* शुरुआती चरण में ऊँची जातियों के लोग बसपा में शामिल नहीं हुए। लेकिन जब मायावती सत्ता में आईं तो उनकी सोशल इंजीनियरिंग और सर्वजन के नारे ने ऊँची जाति के ब्राह्मणों और वैश्य समुदाय के लोगों को पार्टी में शामिल होने के लिए प्रोत्साहित किया।

अपने विचारों के प्रचार-प्रसार के लिए कांशीराम पार्टी साहित्य रचने पर बहुत जोर देते थे। उन्होंने 'ऑप्रेस्ड इंडियन' नाम से अंग्रेजी में अखबार निकाला और बाद में 'बहुजन संगठक' नाम से एक साप्ताहिक अखबार निकाला, जिसका प्रकाशन हिन्दी और अंग्रेजी दोनों में होता था। प्रकाशन इकाई बसपा की एक महत्त्वपूर्ण इकाई थी और इसका मुख्यालय दिल्ली में था, जहाँ से अंग्रेजी और हिन्दी के प्रकाशन निकाले जाते थे। दूसरी अन्य भाषाओं में सामग्री प्रकाशित करने की जिम्मेदारी सम्बन्धित राज्यों की थी।[47]

'बसपा के पास एक खुफिया सेवा भी थी, जो विभिन्न स्रोतों से सूचनाएँ इकट्ठा करती थी और इसे कांशीराम तक पहुँचाती थी। इसके अधिकांश सदस्य बामसेफ से आते थे। कांशीराम का दावा था कि सभी विभागों में मौजूद मुखबिरों के माध्यम से 24 घंटे के अन्दर उन्हें सूचना मिल जाती थी कि अन्य पार्टियाँ क्या कर रही हैं या सरकार क्या योजना बना रही है।'[48] इसके अतिरिक्त अपनी रैलियों में पुलिस पर निर्भर रहने की बजाय पार्टी के पास अपने सुरक्षा गार्ड थे। यदि पुलिस रैली की मीटिंग स्थलों में आती तो बसपा के सुरक्षा गार्ड उनसे इस आश्वासन के साथ, विनम्रतापूर्वक बाहर चले जाने को कहते कि कोई अराजकता नहीं फैलेगी। पुलिस की मदद स्वीकार न करने का एक मनोवैज्ञानिक कारण भी था; जैसा कि बसपा के एक वरिष्ठ नेता ने बताया, पार्टी के वरिष्ठ कार्यकर्ता रैली में शामिल सामान्य कार्यकर्ताओं के सामने यह साबित करना चाहते थे कि अपनी सुरक्षा का इंतजाम करने का उनमें साहस है। ऐसा करके वे सदस्यों के मन में सुरक्षा की भावना भी भरते थे और उनको प्रेरित करते थे कि वे असहायता और असुरक्षा की भावना से मुक्त हों। बिना दूसरों पर निर्भर हुए, खासकर ऊँची जाति के पुलिसकर्मियों के, अपनी सुरक्षा को सुनिश्चित करने के लिए भी वो ऐसा करते थे।[49]

पार्टी का खुद का सुरक्षा दस्ता बनाने से दलितों के खिलाफ हिंसा करने वालों को सख्त सन्देश गया, जो कि आमतौर पर उच्च जातियों की ओर से किया जाता था। भर्ती के समय ही बीएसपी के सुरक्षाकर्मियों को बता दिया जाता था कि ऊँची जातियों के सदस्यों द्वारा निम्न जाति के किसी सदस्य के खिलाफ हिंसा का उन्हें मुँहतोड़ जवाब देना होगा। हालाँकि बसपा में सुरक्षाकर्मियों की भर्ती का कोई खास मानदंड नहीं था। हृष्ट-पुष्ट व्यक्तियों को प्राय: चुना जाता था और यह चयन ब्लॉक या जिला प्रमुख द्वारा किया जाता था। सुरक्षा दस्तों का भी अपना प्रमुख होता था। सुरक्षा गार्ड नीली पतलून और सफेद शर्ट पहनते थे और हथियार के नाम पर उनके पास केवल छड़ी होती थी। रिवॉल्वर या राइफल रखने की अनुमति नहीं थी। रैली या मीटिंग के समय ये गार्ड पूरे मैदान में फैल जाते थे। विशेषकर मंच के आसपास। जब कांशीराम कार्यक्रम स्थल पर आते या जाते तो ये गार्ड प्रवेश द्वार से लेकर मंच तक दो पंक्तियों में खड़े हो जाते और इस तरह उनके जाने के लिए रास्ता बनाया जाता।[50]

***

बसपा की स्थापना के तत्काल बाद कांशीराम दलितों और अन्य उत्पीड़ित एवं पददलित जातियों को बसपा के बैनर तले एकजुट करने के अभियान में लग गए। अपनी इस रणनीति की व्याख्या करते हुए उन्होंने कहा :

> मंडल कमीशन के अनुसार, 1500 जातियाँ अनुसूचित जातियों के अन्तर्गत आती हैं, 100 अनुसूचित जनजातियों के अन्तर्गत और 3,743 अन्य पिछड़ा वर्ग के अन्तर्गत आती हैं। कुल मिलाकर इन जातियों की संख्या 5,000 है। हम इन जातियों के बीच भाईचारे को जन्म देकर एक बहुजन समाज का निर्माण करना शुरू कर दिया है। पिछले पाँच वर्षों में हम केवल 600 जातियों को एकजुट करने में सफल हुए हैं, जो कि कुल जातियों का केवल 10 प्रतिशत हैं। हम देख रहे हैं कि केवल 600 जातियों को साथ जोड़कर हम देश की चौथी सबसे बड़ी पार्टी हो गए हैं। अगर हम 400 और जातियों को अपने साथ जोड़ सके तो कुल संख्या 1000 हो जाएगी और बहुजन समाज देश में पहला स्थान प्राप्त कर लेगा।[51]

बसपा के जनाधार को मजबूत करने के लिए कांशीराम ने विभिन्न सामाजिक कार्यक्रमों की शुरुआत की। 15 अगस्त, 1988 तक उन्होंने छुआछूत, अन्याय और असमानता जैसी बुराइयों के खिलाफ गतिविधियाँ अपने हाथ में ले ली थीं। उसके बाद उन्होंने एक वर्ष तक सामाजिक परिवर्तन और आर्थिक सशक्तिकरण का अखिल भारतीय आन्दोलन चलाया। सामाजिक परिवर्तन के कार्यक्रम के तहत उन्होंने पाँच आन्दोलन शुरू किए। ये आन्दोलन आत्मसम्मान, स्वतंत्रता, समानता, जाति की बाधाओं को तोड़ने और बिखरे दलितों को इकट्ठा करने के लिए और अन्तिम तौर पर छुआछूत, अन्याय, उत्पीड़न तथा भय को समाप्त करने के लिए थे। इसी तरीके से आर्थिक सशक्तिकरण के कार्यक्रम के तहत पाँच आन्दोलन चलाए गए, जैसे कि किसान आन्दोलन, स्वीपर आन्दोलन, दस्तकारों का आन्दोलन, शरणार्थी आन्दोलन तथा भागीदारी आन्दोलन।[52]

> कांशीराम का विश्वास था कि पहले के किसान आन्दोलन भू–स्वामी किसानों के पक्ष में काम करते थे न कि छोटे एवं सीमान्त किसानों के पक्ष में। इसलिए बसपा के माध्यम से उन्होंने जो किसान आन्दोलन चलाया, वो भिन्न किस्म का था। उन्होंने जमीन के मालिकाने के आधार पर किसानों को श्रेणियों में विभाजित किया; उनके हिसाब से सीमान्त किसान 26 प्रतिशत, खेतिहर किसान 22 प्रतिशत और बड़ी भूमि के मालिक 18 प्रतिशत थे। कुल मिलाकर ये देश के कुल कृषि समुदाय का लगभग 66 प्रतिशत थे। कांशीराम के अनुसार, हाल में कांग्रेस और महेन्द्र सिंह

टिकैत तथा शरद जोशी द्वारा चलाए गए किसान आन्दोलनों ने उत्पाद की कीमत बढ़ाने की बात की थी, लेकिन उत्पादन से जुड़े खेतिहर मजदूरों के बारे में बात नहीं हुई। उत्पाद की कीमत में वृद्धि से भूमि के मालिकों को फायदा होगा, जिनमें 90 प्रतिशत ऊँची जातियों के थे और कांशीराम इसके खिलाफ थे। खेतिहर मजदूरों के लिए बसपा का यह आन्दोलन, 1927 में बाबा साहेब आंबेडकर द्वारा महार समुदाय और किसानों के लिए चलाए गए आन्दोलन का ही प्रतिबिम्ब था, जो 'खोती व्यवस्था' से पीड़ित थे।[53]

बसपा द्वारा चलाए गए प्रवासी आन्दोलन का सम्बन्ध ग्रामीण प्रवासियों के कल्याण से सम्बन्धित था। कांशीराम के अनुसार, बँटवारे के समय लगभग 50 लाख पाकिस्तान से आए शरणार्थियों को पुन: बसाने के लिए केन्द्र सरकार ने एक पुनर्स्थापना मंत्रालय स्थापित किया था। हालाँकि सरकार ने आतंकवाद के कारण पंजाब से पलायन कर गए पाँच हजार परिवारों को बसाने के लिए 1978 में 5.30 करोड़ रुपए खर्च किए, लेकिन उसने 10 करोड़ ग्रामीण प्रवासियों को बसाने के लिए एक कौड़ी तक नहीं खर्च की और न ही उनकी जरूरतों को पूरा करने के लिए कोई मंत्रालय गठित किया। इनमें से अधिकांश प्रवासी अनुसूचित जाति/जनजाति से थे। कांशीराम ने महसूस किया कि यह स्थिति केवल तभी बदलेगी जब सरकार अपनी कृषि नीति को बदलेगी और गाँवों में वैकल्पिक रोजगार के अवसरों को मुहैया कराएगी।[54]

कांशीराम के सामाजिक परिवर्तन और सामाजिक सशक्तिकरण के कार्यक्रमों ने एक चुम्बक की तरह काम किया और आत्मसम्मान तथा आर्थिक उत्थान चाहने वाले दलितों को बसपा की ओर आकर्षित करने में इसने भूमिका निभाई। जब पार्टी ने उत्तर प्रदेश में आकार ग्रहण किया तो इन सांगठनिक रणनीतियों और तरीकों से बसपा के समर्थकों में भारी इजाफा हुआ। दलितों की उभरती ताकत में बसपा की भूमिका की सराहना के लिए समय के साथ पार्टी की चुनावी राजनीति में बढ़ते कद, इसकी राजनीति और इसके अन्दर उभरे मतभेदों को समझने की जरूरत है।

अध्याय–5

सत्ता के लिए दावेदारी

बसपा की चुनावी राजनीति

अपने गठन के तुरन्त बाद के वर्षों में ही, चुनाव लड़कर बहुजन समाज पार्टी ने अपनी राजनीतिक उपस्थिति दर्ज करा दी थी। कांशीराम द्वारा तैयार की गई चुनावी राजनीति के माध्यम से बसपा, एक अजेय पार्टी बनने की ओर उत्तरोत्तर बढ़ने लगी और इस पूरी प्रक्रिया में मायावती ने महत्त्वपूर्ण भूमिका निभाई। इन शुरुआती चुनावों में एक चुनाव था लोकसभा का, जिसमें बसपा को पूरे देश में 10.5 लाख मत मिले।[1] इस चुनाव में मायावती और कांशीराम दोनों उम्मीदवार थे। मायावती कैराना (मुजफ्फर नगर जिला, पश्चिमी उत्तर प्रदेश) संसदीय क्षेत्र से उम्मीदवार थीं, जबकि कांशीराम जांजगीर (तब मध्य प्रदेश का हिस्सा था, अब छत्तीसगढ़ का) संसदीय क्षेत्र से मैदान में उतरे थे। उस समय तक बसपा को चुनाव आयोग द्वारा मान्यता प्राप्त नहीं हुई थी और न तो उसे चुनाव-चिह्न ही प्राप्त हुआ था। इन लोगों ने पार्टी के समर्थन से स्वतंत्र उम्मीदवार के रूप में चुनाव लड़ा। हालाँकि ये लोग चुनाव हार गए, लेकिन उनका प्रदर्शन प्रभावशाली था। मायावती 44,445 मत पाकर तीसरे स्थान पर रहीं, जबकि कांग्रेस और लोकदल के उम्मीदवार क्रमशः पहले और दूसरे स्थान पर रहे और कांशीराम ने लगभग 9 प्रतिशत मत प्राप्त किए।[2]

1985 में बसपा ने पंजाब विधानसभा का चुनाव लड़ा। राज्य उस समय आतंकवाद से जूझ रहा था और परिस्थितियाँ बसपा के प्रतिकूल थीं। सिख आतंकवाद को पंजाब के ताकतवर जाट किसानों से समर्थन मिल रहा था, जबकि कांशीराम मजहबी या रामदसिया सिख समुदाय से सम्बन्धित थे। यह समुदाय जाटों की तुलना में गरीब था। जाट कृषि भूमि के मालिक थे। पंजाब की जटिल सामाजिक-आर्थिक स्थिति के चलते रामदसिया समुदाय दबाव में था, जिसके चलते उस समय वे इस स्थिति में नहीं थे कि जाटों का विरोध कर पाएँ।

पंजाब में कांग्रेस के प्रमुख समर्थक दलित, किसान और व्यापारी थे। कांशीराम यहाँ चुनाव लड़कर एक तीर से दो निशाने साध सकते थे। पहला वे मजहबी सिखों को जाट सिखों के प्रभाव से मुक्त करा सकते थे और दूसरा अपने समर्थक मतदाताओं को कांग्रेस को मत देने से रोक सकते थे। अकाली दल और सिख आतंकवादियों की लगातार धमकी के बावजूद कांशीराम ने प्रचार में कड़ी मेहनत की। चुनाव के दिन जाट सिख मतदान करने नहीं आए और हिन्दुओं ने मुख्यत: कांग्रेस को मतदान किया। इस प्रकार बसपा ने मजहबी सिखों के मतों को रोक लिया।[3]

हालाँकि इस बार भी बसपा चुनाव हार गई, लेकिन वो कांग्रेस के वोट बैंक में सेंध लगाने में सफल रही, जिसे 24 प्रतिशत मतों का नुकसान हुआ। बसपा ने राज्य के 30 विधानसभा क्षेत्रों से चुनाव लड़ा और नौ में उसे जीत मिली। सतलुज और ब्यास नदियों के बीच स्थित जालंधर, होशियारपुर और कपूरथला के इलाकों में उसने कांग्रेस को पराजित कर विजय हासिल की। इसी वर्ष कांग्रेस सांसद गिरधारी लाल के देहान्त के चलते बिजनौर संसदीय सीट पर उप चुनाव हुए। इस चुनाव में बसपा समर्थित स्वतंत्र उम्मीदवार के रूप में मायावती कांग्रेस की सदस्य और जगजीवन राम की बेटी मीरा कुमार और लोकदल के रामविलास पासवान के खिलाफ चुनाव लड़ीं। कांग्रेस ने अपने पास उपलब्ध सारी ताकत मीरा कुमार के चुनाव प्रचार में लगा दी, जबकि बसपा और मायावती के पास न तो राजनीतिक अनुभव था और न ही संसाधन थे। जब चुनाव परिणाम सामने आया, तो मीरा कुमार एक लाख 28 हजार 86 मतों से जीत गईं। रामविलास पासवान 1,22,744 मतों के साथ दूसरे स्थान पर और मायावती 61,504 मत पाकर काफी पीछे रहीं।[4]

1987 में जब हरिद्वार उप चुनाव हुआ, मायावती एक बार फिर कांग्रेस पार्टी के उम्मीदवार और लोकदल के रामविलास पासवान के खिलाफ लड़ीं। तब पार्टी को चुनाव आयोग द्वारा मान्यता मिल चुकी थी और वे अपनी पार्टी के चुनाव-चिह्न 'हाथी' के साथ चुनाव में उतरीं। उस समय कांग्रेस के उम्मीदवार को 1,49,399 मत मिले, मायावती ने 1,35,399 मत पाकर लड़ाई में काफी करीब दिखीं। जबकि रामविलास पासवान 35,255 मत पाकर काफी पीछे रहे, उनकी जमानत जब्त हो गई और उन्होंने निर्णय लिया कि वे पुन: कभी उत्तर प्रदेश से चुनाव नहीं लड़ेंगे।[5] बसपा के लिए 1988, 1989 और 1990 के साल बहुत ही महत्त्वपूर्ण रहे, इसी समय पार्टी ने व्यापक आधार बनाया और जन समर्थन प्राप्त किया तथा राष्ट्रीय और अन्तर्राष्ट्रीय स्तर पर अपनी ओर ध्यान आकर्षित किया। पार्टी के सिद्धान्तों के प्रचार-प्रसार के लिए कांशीराम के अनोखे सृजनात्मक विचारों के चलते 1988 से 1989 के बीच बसपा की विचारधारा चारों ओर और व्यापक रूप से फैली।

जैसा कि इससे पिछले अध्याय में चर्चा की गई है कि कांशीराम के पास पाँच बिन्दुओं का एजेंडा था : आत्मसम्मान के लिए संघर्ष, स्वतंत्रता के लिए संघर्ष, समता के लिए संघर्ष, जाति आधारित भेदभाव से संघर्ष और अस्पृश्यता, अन्याय, हिंसा तथा आतंक के खिलाफ संघर्ष करके शान्ति कायम करना।[6] जैसा कि हम देख चुके हैं, इससे पहले कांशीराम के डीएस-4 कार्यकर्ताओं ने उनके सन्देश को पहुँचाने के लिए 1984 में विशाल साइकिल रैली का आयोजन किया था। पूरे देश में पाँच जगहों से यह यात्रा शुरू कर वे दिल्ली में मिले थे।

इसी तरीके से कांशीराम ने तब देश के विभिन्न हिस्सों में छह सम्मेलन आयोजित किए थे। पहला सम्मेलन 10 सितम्बर, 1989 को मुरादाबाद में मुसलमानों का हुआ। दूसरा, 13 सितम्बर नई दिल्ली में अनुसूचित जातियों का, तीसरा, 1 अक्टूबर को पिछड़ी जातियों का एक सम्मलेन कानपुर में, चौथा, 8 अक्टूबर को सिखों का एक सम्मेलन लुधियाना में और पाँचवाँ, 15 अक्टूबर को अनुसूचित जनजातियों का एक सम्मेलन बिलासपुर में हुआ था। अन्तिम सम्मेलन ईसाई लोगों के लिए बैंगलोर में आयोजित किया गया। इन सम्मेलनों के माध्यम से कांशीराम ने मुसलमानों, दलितों, सिखों, पिछड़ी जातियों, ईसाइयों और आदिवासियों को अपनी सुरक्षा और उत्थान के लिए बसपा से जुड़ने का सन्देश दिया।[7]

1989 में मायावती पुनः बिजनौर से संसदीय चुनाव लड़ने के लिए मैदान में उतरीं और 1,83,189 मतों से जीत गईं। हालाँकि कांशीराम व्यक्तिगत तौर पर राजनीतिक सत्ता पाने के इच्छुक नहीं थे, केवल दलितों के सशक्तिकरण के लिए सत्ता का इस्तेमाल करना चाहते थे, वो अमिताभ बच्चन के इस्तीफे से खाली हुई इलाहाबाद संसदीय सीट के उप चुनाव में 1989 में खड़े हुए। यह चुनाव त्रिकोणीय था। देश के बाहर के लोगों की भी इस चुनाव में गहरी रुचि थी। कांशीराम, वी.पी. सिंह के खिलाफ चुनाव लड़ रहे थे, वो स्वतंत्र उम्मीदवार थे और सुनील शास्त्री कांग्रेस पार्टी की ओर से चुनाव लड़ रहे थे। बसपा के विपरीत, जिसके पास सीमित संसाधन थे, कांग्रेस पार्टी और वी.पी. सिंह के पास चुनाव पूर्व प्रचार में खर्च के लिए पर्याप्त धन था।

> वी.पी. सिंह ने प्रचार के लिए मोटरसाइकिल का इस्तेमाल किया। सफेद कुर्ता, पायजामा पहनकर वे हर दिन सुबह 9:00 बजे अपने घर बाहर निकलते और कुछ देर बैठकर एक किसान की तरह चावल के दाने ओसाते क्योंकि यही उनका चुनाव-चिह्न था। उसके बाद वो मोटरसाइकिल पर बैठकर चुनाव प्रचार के लिए निकल जाते और देर शाम तक प्रचार जारी रखते। सुनील शास्त्री को चुनाव प्रचार के लिए कांग्रेस पार्टी ने कारों का काफिला उपलब्ध कराया था, और उन्होंने पूरे शहर में प्रचार किया। जबकि दूसरी ओर कांशीराम का चुनाव प्रचार अनोखा था, क्योंकि उन्होंने केवल

दीवार लेखन को ही चुनाव प्रचार के लिए इस्तेमाल किया, जबकि बसपा के कार्यकर्ता साइकिल से देहाती इलाकों में गए। पार्टी के विचारों का प्रचार करने के लिए इन साइकिलों पर माइक टँगे होते थे। इस चुनाव में विश्वनाथ प्रताप सिंह को 2,35,167 मतों के साथ जीत मिली, जबकि सुनील शास्त्री का प्रदर्शन काफी खराब रहा, वे 92,221 मत पाकर दूसरे स्थान पर रहे। जबकि कांशीराम को केवल 68,836 मत प्राप्त हुए।[8]

फिर भी कांशीराम लोगों की नजर में अपनी पार्टी को दलितों की प्रतिनिधि पार्टी के रूप में स्थापित करने में सफल रहे। 1989 में कांशीराम ने अमेठी संसदीय क्षेत्र से राजीव गांधी के खिलाफ चुनाव लड़ा। एक अन्य प्रत्याशी महात्मा गांधी के पोते राजमोहन गांधी थे। वे कांग्रेस के खिलाफ एकजुट विपक्ष की ओर से प्रत्याशी थे। इस चुनाव में कांशीराम की क्षमता का जबरदस्त इम्तिहान होने वाला था, क्योंकि वे दुनिया की दो प्रतिष्ठित हस्तियों को चुनौती दे रहे थे। इसने उनको अन्तर्राष्ट्रीय मीडिया की सुर्खियों में ला दिया। कांशीराम ने इस अवसर का इस्तेमाल दुनिया के सामने बसपा को उत्पीड़ितों और शोषितों की पार्टी के रूप में प्रस्तुत करने के लिए किया।

अपने जोरदार प्रचार के बावजूद, जैसी कि सम्भावना थी, कांशीराम हार गए, लेकिन अन्तर्राष्ट्रीय प्रचार पाने के अतिरिक्त बसपा ने निर्णायक तौर पर देश में खुद को बहुत मजबूत स्थिति में पहुँचा दिया।[9] यह आम चुनाव, कांशीराम और मायावती (तब तक वो कांशीराम का दाहिना हाथ बन चुकी थीं) के उन प्रयासों की परीक्षा थी, जो इससे पहले उन्होंने बहुजन समाज के अलग-अलग समुदायों को इकट्ठा करने के लिए किए थे। राजीव गांधी और कांग्रेस की भारी पराजय और वामपंथियों और भाजपा के सहयोग से बनी वीपी सिंह के नेतृत्व वाली जनता दल की अल्पमत सरकार की स्थापना इस चुनाव की मुख्य कहानी थी। लेकिन संसद में बसपा का प्रवेश भी सुर्खियाँ बनी।

लोकसभा चुनाव में बसपा 245 सीटों पर चुनाव लड़ी और उसे कुल राष्ट्रीय मतों के 2.07 प्रतिशत हासिल हुए। इसके साथ ही लोकसभा की तीन सीटें मिलीं, इसमें उत्तर प्रदेश की बिजनौर संसदीय सीट (सुरक्षित) शामिल थी, जहाँ से मायावती निर्वाचित हुईं। उन्होंने अपने जनता दल के निकटतम प्रतिद्वंद्वी को करीब 10,000 मतों से पराजित किया था। बसपा उत्तर प्रदेश के आजमगढ़ और पंजाब के फिल्लौर से विजयी हुई, जहाँ से क्रमशः रामकृष्ण यादव और हरभजन सिंह लक्खा ने बेहतरीन प्रदर्शन किया। कुल मिलाकर पार्टी को तीन सांसद मिले और पार्टी 31 संसदीय सीटों पर दूसरे स्थान पर रही।[10]

संसदीय चुनावों में सफलता के अतिरिक्त, लोकसभा चुनावों के साथ हुए उत्तर प्रदेश विधानसभा के चुनावों में भी 13 सीटों पर बसपा को विजय मिली।[11] उत्तर

प्रदेश के उत्साहजनक परिणाम और मायावती के संसद में प्रवेश ने, बसपा के माध्यम से मुख्यधारा की राजनीति में प्रवेश कर कांशीराम का सँजोया सपना पूरा किया और उस 'मास्टर की' (कुंजी) को हासिल कर लिया, जिसे आंबेडकर दलितों के लिए हमेशा से पाना चाहते थे।

इस विजय के बाद कांशीराम ने ऊँची जातियों के खिलाफ बहुजन समाज की सभी जातियों के गठबन्धन को संगठित करने और आंबेडकर का जन्मदिन मनाने के लिए 130 दिन का देशव्यापी दौरा शुरू किया। इस दौरान उत्तर प्रदेश के गठबन्धन की निगरानी की जिम्मेदारी मायावती पर छोड़ दी थी।[12] उनकी यात्रा 6 दिसम्बर, 1990 को कन्याकुमारी से शुरू हुई। उन्होंने तीन महीनों में अपने 'सामाजिक परिवर्तन वाहन' से तेरह राज्यों का दौरा किया। यात्रा का अन्तिम समापन नई दिल्ली के बोट क्लब मैदान में 15 मार्च, 1991 में एक ऐतिहासिक रैली के साथ हुआ। उन्होंने तमिलनाडु, केरल, कर्नाटक, आन्ध्र प्रदेश, पंजाब, हिमाचल प्रदेश और जम्मू एवं कश्मीर का दौरा किया। इस दौरान वह मध्य प्रदेश के इन्दौर के पास स्थित आंबेडकर के जन्मस्थल महू भी गए।[13] 'कांशीराम के वाहन में, स्वागत कक्ष, विश्राम कक्ष, बाथरूम और वॉशरूम बना हुआ था। इसमें जनरेटर, प्रकाश व्यवस्था और माइक्रोफोन लगा हुआ था।'[14] हालाँकि रैली का अन्त नई दिल्ली में एक अप्रिय प्रसंग से हुआ, जब बसपा के कुछ उत्तेजित कार्यकर्ता बोट क्लब से 'आंबेडकर जिन्दाबाद' और गांधी विरोधी नारे लगाते हुए राजघाट पहुँच गए। वहाँ पर भारी हंगामा हुआ, उन्होंने तोड़-फोड़ करनी शुरू कर दी और जूते पहनकर गांधी की समाधि पर चढ़ गए। इस घटना की कांग्रेस और अन्य पार्टियों ने कड़ी आलोचना की। कांशीराम का कहना था कि ये विरोधियों की कोशिश थी, लेकिन उनका बयान बहुत बाद में जारी हुआ। संयोग से इसी प्रचार यात्रा के दौरान जब रैली पंजाब से गुजर रही थी, कांशीराम अपनी माँ और परिवार के अन्य सदस्यों से मिले। उन्होंने इसी दौरान स्वर्ण मन्दिर और आनन्दपुर साहिब गुरुद्वारा अमृतसर की भी यात्रा की और वहाँ लोगों ने गर्मजोशी से उनका स्वागत किया।[15]

बसपा के लिए समर्थन हासिल करने के लिए कांशीराम ने महाराष्ट्र में दो बड़ी रैलियाँ आयोजित कीं, लेकिन यहाँ उन्हें ज्यादा सफलता नहीं मिली, क्योंकि दलित और पिछड़ी जातियाँ जो शिवसेना का समर्थन कर रही थीं, वो उनके साथ नहीं आईं।[16] महाराष्ट्र के अलावा कांशीराम ने करीब एक लाख लोगों की रैली हैदराबाद में आयोजित की।[17] हैदराबाद के बाद कांशीराम ने अपना ध्यान आन्ध्र प्रदेश के अन्य हिस्सों की ओर केन्द्रित किया। उन्होंने विशाखापत्तनम और नालगोंडा में विशाल रैलियाँ आयोजित कीं। इन रैलियों ने पार्टी की लोकप्रियता को बढ़ाने में मदद कीं।[18] कांशीराम ने बसपा को गुजरात में भी लोकप्रिय बनाने की कोशिश की, लेकिन बहुत सफलता नहीं प्राप्त हुई। यहाँ उनकी पहली रैली असफल हो गई।

मायावती का संसद में पहला कार्यकाल बहुत कम अवधि का रहा। विश्वनाथ प्रताप सिंह के नेतृत्व वाली सरकार एक वर्ष के भीतर ही गिर गई। इसकी जगह चन्द्रशेखर के नेतृत्व में कांग्रेस के सहयोग से अल्पमत की सरकार बनी। जल्द ही यह सरकार भी गिर गई और मध्यावधि चुनाव होना जरूरी हो गया।

राजनीतिक और सामाजिक रूप से यह एक बड़े उथल-पुथल का समय था; एक ओर वी.पी. सिंह ने अचानक निम्न जातियों और अन्य पिछड़ा वर्ग को नौकरियों और शिक्षा में आरक्षण देने के लिए 'मंडल कमीशन रिपोर्ट' लागू कर दी, इसके चलते पूरे उत्तर भारत में ऊँची जातियों की ओर से हिंसक आन्दोलन शुरू हो गया और दूसरी ओर भाजपा के नेता लालकृष्ण आडवाणी ने राम जन्मभूमि के पास राममन्दिर निर्माण और यहाँ स्थित बाबरी मस्जिद ढहाने के लिए समर्थन जुटाने की खातिर 'रथ यात्रा' शुरू कर दी। वास्तव में इस कदम का उद्देश्य निम्न जातियों का समर्थन जुटाना था, जो मंडल कमीशन लागू होने पर ऊपरी जातियों की दुश्मनाना प्रतिक्रिया के बाद उनसे अलगाव महसूस करना शुरू कर दिया था। यह एक चालाकी भरा और सफल कदम था, क्योंकि अन्य पिछड़ा वर्ग समेत पिछड़ी जातियों में से बहुत सारे लोग और दलित भाजपा के मुद्दे की ओर मुड़ गए थे और उन्होंने मन्दिर निर्माण में मदद के लिए खुद को प्रस्तुत किया था।

चुनाव प्रचार के दौरान राजीव गांधी की हत्या ने इस उथल-पुथल की प्रक्रिया को तेज कर दिया। कांग्रेस के प्रति उमड़ी सहानुभूति की लहर ने उसे केन्द्र में सत्तारूढ़ होने में मदद पहुँचाई। इसमें अन्य पार्टियों के साथ उत्तर प्रदेश के दलित समूहों और गरीब पिछड़ी जातियों ने मदद की थी।[19]

इन सब कारकों के मिलने से बसपा में गिरावट आई और 1991 के चुनावों में उसका प्रदर्शन निराशाजनक रहा। मायावती अपने संसदीय क्षेत्र से पराजित हो गईं और उत्तर प्रदेश में पार्टी का मत प्रतिशत 10 से घटकर 8.4 हो गया। केवल एक बात उत्साहवर्द्धक थी, इटावा से कांशीराम की विजय। यूपी में पार्टी की ओर से केवल वही एकमात्र विजयी हुए थे। यह वो समय था, जब राम जन्मभूमि आन्दोलन के चलते भाजपा की लोकप्रियता सबसे चरम पर थी। उत्तर प्रदेश में उसकी स्थिति सबसे मजबूत थी, जहाँ उसने मुख्यमंत्री के तौर पर कल्याण सिंह के नेतृत्व में एक स्थिर सरकार का निर्माण किया। कल्याण सिंह पिछड़ी जाति से आते थे। उनका चुनाव प्रदेश की उन निम्न जातियों को अपने पक्ष में करने की पार्टी की एक और रणनीति थी, जिन्हें राम जन्मभूमि आन्दोलन में वालंटियर के रूप में पहले ही संगठित किया जा चुका था। हालाँकि भाजपा ने उस समय अपनी ही कब्र खोद ली, जब उसने 1992 में हिन्दू कट्टरपंथियों की उन्मादी भीड़ को बाबरी मस्जिद को ध्वंस करने दिया, इसके बावजूद कि उसने (सर्वोच्च न्यायालय के आदेश के उत्तर में) मस्जिद को कोई नुकसान न पहुँचाने का वादा किया था। इस घटना ने जिसकी

विश्वव्यापी आलोचना हुई, एक ही झटके में भाजपा को काफी पीछे धकेल दिया और पहला झटका उत्तर प्रदेश में उसकी सरकार को लगा—केन्द्र द्वारा बर्खास्त किए जाने से पहले ही कल्याण सिंह ने इस्तीफा दे दिया।[20]

सभी राजनीतिक पार्टियों ने भाजपा से किनारा कर लिया और इस घटना के चलते उत्तर प्रदेश में 1993 में हुए मध्यावधि चुनावों में बसपा सत्ता में आ गई। कांशीराम ने पिछड़ी जातियों और मुसलमानों, जो कि भाजपा को खासे नापसन्द थे, की पार्टी समाजवादी पार्टी (सपा) के नेता मुलायम सिंह से हाथ मिला लिया। चुनाव में बसपा और सपा ने सीटों पर समझौता कर चुनाव लड़ा और कांग्रेस पार्टी, अन्य छोटी पार्टियों और निर्दलीय विधायकों के सहयोग से गठबन्धन की सरकार बनाई। हालाँकि भाजपा सबसे बड़ी पार्टी बनकर उभरी थी। मुलायम सिंह के 27 सदस्यों के मंत्रिमंडल में बसपा के 11 मंत्री थे। अपने गठन के एक दशक के अन्दर ही कांशीराम की पार्टी एक ऐसी पार्टी बन गई, जिसने 'मास्टर की' पाने के उनके सपने को आंशिक रूप से पूरा कर दिया था।[21]

दुर्भाग्य से गठजोड़ शुरू से अभिशप्त था। पिछड़ी जातियों, मुसलमानों और दलितों को एक मंच पर लाने का सपना कांशीराम का था, लेकिन मुलायम सिंह का इस वैचारिक दृष्टि से बहुत कम लेना-देना था और शुद्ध राजनीतिक औचित्य के चलते गठजोड़ के लिए वो सहमत हुए थे।

शुरू में सब कुछ ठीक-ठाक चलता हुआ लग रहा था, लेकिन गठजोड़ के बीच दरार जल्दी ही सामने आने लगी। इसके बहुत सारे कारण थे, इसमें मायावती की गठबन्धन को नियंत्रित करने की दृढ़ता से की गई कोशिश भी शामिल थी। इसका मुलायम सिंह ने विरोध किया। टकराव की मुख्य वजह हालाँकि दोनों पार्टियों के नेताओं के बीच वैचारिक खाई थी। यह चीज उत्तर प्रदेश, विशेषकर पश्चिमी उत्तर प्रदेश में दलितों के प्रति बढ़ती अत्याचार की घटनाओं से जाकर जुड़ गई। पश्चिमी उत्तर प्रदेश में ज्यादातर दलित भूमिहीन किसान थे, जो तेजी से सम्पन्न होती पिछड़ी जातियों के खेतों में काम करते थे। गठबन्धन की शुरुआत से ही मुलायम सिंह ने बसपा के सदस्यों को अपनी ओर करने तथा बसपा को तोड़ने की कोशिश की। इस बात की जानकारी कांशीराम को नहीं थी और मुलायम सिंह की तरह ही गुपचुप तरीके से विपक्षी पार्टी के नेताओं, विशेषकर अटल बिहारी वाजपेयी से मुलाकात की, ताकि साथ मिलकर मुलायम सिंह को मुख्यमंत्री पद से हटाया जा सके। भाजपा से शुरुआती दुराव सुविधाजनक तरीके से भुला दिया गया। कांग्रेस और जनता दल सहित सभी विपक्षी पार्टियों ने मुलायम सिंह को हटाने और उनकी जगह कांशीराम को मुख्यमंत्री बनाने की योजना बनाई। उनके ये प्रयास, 1995 के मध्य में कांशीराम के गम्भीर रूप से बीमार पड़ने के चलते असफल हो गए, जबकि बसपा और सपा के बीच की खींचतान खुले तौर पर पहले ही सामने आ गई थी। मई के अन्त में

कांशीराम तक समाचार पहुँचा कि मुलायम सिंह बसपा को तोड़ने की कोशिश कर रहे हैं। वे स्वयं इतने स्वस्थ नहीं थे कि मुख्यमंत्री की जिम्मेदारी उठा सकें। उन्होंने मायावती से कहा कि वह राज्यपाल से मिलकर समर्थन वापसी और भाजपा के समर्थन से स्वयं सरकार बनाने का दावा पेश करें। 1 जून, 1995 को मायावती राज्यपाल से मिलीं और 3 जून को मुख्यमंत्री के रूप में शपथ ग्रहण की।[22]

हालाँकि तब भी बसपा को अच्छी तरह पता था कि यह समय की बात है कि कब भाजपा समर्थन वापस लेगी। बसपा ने इस अवसर का इस्तेमाल सत्ता में रहकर दलितों के मुद्दों को आक्रामक तरीके से आगे बढ़ाने के लिए किया। दलित नायकों का स्मारक बनाने के लिए करोड़ों खर्च किए गए। दलितों के शीर्षस्थ सन्तों के नामों पर विभिन्न संस्थाओं का पुन: नामकरण किया गया। पूरे राज्य में आंबेडकर की प्रतिमाएँ लगाई गईं। दलितों को बहुत सारे उच्च पदों पर बैठाया गया और 20वीं शताब्दी के शुरुआती दौर के सुधारक रहे, पेरियार के सम्मान में मेलों, त्योहारों का आयोजन किया गया। पेरियार ने अपनी किताब 'सच्ची रामायण' में रामायण का एक विवादित वैकल्पिक पुनर्पाठ प्रस्तुत किया था, जिसमें खुलेआम राम और सीता को स्थापित सन्दर्भ से इतर दर्शाया गया था। बसपा सरकार की इस भंगिमा ने दलितों का दिल जीत लिया, लेकिन व्यापक हिस्से में इसे गठबन्धन में ऊँची जाति के साझीदार को उकसाने के लिए जान-बूझकर किए गए प्रयास की तरह लिया गया। 136 दिनों तक सत्ता में रहने के बाद 18 अक्टूबर, 1995 को मायावती ने भाजपा का समर्थन खो दिया और उत्तर प्रदेश में राष्ट्रपति शासन लगा दिया गया।[23] दुर्भाग्य से उत्तर प्रदेश में सितम्बर, 1996 में हुए विधानसभा चुनावों में कांग्रेस के समर्थन के बावजूद बसपा बहुमत नहीं पा सकी। यह आश्चर्यजनक था क्योंकि उसी वर्ष की शुरुआत में हुए लोकसभा चुनावों में उसका प्रदर्शन बहुत अच्छा था। चूँकि कोई भी पार्टी स्पष्ट बहुमत नहीं हासिल कर पाई इसलिए प्रदेश में एक बार फिर राष्ट्रपति शासन लागू कर दिया गया।

20 मार्च, 1997 को मायावती ने एक बार फिर कांशीराम और भाजपा के बीच हुए एक-दूसरे समझौते के तहत बतौर मुख्यमंत्री की शपथ ली। यह समझौता पहली बार के अनौपचारिकता से भिन्न, औपचारिक था। यह सहमति का घोषणा-पत्र था, जिसे एक संयुक्त संवाददाता सम्मेलन में घोषित किया गया। समझौते के अनुसार, छह-छह महीने के चक्रीय आधार पर दोनों पार्टियों के मुख्यमंत्री बनेंगे और पहला कार्यकाल मायावती को मिलेगा। एक वर्ष बीतने के बाद दोनों पार्टियाँ गठजोड़ के प्रयोग को दोहराएँगी और यदि दोनों सन्तुष्ट होंगी, तो इस प्रक्रिया को उन्हीं शर्तों के साथ आगे बढ़ाया जाएगा।

इस बार भी मायावती और बसपा ने गठबन्धन के साझीदारों की भावनाओं को अनदेखा करते हुए भारी संख्या में स्मारकों, पार्कों, संस्थाओं और जिलों का दलित

नायकों के नाम पर नामकरण किया या निर्माण करने की गतिविधि जारी रखी। भारी खर्च करके पूरे उत्तर प्रदेश में आंबेडकर की 15,000 मूर्तियाँ लगाई गईं। सरकार ने दलितों के कल्याण के लिए बहुत सारी योजनाएँ चलाईं। इसके अलावा, 2,50,000 से अधिक दलितों को लीज पर कृषि भूमि दी गई। दलितों के भीतर सुरक्षा की भावना जगाने के लिए अनुसूचित जाति और अनुसूचित जनजाति (अत्याचारों से संरक्षण) एक्ट कड़ाई से लागू किया गया।[24]

इस महत्त्वपूर्ण समझौते पर शंका शुरू से थी कि मायावती छह महीना पूरा होने के बाद क्या वाकई भाजपा के कल्याण सिंह के लिए अपना पद छोड़ेंगी। 21 सितम्बर, 1997 को मुख्यमंत्री पद का हस्तांतरण हो गया। लेकिन इसके एक महीने के अन्दर ही बसपा ने अपना समर्थन वापस ले लिया, हालाँकि इस सरकार को गिराने की अन्य कोशिशों के बावजूद कल्याण सिंह अपनी सरकार बरकरार रखने में सफल रहे।[25] फिर भी, 1999 में हुए लोकसभा चुनावों में भाजपा की सफलता में गिरावट आई और कल्याण सिंह की जगह राम प्रकाश गुप्त को मुख्यमंत्री बनाया गया। बाद में उनकी जगह राजनाथ सिंह बने। इस बीच गम्भीर रूप से बीमार कांशीराम ने निर्णय लिया कि वह अब पार्टी संचालित नहीं कर पाएँगे और उन्होंने पार्टी की कमान मायावती को सौंप दी, जिन्हें वह शुरू से ही तैयार कर रहे थे।[26] बसपा के अध्यक्ष के दायित्व को आगे बढ़ाते हुए, मायावती ने उत्तर प्रदेश के 2002 के विधानसभा चुनावों के लिए पुरजोर तैयारी की और उनके प्रयासों के परिणाम से 23 प्रतिशत मतों के साथ बसपा को 98 सीटें मिलीं और वह भाजपा तथा सपा को पीछे छोड़ते हुए सबसे बड़ी पार्टी के रूप में उभरी।[27] पूर्ण बहुमत से थोड़ी ही कम सीटें होने के चलते बसपा को भाजपा से एक और समझौता करना पड़ा। इस सौदा करने की प्रक्रिया में कांशीराम, मायावती, वाजपेयी और आडवाणी शामिल थे। इस समझौते के तहत उत्तर प्रदेश में मायावती को पूरे पाँच साल के लिए सरकार चलाने की अनुमति मिली और उन्होंने 3 मई, 2002 को मुख्यमंत्री पद की शपथ ली।[28]

दुर्भाग्य से एक बार फिर भाजपा से गठजोड़ ताज कारिडोर घोटाले के चलते संकटग्रस्त हो गया और मायावती ने 25 अगस्त, 2003 को भाजपा के गठबन्धन से अपने को अलग कर लिया। उन्होंने विधानसभा भंग करने और नये सिरे से चुनाव कराने का राज्यपाल से अनुरोध किया। वह सोचती थीं कि ऐसा करने से भाजपा हताश हो जाएगी और उसके पास मेरा समर्थन करने के अलावा कोई चारा नहीं बचेगा, लेकिन उस समय वह हैरान रह गईं, जब भाजपा और कांग्रेस सहित सभी अन्य पार्टियाँ उनके विरोध में खड़ी हो गईं और मुलायम सिंह के नेतृत्व में वैकल्पिक सरकार का समर्थन कर दिया।[29] दुर्भाग्य से इस समय उन्हें कांशीराम का परामर्श नहीं मिल पाया, क्योंकि उन्हें दिल का दौरा पड़ा था, जिसने उन्हें पूरी तरह शय्या ग्रस्त बना दिया था।[30]

इस सब घटनाक्रम के पहले ही बसपा के भीतर दरार दिखने लगी थी। एक पार्टी के तौर पर उसका विस्तार हो रहा था, नये लोग उसमें शामिल हो रहे थे, लेकिन आन्तरिक संघर्ष के चलते अन्य लोग पार्टी छोड़ रहे थे। वर्षों से बहुत सारे कार्यकर्ता और पार्टी के सदस्य कांशीराम से घनिष्ठ रूप से जुड़े हुए थे। जब मायावती दृश्य पटल पर उपस्थित हुईं और पार्टी में कांशीराम की जगह पर विशेष स्थान ग्रहण किया तो ईर्ष्या-द्वेष का उभार हुआ। कांशीराम को मायावती से जुड़े बहुत सारे विवादों का सामना करना पड़ा था और इन सबमें सबसे अहम 1994-95 का वो संकट था, जब बसपा और सपा की गठबन्धन सरकार अस्तित्व में थी। उस समय मायावती पार्टी के भीतर अत्यधिक शक्तिशाली बन गई थीं और वह मुलायम सिंह पर दबाव बनाए रखती थीं। वह अक्सर ये जाँच-पड़ताल करने लखनऊ आती थीं कि मुलायम सिंह की सरकार कैसा काम कर रही है। अपनी सारी चिढ़ के बावजूद वह पूरी रिपोर्ट देने के लिए बाध्य होते थे।

जब बसपा के अन्य नेता मायावती की विशेष स्थिति पर एतराज जताते थे तो कांशीराम उनका पक्ष लेते थे। वह जोर देते थे कि मायावती उनके निर्देशों पर ही काम कर रही हैं। कांशीराम के लिए इन संघर्षों से निपटना और विश्वसनीय कार्यकर्ताओं और नेताओं को पार्टी छोड़ने से रोक पाना मुश्किल हो गया था। बसपा के इन नेताओं में एक डॉ. मसूद अहमद थे, जो मायावती से नाराज थे। वह सपा-बसपा के संयुक्त मंत्रिमंडल में शिक्षा मंत्री थे, उन्होंने मायावती के खिलाफ एक गुट बनाया था। वह पार्टी के जमीनी कार्यकर्ता थे और 1980 में कांशीराम के साथ जुड़े थे। चूँकि उनका मुस्लिम समुदाय से घनिष्ठ रिश्ता था, कांशीराम ने उन्हें अपने साथ ले लिया और जल्द ही वह उनके विश्वसनीय सहयोगी बन गए। इलाहाबाद उप चुनाव के दौरान जब कांशीराम लोकसभा का चुनाव लड़ रहे थे, तो मुसलमानों को गोलबन्द करने की जिम्मेदारी डॉ. अहमद को दी गई और उन्होंने उस काम को बखूबी निभाया भी था। डॉ. अहमद स्वयं टांडा से विधानसभा चुनाव और खलीलाबाद से लोकसभा चुनाव लड़ चुके थे। लम्बे समय तक वफादार बने रहने के बावजूद, मायावती के खिलाफ उनकी नाराजगी का मुद्दा उच्च स्तरीय कमेटी में पहुँचा, और सपा के मुलायम सिंह की ओर उनके झुकाव का कारण बना।

मामले की गम्भीरता को देखते हुए कांशीराम ने बसपा के सभी विधायकों की एक बन्द बैठक बुलाई, जिसमें डॉ. अहमद भी शामिल थे। यह बैठक नौ घंटे चली। विधायकों ने मायावती का समर्थन किया और डॉ. अहमद पर बहुत सारे आरोप लगाए, बदले में उन्होंने प्रत्यारोपों से हमला किया। कुछ विधायकों ने कहा कि उनके पास सूचना है कि कई तरह के लोग पार्टी के खिलाफ उनका इस्तेमाल कर रहे हैं, यहाँ तक कि इसके बदले डॉ. अहमद को धन दिया जा रहा है। कुछ मुसलमान विधायकों ने कांशीराम से शिकायत की कि डॉ. अहमद की ब्राह्मणों से साँठ-गाँठ

है। अन्य विधायकों ने एक तस्वीर रखी कि कैसे डॉ. अहमद मायावती के खिलाफ काम कर रहे हैं।

> डॉ. अहमद ने मायावती पर तीन मुख्य आरोप लगाए और हर आरोप पर कांशीराम ने मायावती का तटस्थतापूर्वक बचाव किया। पहला आरोप था कि मायावती सभी मुसलमानों को धोखेबाज कहती हैं। इसका जवाब देते हुए कांशीराम ने कहा कि मुसलमान मौलवियों ने सभी मस्जिदों में अफवाह फैलाई कि कांशीराम ने कहा है कि यदि बसपा सत्ता में बनी रही तो वो बाबरी मस्जिद की जगह शौचालय बनाएगी। यह अफवाह वास्तव में पूरी तरह झूठी और आधारहीन थी, असल में यह अफवाह मुलायम सिंह द्वारा फैलाई गई थी। दूसरा आरोप कि मायावती जिस मकान में रहती हैं, उसकी कीमत 50 करोड़ रुपए है, का जवाब देते हुए कांशीराम ने कहा कि यह घर उनका नहीं है, बल्कि एक सांसद के रूप में उन्हें आवंटित किया गया है। जब इसे दूसरे को आवंटित किया जाएगा, यह उनसे वापस ले लिया जाएगा...
>
> उन्होंने उद्योगपति जयंत मल्होत्रा के साथ मायावती के सम्बन्धों में आए शुबहा को भी दूर किया। उन्होंने कहा कि जयंत मल्होत्रा को तब विधानसभा में सीट दी गई, जब मुलायम सिंह उन्हें सांसद बनाने के अपने वादे से मुकर गए थे। उन्होंने आगे कहा कि इस सौदे में मायावती की कोई भूमिका नहीं थी और उनके ऊपर ये आरोप कि जयंत मल्होत्रा से पैसा लेकर उन्होंने विधानसभा का टिकट दिया था, झूठा था।... इस बैठक में उन्होंने जोर दिया कि मायावती ने जो कुछ किया उनके निर्देशों पर किया। उन्होंने बसपा के नेताओं और मायावती से एकजुट होकर पार्टी के हित के लिए काम करने का अनुरोध किया।[31]

कांशीराम ने पहले डॉ. अहमद को शान्त करने की कोशिश की, लेकिन जब वो नरम नहीं पड़े, तो कांशीराम ने अपना रुख सख्त कर दिया। इस बैठक के बाद उन्होंने मुलायम सिंह से कहा कि तत्काल वे डॉ. अहमद को अपने मंत्रिमंडल से हटा दें। उन्होंने मुलायम सिंह को यह भी निर्देश दिया कि उन्हें शिक्षामंत्री के तौर पर दिए गए सरकारी बँगले से उनका सारा सामान कुछ घंटे के अन्दर ही बाहर कर दिया जाए। इसके लिए रात 11 बजे तक का समय दिया और इस घटनाक्रम के बारे में मीडिया को सूचना देने की बात कही।

कांशीराम ने अब बसपा के उन नेताओं को पार्टी छोड़ने से रोकने की कोशिश की, जो पार्टी छोड़ने की योजना बना रहे थे। 11 जुलाई, 1994 को उन्होंने लखनऊ में दल-बदल विरोधी रैली आयोजित की। इसके पीछे के कारण को स्पष्ट करते हुए कांशीराम ने कहा :

> मैंने इस समय दल-बदल विरोधी रैली आयोजित करने की जरूरत इसलिए महसूस की, क्योंकि संकट मुझे खा जाने का खतरा पैदा कर रहा था। लोग

> कहते हैं कि जब हम सड़क पर किसी दुर्घटना में घायल या मरे हुए लोगों (अजनबी) के बीच से गुजरते हैं तो हम रुकते नहीं हैं, ताकि हमारा काम प्रभावित न हो। लेकिन यदि हम देखते हैं कि कोई हमारे परिवार का वहाँ पड़ा हुआ है, तो हम रुकने के लिए बाध्य हो जाते हैं। यह मेरे साथ भी घटित हुआ है। जब जनता पार्टी टूटी तो मुझे कोई परेशानी नहीं हुई। जब कम्युनिस्ट पार्टी टूटी या स्वतंत्र पार्टियाँ टूटीं, तब भी मुझे कोई परेशानी नहीं हुई। लेकिन जब मेरी अपनी पार्टी टूटने की कगार पर है, तो मुझे रुकना और सोचना पड़ा।''[32]

कांशीराम ने यह भी कहा, 'मेरे लिए यह विश्वास करना कठिन है कि मेरे सहयोगी जिन्होंने मेरे साथ 13 वर्षों तक काम किया, वो ऐसा विश्वासघात करने का काम कर सकते हैं।'[33] उन्होंने बसपा विधायकों से स्वेच्छाचारी पार्टी सदस्यों को सबक सिखाने की नसीहत दी, 'अगर आपके समुदाय का एक विधायक खुद को बेच देता है, तो उसे ऐसा सबक सिखाएँ कि वह ऐसा काम भविष्य में न करे। यदि वह ऐसा करता है, तो उसे सही-सलामत नहीं छोड़ना चाहिए, बल्कि उसका अस्तित्व समाप्त हो जाना चाहिए। यदि बहुजन समाज मजबूत नेता चाहता है, तो उसे मजबूत समाज का निर्माण करना चाहिए।'[34] कथित अन्याय के खिलाफ नेता कांशीराम का कड़ा रवैया सामने आ रहा था।

एक अन्य संघर्ष में डॉ. आरके चौधरी शामिल थे। वह बसपा के अग्रिम मोर्चे के कार्यकर्ताओं में से एक और बसपा के संस्थापक सदस्य थे। घर और परिवार को छोड़कर 30 जून, 1993 को कांशीराम के आमंत्रण पर आन्दोलन में शामिल हुए और डीएस-4 और बसपा को मजबूत बनाने के लिए 20 वर्ष खर्च किए। फैजाबाद के पासी समुदाय से आने वाले चौधरी ने इस आन्दोलन के लिए वकालत का अपना सफल पेशा भी छोड़ दिया था। उन्होंने मंझानपुर, कौशाम्बी से चुनाव जीता और मंत्रिमंडल में स्वास्थ्य मंत्री और बाद में पर्यटन मंत्री बने। इसके अलावा बसपा शासन के दौरान हुए उत्तर प्रदेश विधानसभा चुनाव में संयोजक भी रहे। एक मंत्री के तौर पर उन्होंने मायावती के निर्देशों को मेहनत से लागू किया और धीरे-धीरे मायावती के बाद दूसरे स्थान के नेता के रूप में उभरे। जल्दी ही मुख्यमंत्री पद के दावेदार के रूप में उनके नाम की चर्चा होने लगी और इसने मायावती को बुरी तरह नाराज कर दिया। 21 जुलाई, 2001 को उन्होंने चौधरी को पार्टी से निकालकर एक प्रेस वार्ता बुलाई। चौधरी ने मायावती को मनाने की काफी कोशिश की, लेकिन उन्हें बहुत कम सफलता मिली। जब वे कांशीराम से मिलने दिल्ली गए, तो उन्होंने पाया कि वह मायावती के वफादार समर्थकों से घिरे हुए हैं और उन्हें मिलने की इजाजत नहीं मिली। निराश होकर अपने समर्थकों के साथ लखनऊ लौट आए और 30 अगस्त, 2001 को एक नई पार्टी बीएस-4 का गठन किया।[35]

जब भी पार्टी के भीतर आन्तरिक संघर्ष होता था, कांशीराम बहुत परेशान हो जाते थे। वह अक्सर कहते थे कि 'हमारी पार्टी छोड़कर हमारे अपने लोग मुझे पीड़ा देते हैं।' आनन्द रहाटे ने अपने एक संस्मरण में इस चीज का वर्णन किया है। उन्होंने लिखा है, 'कोलकाता रैली से पहले एक बार कार्यालय के एक पदाधिकारी ने दूसरे पदाधिकारी की ये कहते हुए शिकायत की कि उन्हें लाने के लिए कार न भेजकर उन्होंने अपमानित किया। कांशीराम ने कहा, "आपको ऐसा इसलिए लगा क्योंकि आपकी आँखें अभी तक नहीं खुली हैं। मनुवादियों की वर्षों तक सेवा करते हुए आपको अपमान नहीं महसूस हुआ; लेकिन आज आप अपमानित महसूस कर रहे हैं, क्योंकि आपके एक बहुजन समाज के साथी ने एक कार नहीं भेजी। आपकी आँख कब खुलेगी? आप कब छोटे-छोटे मुद्दों पर लड़ना बन्द करेंगे? आप नहीं जानते, लेकिन इन छोटी-छोटी लड़ाइयों ने ही हमारे संघर्ष को कमजोर किया है?"'[36] रहाटे कहते हैं कि मनुवादियों के खिलाफ संघर्ष करते समय कांशीराम बहुत मजबूत दिखाई देते थे, लेकिन आन्तरिक समस्याओं का समाधान करते समय कमजोर पड़ जाते थे।

पार्टी के भीतर बढ़ते अलगाव की इन्हीं घटनाओं के दौरान कांशीराम ने 2001 में मायावती को अपना उत्तराधिकारी घोषित किया और बसपा की विरासत को उनके हवाले कर दिया। 25 अगस्त, 2003 को डॉ. भीमराव आंबेडकर पार्क, लखनऊ में बसपा की आयोजित अखिल भारतीय रैली में उन्होंने अपने निर्णय को सही ठहराया :

> इस समय मेरी कोशिश मायावती का कद मुख्यमंत्री से अधिक बढ़ाने की है। आप सभी लोगों में से बहुत सारे लोग ऐसे होंगे, जिनके साथ मैंने इस आन्दोलन को आगे ले जाने के लिए मेहनत की है। मायावती उनमें से एक हैं, उनके स्कूल और कॉलेज के रिकॉर्ड और पार्टी के प्रति उनकी प्रतिबद्धता को भी ध्यान में रखते हुए मैंने महसूस किया कि इस लड़की में कुछ खास बात है। इसीलिए मैंने उसे आगे बढ़ाने की कोशिश की। मैं बूढ़ा हो रहा हूँ। मैं अपने काम में व्यस्त हूँ, लेकिन काम करने की मेरी क्षमता लगातार घट रही है। जब तक मैं जिन्दा हूँ काम करूँगा, लेकिन मेरी यह हार्दिक इच्छा है कि मेरी मृत्यु के बाद मायावती मेरे अधूरे कामों को आगे बढ़ाएँ।[37]

कांशीराम इससे पहले देख पाते कि उनकी शिष्या और उनकी पार्टी ने 2007 में उत्तर प्रदेश के विधानसभा चुनावों में पूर्ण बहुमत पाकर उनके सपने से भी ज्यादा राजनीतिक ऊँचाई हासिल कर ली है, 2006 में उनकी मृत्यु हो गई। विडम्बना यह थी कि यह विजय मायावती को ऊपरी जातियों के मिले समर्थन का परिणाम थी। यह उनके सामाजिक इंजीनियरिंग की रणनीति का हिस्सा थी। पहले ऊपरी जातियाँ दलितों को राजनीतिक संरक्षण देती थीं, अब वो स्वयं एक 'अछूत' दलित महिला

से राजनीतिक पनाह तथा संरक्षण चाहती थीं। मायावती के माध्यम से कांशीराम को आखिरकार 'मास्टर की' मिल गई थी, जो ग़रीब और पददलित दलितों को मुक्त करने में मददगार होगी।

***

'मास्टर की' प्राप्त करने के पीछे सबसे बड़ा रहस्य था, विशाल जनता को प्रभावित तथा गोलबन्द करने की कांशीराम की क्षमता। उनके पास विशिष्ट वर्णनात्मक शैली थी। जब कभी वे साक्षात्कार, भाषण और व्याख्यान देते या चुनावी रैली को सम्बोधित करते, उसमें वह कहानी कहने का तत्त्व समाहित कर लेते। उनका श्रोता समूह मंत्रमुग्ध हो जाता, उनकी बातों को भावविभोर होकर सुनता, यहाँ तक कि सामान्य से सामान्य तथ्यों पर भी ध्यान देता। उदाहरण के लिए वह कहते, 'जब उन्होंने उत्तर भारत आने के लिए महाराष्ट्र छोड़ा तो वह अपने साथ पगड़ी वाले बाबा फुले, दूसरे पगड़ी वाले बाबा शाहूजी महाराज और टाई वाले बाबा आंबेडकर को साथ लेते आए।'[38] कुछ शब्दों में पगड़ी वाला बाबा और टाई वाला बाबा या सन्तों का रूपक इस्तेमाल करके वो अपनी पूरी राजनीतिक यात्रा का वर्णन कर देते थे और इसी में उन्होंने तीन समाज सुधारकों की विचारधारा को महाराष्ट्र से लाकर उत्तर भारत की जमीन में रोप दिया था। इसी तरह जब उन्हें महाराष्ट्रीय दलित राजनीति से अपने मोहभंग की अभिव्यक्ति करनी होती वह बहुत व्यंग्योक्ति भरी आवाज में कहते कि वास्तव में, पूना पैक्ट के वर्षों बाद 1970 के दशक में सीट साझेदारी की मार्फत आंबेडकर और गांधी, यानी आरपीआई और कांग्रेस को मेल-मिलाप के लिए एक साथ आना पड़ा और यह तब हुआ, जब महाराष्ट्र विधानसभा चुनाव में 521 सीटों में से आरपीआई को केवल एक सीट दी गई थी।[39]

चूँकि कांशीराम के लगभग सभी भाषण उत्तर भारत, विशेषकर उत्तर प्रदेश में देहाती इलाकों में रह रहे अशिक्षित और अर्द्ध शिक्षित दलितों को सम्बोधित करने के लिए थे, इसलिए उनका वर्णन कहावतों, मुहावरों और रूपकों से भरा होता, जिससे वे आसानी से समझ सकें और उसकी सराहना कर सकें। वह ऐसे शब्दों और वाक्यांशों का इस्तेमाल करते थे, जो आमतौर पर इस इलाके में चलन में थे और इसमें अपनी विशेष शैली मिला देते थे, जैसे—'लोकशाही में रानी और महारानी की कीमत एक ही होती है,' और 'कांग्रेस साँप है तो जनता दल नाग है।'[40]

शुरू से ही कांशीराम, 'बहुमत' को लक्षित करने के लिए 'अछूतों' और पिछड़ों के लिए दलित की जगह 'बहुजन' शब्द का इस्तेमाल करते थे। 'हालाँकि यह एक बौद्ध सिद्धान्त था, जिसे फुले द्वारा पुनः सूत्रबद्ध किया गया और कांशीराम ने इसे चुनावी भाषा में रूपान्तरित कर दिया।'[41] फुले ने दलितों और पिछड़ों के लिए 'मूल

निवासी' के सन्दर्भ में 'बहुजन' शब्द का इस्तेमाल किया था। ऐसा उन्होंने ऊँची जातियों के विरोध में किया था, जो कि आर्य थे और मध्य एशिया से आए थे। लेकिन कांशीराम अपने बहुजन शब्द के सूत्रीकरण में मूल निवासी सिद्धान्त का समावेश नहीं किया। वह इस शब्द का प्रयोग दलितों, पिछड़ों, मुस्लिम अल्पसंख्यकों, आदिवासियों, दलित ईसाइयों और उन ऊँची जातियों के व्यापक गठजोड़ के लिए करते थे जो ब्राह्मणवाद का विरोध करती थीं। 'बहुजन पहचान वर्ग, धर्म और धर्मनिरपेक्षता पर आधारित मुख्यधारा के सूत्रीकरण को भी खारिज करती है, क्योंकि यह शेष लोगों पर ऊँची जातियों के नियंत्रण को वैधता प्रदान करता है और उनका पक्ष लेता है।'[42] बहुजन शब्द लोकप्रिय था, क्योंकि यह शब्द बौद्ध स्मृतियों के साथ आता है, जो कि उत्तर प्रदेश और बिहार के ग्रामीणों के मनोविज्ञान में अभी भी मौजूद है।

यहाँ तक कि अपनी राजनीति की व्याख्या करते हुए भी वे स्थानीय संस्कृति और लोगों की सामूहिक स्मृतियों से जुड़े शब्दों, मुहावरों, वाक्यांशों और रूपकों का प्रयोग करते थे। हालाँकि आंबेडकर ने राजनीति के लिए 'मास्टर की' शब्दावली का इस्तेमाल किया, जबकि कांशीराम ने सिख लोक संस्कृति से आए शब्द 'गुरु किल्ली' का इस्तेमाल किया।

दलित समाज के बहुत सारे अनुभवों की अभिव्यक्ति के लिए हिन्दी में कोई शब्द नहीं है। ऐसा इसलिए है, क्योंकि जो हिन्दी आमतौर पर बोली जाती है, वो ऊँची जातियों से बहुत अधिक प्रभावित है और उनकी इच्छाओं और प्रेरणाओं की अभिव्यक्ति करती है। इसलिए कांशीराम ने अपने राजनीतिक शब्द भंडार में बहुत सारे अंग्रेजी शब्दों को जोड़ा। ऐसा उन्होंने अनुभवों की अभिव्यक्ति के लिए किया, उन अनुभवों के लिए ऐसे शब्द जिन्हें हिन्दी में ठीक से बयान नहीं किया जा सकता था। उदाहरण के लिए वह प्राय: अंग्रेजी के शब्द 'डिस्क्रिमिनेशन' शब्द का इस्तेमाल करते थे, इस शब्द को वह हिन्दी शब्द 'भेदभाव' की तुलना में ज्यादा सटीक पाते थे। उन्होंने हिन्दी के शब्द भंडार में 'मनुवादी' जैसे शब्दों को भी प्रवेश दिलाया, जिसे बाद में अन्य राजनीतिक पार्टियों द्वारा भी भाषणों में इस्तेमाल किया जाने लगा।

कांशीराम की संवाद शैली स्कूल के अध्यापक से ज्यादा मिलती-जुलती थी, जो कठिन से कठिन सिद्धान्तों को भी गाँव के साधारण दिमाग के बच्चों के सामने खोलकर रख देता है। इस तरीके ने सत्ता के जटिल समीकरण को समझाने में उनकी सहायता की। जैसा कि हम पहले देख चुके हैं, वह प्राय: कलम की उपमा का इस्तेमाल जमीनी लोगों को भारतीय सामाजिक संरचना की व्याख्या करने के लिए करते थे।

आंबेडकर की ही तरह कांशीराम का भी मानना था कि राजनीति केवल सत्ता प्राप्त करने के लिए है और सत्ता बिना संघर्ष के नहीं प्राप्त की जा सकती।[43] लेकिन

वह इस बात से सहमत थे कि सत्ता पाने के लिए दलितों को स्वयं को 'दलितपन' की भावना से मुक्त करना अनिवार्य है। अपने एक भाषण में उन्होंने कहा था, ''यहाँ तक कि मैं दलितों की दयनीय दशा से ज्यादा दुख, दलितों की 'दलितपन' की भावना से महसूस करता हूँ। यह एक भीख का कटोरा है और जैसे कोई भिखमंगा बिना अपने भीख के कटोरे से मुक्त हुए, शासक नहीं बन सकता, उसी तरह कोई समुदाय तब तक शासक समुदाय नहीं बन सकता, जब तक कि वो दलितपन से खुद को छुटकारा नहीं दिला लेता।''[44] ऐसा कहते हुए कांशीराम दलितों के मौजूदा दृष्टिकोण को दिखाने के लिए, अपना हाथ रोक लेते और हथेलियों को जोड़कर उसे भीख माँगने वाले कटोरे जैसा बना लेते। उसके बाद वह हाथ को धीरे-धीरे और जान-बूझकर उलट देते थे, जैसे कि कुछ छोड़ रहे हों, ऐसा वह उस रवैये को दिखाने के लिए करते थे, जिसे वह दलितों में देखना चाहते थे। वह प्राय: कहा करते थे कि दलितों को मनुष्य बनना चाहिए और उन्हें खुद को शासक समुदाय में रूपान्तरित कर लेना चाहिए। अपनी रैलियों में वह प्राय: कहते थे, 'आप सभी निकम्मे हो। आप आरक्षण चाहते हो। मैं आपके निकम्मेपन को दूर कर दूँगा। मैं आपको काबिल बना दूँगा।'[45] वह कहते थे, 'अगर दलित निकम्मे रहे, तो मनुवादी व्यवस्था प्रभावशाली बनी रहेगी और ऊँची जातियों का शासन चलता रहेगा। अगर दलित काबिल बन गए, तो ऊँची जातियाँ नीचे गिर पड़ेंगी।'[46] वह ये कहकर दलितों को उत्तेजित करते थे :

> तुम्हें या हमें गरीबी में रहने से सन्तुष्ट नहीं हो जाना चाहिए। 'हमें महलों में रहने और जीवन की सारी सुख-सुविधाएँ पाने के प्रयास में लग जाना चाहिए। दलित समुदाय को झोंपड़ियों में नहीं पड़े रहना चाहिए। हमें शक्तिशाली बनने और इंसान की तरह जीने की कोशिश करनी चाहिए। मैं नहीं चाहता कि आप कठपुतली बने रहें और प्रभुत्वशाली समुदायों का, उनकी पूँछ की तरह अनुसरण करते रहें। हमारे दलित समाज को दरिद्रों की तरह जीने की आदत पड़ चुकी है। हम जो कुछ पा जाते हैं, उससे खुश हो जाते हैं। हमें अपनी यह आदत छोड़ देनी चाहिए और अपने उत्तरदायित्वों और कर्तव्यों के प्रति सचेत हो जाना चाहिए।' उन्होंने अफसोस जताया कि समाज में जो लोग गैर बराबरी को बढ़ावा देते हैं, वो इन मुद्दों को जानते हैं; लेकिन बहुजन समाज अभी भी समाज में मौजूद गैर बराबरी को लेकर सजग नहीं है।[47]

कांशीराम ने दलितों को इस काम के प्रति भी सचेत करने की कोशिश की कि कैसे वह और बसपा इतना शक्तिशाली बन चुके हैं और उन्हें एहसास हो गया है कि पार्टी किसी भी तरह, मुख्यत: ऊँची जातियों द्वारा संचालित पार्टियों से कमतर नहीं है। वह आश्वस्त थे कि यह बात उनके आत्मसम्मान और आत्मगौरव को बढ़ाएगी। हिन्दी पत्रिका 'माया' में प्रकाशित अपने साक्षात्कार में उन्होंने कहा, ''कांग्रेस पार्टी

के सदस्य उनसे मिलना चाहते हैं। मैंने उनसे कहा कि यदि वे हमें कुछ भी देना चाहते हैं, तो उन्हें आने की कोई जरूरत नहीं है। हाँ, अगर वे मुझसे कुछ चाहते हैं तो उनका स्वागत है।''[48] एक अवसर पर उन्होंने कहा था, ''जब हम दिल्ली में पहुँचेंगे तो हमारी तुलना में भाजपा की हालत, आटा गूँधने से पहले मिलाए जाने वाले नमक जैसी हो जाएगी (यानी चुटकी भर)।''[49] बाद में उन्होंने कहा, ''मेरे अलावा कोई भी शिवसेना को ध्वस्त नहीं कर सकता है। जब मैं महाराष्ट्र जाऊँगा, तो शिवसेना को नष्ट कर दूँगा।''[50] इस तरह के बयानों के माध्यम से कांशीराम ने बहुजन समाज और दलितों को उनके नेतृत्व के बारे में प्रेरित किया और इस प्रक्रिया में उनके आत्मविश्वास के स्तर को बढ़ाया तथा राजनीति में भयमुक्त होकर हिस्सेदारी करने का आह्वान किया।

दलितों के लिए कांशीराम की महत्त्वाकांक्षाएँ पूरी तरह स्पष्ट थीं। उनकी कथनी और करनी में कोई विरोधाभास नहीं था।

> वह हमेशा एक साधारण आधी बाँह की शर्ट, पैंट और सामान्य चप्पल पहनते थे। बहुत सारी अन्य पार्टियों के नेताओं की तरह उनके भाषण शब्दाडम्बरों से भरे नहीं होते थे। जब वह जोशीला और उत्तेजक भाषण देते थे, तो भी शान्तिपूर्वक देते थे। उनका भाषण कभी आक्रामक या अहंकार से भरा नहीं होता था। वह एक ही लहजे को बरकरार रखते थे, जो नरम लेकिन निर्णायक और प्रेरक होता था। हालाँकि उनकी तर्कयुक्त शैली उनके भाषणों की आक्रामकता को कम नहीं करती थी। प्रत्येक उच्चारित शब्द शक्ति से भरा होता था और जिसका मतलब होता था कई शताब्दियों से निम्न जातियों द्वारा सहे जा रहे अपमान को सामने लाना और इसके साथ ही उनका उद्देश्य था समाज के प्रभावशाली तबकों पर हमला बोलना और उस सामाजिक तथा राजनीतिक सत्ता को निशाना बनाना, जो इस अपमान को लगातार बनाए हुए थे। यह बहुत सावधानीपूर्वक तैयार की गई रणनीति थी, जिसका उद्देश्य था मौजूदा शक्ति संरचना को उखाड़ फेंकना और इसे निम्न जातियों (की शक्ति संरचना) से विस्थापित कर देना। साथ ही साथ उन्हें दावेदार, आत्मविश्वास से भरे और सत्ता सँभालने लायक बनने के लिए तैयार किया जा रहा था। हालाँकि उनके शब्दों में इस बात की कोई जान-बूझकर कोशिश नहीं की जाती थी कि वह एक ताकतवर इंसान रूप में दिखें या पारम्परिक रूप से शक्तिशाली समुदायों और राजनीतिक समूहों को तबाह कर दें, ताकि पारम्परिक शक्ति संरचना को उलटा जा सके। मुलायम सिंह सरकार के गिरने के बाद जब भाजपा नेता बसपा से सम्भावित गठजोड़ की बातचीत करने के लिए कांशीराम के पास पहुँचे, तो वे लोग उनकी सभ्यता और जटिल समझौता वार्ता में उनके धैर्य को देखकर दंग रह गए।[51]

कांशीराम अंकों के बारे में तथ्यों को अपनी कुशल भाषण शैली के माध्यम से इस तरह प्रस्तुत करते थे कि जिससे लगता था कि बसपा आर्थिक रूप से बहुत मजबूत है और उसके पास चुनाव लड़ने के लिए असीमित धन है। इसके पीछे की मंशा, दलितों के आत्मविश्वास को मजबूत करने की थी। वह कहा करते थे, "मेरा खर्च हजारों या लाखों में नहीं है, बल्कि करोड़ों में है। यह सारा धन पार्टी के समर्थकों से जुटाया जा रहा है। मैं एक बैठक में जाता हूँ और एक लाख रुपया लेकर आता हूँ।"[52] जब उन्होंने बामसेफ बनाया तो बैठक में घोषणा की कि वे हिन्दी और अंग्रेजी में एक दैनिक अखबार निकालेंगे और प्रत्येक राज्य की राजधानी में वहीं की भाषा में एक मासिक पत्र निकालेंगे। इससे सदस्यों को यह विश्वास हो गया कि इतने सारे समाचार-पत्रों को निकालने के लिए उनके पास करोड़ों रुपए थे। जो पार्टियाँ सत्ता में और विपक्ष में थीं, उन्होंने भी सोचा कि यह आदमी शक्तिशाली, धनी और प्रभावशाली है। जबकि असल में यह उनके भाषण का कमाल था।[53] बहुत सारे आलोचक इसे दिखावे और आडम्बर के रूप में व्याख्यायित करते थे और उनके भाषणों को खोखली बातचीत कहकर खारिज करते थे। लेकिन उनके भावोत्तेजक शब्दों नें दलितों को दावेदारी प्रस्तुत करने के लिए प्रेरित किया और काफी हद तक राजनीतिक भागीदारी के लिए प्रोत्साहित किया। लखनऊ में उनके उत्तेजक भाषणों में से एक में कांशीराम ने बसपा के कार्यकर्ताओं द्वारा जुटाए गए लोगों को उत्तेजित करते हुए कहा था, "आप जानवर की तरह हैं, आपके साथ जानवरों की तरह बर्ताव होता रहा और आप इस पीड़ा को भोगते रहे। अब आप अपनी ताकत को पहचानिए।"[54]

एक बार उन्होंने कहा था, '1996 में नरसिंह राव की सरकार ने राजनीतिक गठजोड़ के लिए मुझसे सम्पर्क किया। मैंने कहा, मैं मदद करूँगा। अहम मुद्दों पर बात करने के लिए नरसिंह राव ने शरद पवार को भेजा। उन्होंने कहा कि बसपा उत्तर प्रदेश में कितनी सीटें चाहती है। मैंने उनसे कहा कि आप महाराष्ट्र की भाषा बोल रहे हैं। चमारों की भूमि (उत्तर प्रदेश) में महारों की भाषा अच्छी नहीं लगती। मैंने उनसे कहा कि मैं उन्हें इससे भी ज्यादा अपमानित कर सकता था, लेकिन मैंने ऐसा न करने का निर्णय लिया।'[55] कांशीराम की भाषा में ये विद्रोही तेवर उस यथार्थ की जमीन से आए थे, जिसका उन्होंने सामना किया था और जो बहुजन समाज के शताब्दियों के दमन और उत्पीड़न से उपजा था।[56]

यह उल्लेखनीय है कि उनके राजनीतिक जीवन के शुरुआती चरण में वह जान-बूझकर मुलायम सिंह, राजीव गांधी, आडवाणी, वाजपेयी और अन्य लोगों से लेन-देन करते समय आक्रामक और अवमानना की भाषा का इस्तेमाल करते थे। जिससे इन नेताओं की सर्वशक्तिमान की छवि चूर-चूर हो सके। 'तिलक तराजू और तलवार, जूते मारो इनको चार' जैसे बसपा के नारे और अन्य चीजें इसी रणनीति

के हिस्से थे। मुलायम सिंह और बसपा के गठजोड़ की सरकार जब सत्ता में थी और आन्तरिक संकट सतह पर आ गए थे, तो कांशीराम और मायावती का रुख तत्कालीन मुख्यमंत्री मुलायम सिंह के प्रति आक्रामक हो गया था। 1994 के दौना मामले के बाद (लेखकीय टिप्पणी देखें)[57], जब इलाहाबाद में मुलायम सिंह के साथ कांशीराम मंच पर विराजमान थे, तो कांशीराम ने सार्वजनिक तौर पर उन्हें झिड़की लगाई थी। कांशीराम ने घोषणा की, ''मेरे मंत्रियों का इस सरकार में कोई प्रभाव नहीं है। हम इस स्थिति को बर्दाश्त नहीं करेंगे।''

कांशीराम ने मुलायम सिंह को चोर तक कह दिया। इन कथनों ने दोनों के बीच गहरी खाई पैदा कर दी, जिसके चलते आखिरकार बसपा-सपा का गठजोड़ टूट गया।[58] कांशीराम के उग्र कथनों पर ऊपरी जातियों और अन्य प्रभुत्वशाली राजनीतिक समूहों के लोगों ने कड़ी प्रतिक्रिया व्यक्त की। 1990 में भारतीय जनता पार्टी के नेता बी.एल. शर्मा 'प्रेम' ने कांशीराम को भला-बुरा कहा, ''यह असभ्यता उस संस्कृति का परिणाम है, जहाँ से वो आए हैं।''[59] शर्मा ने अपने मुहावरे को जातीय संस्कृति और उनके अभिभावकों के गँवई परिवेश से जोड़ा था। उनकी यह प्रतिक्रिया स्पष्ट तौर पर ऊँची जाति के पूर्वग्रह को दिखाती थी। कांशीराम इस बात से अविचलित थे कि उनकी भाषा और नारे तनाव पैदा कर सकते थे। 'वह मानते थे कि यदि ऐसा हुआ तो यह निम्न जातियों के गुस्से को सुलगा देगा और एक आग की लपट पैदा होगी, जो ऊँची जातियों को झुलसा देगी। और जब वे राख में तब्दील हो जाएँगे तभी सामाजिक समता कायम होगी, जिससे निम्न जातियों को फायदा होगा।'[60] उनका लड़ाकू और उग्र लहजा, प्रायः विरोधियों को भड़काता था और खलबली मचाता था। बाद में जाकर कांशीराम ने ताकत और दृढ़ता से समझौता किए बिना अपनी भाषा को थोड़ा नरम किया।

इस प्रकार का परिवर्तन विशेषकर मायावती के मामले में भी दिखा, जो खुद अपने मातहत कर्मचारियों और मंत्रियों के साथ अत्यधिक आक्रामक भाषा का इस्तेमाल करती थीं। अपने मुख्यमंत्रित्व के शुरुआती दौर में सार्वजनिक बैठकों के दौरान नौकरशाहों और सरकारी अधिकारियों के साथ आक्रामक और अहंकारपूर्ण बर्ताव कर उन्होंने खुद को एक नेता के रूप में प्रस्तुत किया। उन्होंने जान-बूझकर विनम्रता और आज्ञाकारिता जैसे स्त्रियोचित नारीत्व के व्यवहार की उच्च जातीय धारणाओं को तोड़ने की कोशिश की। पुरुष अधिकारी और विरोधी नेताओं को 'तू' या 'तुम' (अनौपचारिक हिन्दी के तुम रूप का अशिष्ट सम्बोधन) से सम्बोधित किया जाता था। ये शब्द सामाजिक श्रेष्ठ क्रम में नीचे के लोगों को सम्बोधित करने के लिए किए जाते थे, जबकि ऊँचे व्यक्ति को प्रायः आप कहकर सम्बोधित किया जाता था। वह 'अरे' और 'तेरे' शब्दों का इस्तेमाल करती थीं, जिनका आमतौर पर इस्तेमाल ऊँची जातियों के पुरुषों द्वारा निम्न जातियों से सम्बन्धित लोगों के लिए

किया जाता है। यह वह समय था, जब मायावती और कांशीराम ऊँची जातियों के बरक्स बहुजनों को स्थापित करने के लिए उन्हें गोलबन्द करने की हाड़तोड़ कोशिश कर रहे थे। सामाजिक श्रेणी क्रम में विभिन्न स्तरों के लोगों को सम्बोधित करने के लिए ऊँची जातियों के पास पूर्ण रूप से परिभाषित संहिता थी, वे उम्मीद करते थे कि सभी लोग उसका पालन करें। कांशीराम और मायावती का उद्देश्य इस संहिता को उलट देना था और उस खास तरीके के सम्बोधन का इस्तेमाल कर ऊँची जातियों को अपमानित करना था, जो आमतौर पर सामाजिक श्रेणीक्रम में निचले पायदान के लोगों के लिए प्रतिबन्धित था।

चीजें तब बदल गईं, जब बसपा को उत्तर प्रदेश में 2007 में पूर्ण बहुमत प्राप्त हुआ और मायावती मुख्यमंत्री बनीं। उनकी जीत की रणनीति ऊँची और निम्न जातियों को एक बैनर 'सर्वजन' के नीचे लाने पर निर्भर थी। उन्होंने ऐसे समय पर सचेत तरीके से अपने स्वर और व्यवहार को बदला, ताकि ऊँची जातियों के मतदाता अपमानित या अलगाव न महसूस करें और इस तरह वह ऊँची जातियों का वोट पाने में सफल हुईं। उनके परामर्शदाता कांशीराम के उदाहरण निस्सन्देह मायावती में इस परिवर्तन के लिए जिम्मेदार थे।

वर्षों बाद राजनीतिक शैली और मुहावरे में परिवर्तनों के बावजूद, सभी महान व्यक्तियों की तरह कांशीराम के साथ अच्छे और बुरे दोनों विवाद जुड़े हुए थे। ये आलोचनाएँ क्या थीं और जिस उत्साह से उन्होंने इसका जवाब दिया, इसकी चर्चा आगे की जाएगी।

अध्याय-6

आलोचकों की नजर में
अवसरवाद एक रणनीति

हम पाते हैं कि अपनी राजनीतिक यात्रा से लेकर अभी तक कांशीराम ने अपनी चतुराई और रणनीति से सदियों पुरानी सामाजिक और राजनीतिक व्यवस्था को लगातार अस्थिर किया था। स्थापित राजनीतिक शिष्टाचार को भंग करने से डरे बिना, उन्होंने राजनीतिक व्यवहार के अपने तौर-तरीके विकसित किए थे। बहुजन समाज के नये उभरते नेतृत्व के लिए सत्ता हासिल करने के अपने उद्देश्य को पाने तक, वह ऐसा करते रहे। वह इसके लिए किसी भी हद तक जाने को तैयार थे, जो भी पार्टी इच्छुक हो उससे गठबन्धन कायम करने के लिए तैयार थे। यहाँ तक कि उस पार्टी से भी, जिसकी विचारधारा बसपा के लिए पूरी तरह असंगत हो। इससे भी आगे दूसरी पार्टी के दलबदलुओं का भी स्वागत करते थे, अगर वे बसपा के कार्यक्रम का समर्थन करते हों। 1998 में आरिफ मोहम्मद खान बसपा के टिकट पर चुने गए थे। इसी तरह से अकबर अहमद 'डंपी' चुने गए।

अकबर अहमद डंपी कांग्रेस पार्टी से आए थे। वह संजय गांधी के वफादार के रूप में जाने जाते थे। संजय गांधी की मौत के बाद उन्होंने मेनका गांधी का साथ दिया। 1982 में वह कांग्रेस पार्टी से निकाल दिए गए थे, क्योंकि उन्होंने और मेनका गांधी ने लखनऊ में संजय विचार मंच की एक बैठक की थी। राजीव गांधी से मेल-जोल कायम होने के बाद 1989 में वह फिर कांग्रेस में शामिल हो गए। दो वर्ष बाद उन्होंने कांग्रेस पार्टी छोड़ दी और कांशीराम ने उन्हें बसपा में शामिल होने के लिए तैयार किया।[1]

आरिफ मोहम्मद खान ने बुलन्दशहर के सिहाना विधानसभा क्षेत्र से भारतीय क्रान्ति दल पार्टी से विधानसभा चुनाव लड़ा, लेकिन पराजित हो गए। वह कांग्रेस में शामिल हो गए और 1980 और 1984 में बहराइच से चुनाव जीता था। मुस्लिम पर्सनल लॉ विधेयक पर मतभेद के चलते 1986 में उन्होंने कांग्रेस पार्टी को छोड़ दिया, यह विधेयक राजीव गांधी के मार्गदर्शन में लोकसभा में पेश हुआ था। खान

जनता दल में शामिल हो गए और फिर से 1989 में लोकसभा के लिए चुने गए। बसपा में शामिल होने के लिए उन्होंने फिर जनता दल को छोड़ दिया। लेकिन फिर 1998 में लोकसभा में वापस आए।[2]

लोगों ने बसपा में शामिल होने के लिए अपनी-अपनी पार्टियों को छोड़ा, क्योंकि उत्तर प्रदेश में पार्टियों की स्थितियों में गिरावट आ रही थी। खान और अहमद को स्वयं के लिए एक राजनीतिक पनाह की जरूरत थी। बसपा को भी मुसलमानों के बीच अपने समर्थन आधार को फैलाने के लिए इनकी जरूरत थी। इसलिए बसपा ने इन दो राजनेताओं का स्वागत किया।

कांशीराम साध्य के आधार पर साधन को जायज ठहराते थे। इस मामले में वे अपने मार्गदर्शक आंबेडकर से विपरीत ध्रुव पर खड़े थे, जिसे हम पिछले अध्यायों में देख चुके हैं।

कांशीराम पर राजनीतिक गलियारे के साथ-साथ मीडिया की ओर से भी बहुत सारे आरोपों की बौछार होती थी। विभिन्न समयों पर उनके ऊपर एक गँवार, एक अवसरवादी, एक धन-सम्पत्ति का संग्रही, राजनीति में छिछला और जिसे सीआईए से पैसा मिलता है तथा जो साम्प्रदायिक ताकतों से स्वयं गठजोड़ करता है, जैसे आरोप लगाए गए थे।[3] इनमें से कुछ आरोप अखबारों में लेखों के रूप में सामने आए थे। सारे आरोप आधारहीन अफवाहें थीं। जैसा कि हम नीचे देखेंगे, इनमें से बहुत सारे आरोपों को कांशीराम ने हँसते-हँसते खारिज कर दिया।

'नवभारत टाइम्स' में अपने एक लेख में बी.एल. शर्मा 'प्रेम' ने एक बार कांशीराम को गँवार, असभ्य और अशिष्ट बताया।[4] इस टिप्पणी में व्यक्तिगत पूर्वग्रह की बू आती है, क्योंकि कांशीराम ने कभी भी खुद को शहरी सुसंस्कृत या सौम्य होने का दावा पेश नहीं किया था। वास्तव में वह हमेशा अपने गँवार व्यक्तित्व को पोषित और विकसित करने के लिए काफी प्रयास करते थे, जो उनके मुँहफट और स्पष्टतावादी भाषणों में सामने आता था। इस चीज ने उन्हें अपने राजनीतिक विरोधियों की दो-टूक आलोचना और टिप्पणी से बच निकलने का रास्ता प्रदान किया। विरोधी इस बात से चिढ़कर उनके भदेस तरीकों की और आलोचना करते थे।

अपनी पृष्ठभूमि को दृढ़तापूर्वक अंगीकार करते हुए कांशीराम के राजनीतिक शब्द, प्रतीकों और संकेतों से भरे हुए थे, जो उन्हें एक देहाती के तौर पर प्रस्तुत करते थे। एक बार एक पत्रकार ने कांशीराम से पूछा कि वह कांग्रेस से गठबन्धन करने की दौड़ में हैं? कांशीराम ने उत्तर दिया, "यदि दौड़ बसपा की तरफ से होती, तो मैं आपको कांग्रेसियों के घर या कार्यालय में मिलता। न तो मैं किसी के घर या कार्यालय गया, न तो किसी को इस बात की इजाजत दी कि वह मेरे घर या कार्यालय आए। बैठकें ऐसे खेतों में होती हैं, जो एक तीसरे व्यक्ति का होता है।"[5]

खेत शब्द शुद्ध ग्रामीण है, एक किसान के लिए उसके घर से बाहर का कोई भी स्थान खेत होता है और प्राय: ग्रामीण क्षेत्रों में बैठकें खेतों में होती हैं। ऐसे रूपक शहरी क्षेत्रों में रहने वाले लोगों के लिए अबोधगम्य होते हैं। जैसा कि उन्होंने 27 मई, 1987 को अभय भारती अखबार में प्रकाशित एक साक्षात्कार में कहा था कि ''मैं एक ग्रामीण आदमी हूँ। मेरे भाषण शहर में पले-बढ़े लोगों की समझ से बाहर हैं।''[6]

हालाँकि कुछ लोग यह जानते थे कि भले ही कांशीराम अपनी ग्रामीण पृष्ठभूमि की दावेदारी करते हों, लेकिन वह निश्चित तौर पर एक सीधे-सादे ग्रामीण नहीं थे। वह एक कुशल राजनीतिज्ञ थे, जिनकी रणनीति का उद्देश्य रोजमर्रा की स्थानीय राजनीति को रूपान्तरित करना था, ताकि राष्ट्रीय राजनीति को प्रभावित किया जा सके। बसपा के शुरुआती दिनों में जब मीडिया कांशीराम के बढ़ते प्रभाव की परिघटना को समझने में असमर्थ थी, तब उनके खिलाफ आरोप लगाए जाते थे कि उन्हें सीआईए का समर्थन प्राप्त है और उसके द्वारा उन्हें भारतीय राजनीति का चेहरा बदलने के लिए पैसा दिया जाता है। कांशीराम कहते थे कि जो लोग सत्ता में (कांग्रेस पार्टी) हैं, वे बसपा पर आरोप लगाते हैं कि वो सीआईए से पैसा लेती है।[7]

कांशीराम शान्तिपूर्वक और धैर्य के साथ सारे आरोपों को खारिज करते थे, जो लोग ये आरोप लगाते हैं वे अनभिज्ञ और अज्ञानी हैं। उन्होंने बताया कि वह कैसे चुनावी खर्च जुटाते हैं। इस सन्दर्भ में उन्होंने कहा :

> जिनके साथ मैं काम करता हूँ, वे हाल तक गरीबी और अभाव में जीते थे, लेकिन एक साथ मिलकर उनकी संख्या 65 करोड़ है। सरकारी आँकड़ों के अनुसार, इनमें से प्रत्येक रोज केवल एक रुपया 75 पैसा भोजन पर खर्च करता है। इसका मतलब है कि गरीबी में जीने वाले ये लोग भी एक साथ मिलकर 120 करोड़ रुपए का भोजन प्रत्येक दिन करते हैं। मैं इन लोगों से कहता हूँ कि कम से कम पाँच वर्षों में एक दिन अपनी खातिर भूखे रहें। यदि मैं लोकसभा की सभी 542 सीटों पर चुनाव लड़ता हूँ और प्रत्येक व्यक्ति पर पाँच लाख रुपए खर्च करता हूँ और दो करोड़ चुनाव प्रचार पर खर्च करता हूँ तो कुल 27 करोड़ खर्च करने की जरूरत पड़ेगी। इस तरह यदि ये सभी लोग यहाँ तक कि केवल एक दिन भूखे रहते हैं, तो मैं चार लोकसभा चुनाव लड़ सकता हूँ।[8]

इस मुद्दे को आगे स्पष्ट करते हुए कांशीराम ने कहा :

> कि यह सच है कि हमारा खर्च हजारों या लाखों में नहीं, बल्कि करोड़ों में है। 1980 में बामसेफ के निर्माण के समय मैंने 1.87 करोड़ रुपए खर्च किए। मेरी पार्टी में एक लाख कार्यकर्ता और 25 लाख से अधिक काडर

सदस्य हैं। हम अपना सारा फंड इन लोगों से इकट्ठा करते हैं और यदि कोई भी यह साबित कर दे कि एक कब्र से भी अधिक मेरे पास जमीन है, तो मैं भारत में कठिन से कठिन दंड भुगतने को तैयार हूँ। सरकार इस बात के लिए आजाद है कि अपनी खुफिया एजेंसियों को लगाकर मेरी व्यक्तिगत सम्पत्ति की जाँच करा ले।[9]

इसी शैली में कांशीराम ने मुलायम सिंह की सपा सरकार को समर्थन देने के एवज में रुपयों से भरा एक सूटकेस लेने के आरोपों को सफलतापूर्वक खारिज किया। 1989 में एक हिन्दी पत्रिका 'माया' के एक पत्रकार के इस सवाल का कि क्या उन्होंने कांग्रेस पार्टी से एक गोपनीय गठजोड़ किया था? कांशीराम ने जो उत्तर दिया उसके अन्दर ही बहुत सारे आरोप लगाए गए थे। उन्होंने कहा, ''हमारे गुप्त गठजोड़ की क्या उपयोगिता होगी? यदि हमारा उद्देश्य पार्टी से धन या व्यक्तिगत लाभ कमाना होता, तो ये गुप्त समझौते का मतलब सामने आता। लेकिन यदि अपने मिशन को पूरा करना हमारा उद्देश्य है, तो गुप्त समझौता हमारे लिए फायदेमन्द नहीं होगा।''[10]

कांशीराम स्वयं और पार्टी के बारे में अफवाहों के पीछे उच्च जाति के पूर्वग्रह की तलाश करते थे। एक अन्य अवसर पर, जब एक पत्रकार ने कांग्रेस से सीटों पर समझौते के सन्दर्भ में गुलाम नबी आजाद के मार्फत पैसे के लेन-देन का प्रश्न उठाया तो कांशीराम ने उत्तर दिया कि ''मैं कहता हूँ जो कोई हमारे पास आता है, सिर्फ इसलिए नहीं कि वह हमें कुछ देना चाहता है। यह सच है कि ज्यादातर लोग ये मानते हैं कि छोटे-छोटे फायदों के लिए हमारे लोग जानवर की तरह खुद को बेचने के लिए तैयार रहते हैं, लेकिन मैं अपनी तरफ से भरपूर कोशिश करता हूँ कि इन 'बिकाऊ जानवरों' को मानव प्राणी में बदल दूँ। तो ऐसा काम खुद कैसे कर सकता हूँ?''[11] इस कथन में ऊँची जातियों की दलितों और निम्न जातियों के प्रति घिसी-पिटी राय के बारे में कांशीराम की पीड़ा भी सामने आती है।

कांशीराम को अवसरवादी, चालाक, धूर्त और अनैतिक रूप में प्रस्तुत करने वाले यह महसूस करने में असफल हो जाते हैं कि जिस राजनीति को पहले उन्होंने देखा है, कांशीराम की राजनीति उससे पूरी तरह भिन्न थी। चुनावी राजनीति के उनके रिकॉर्ड को देखा जाए, तो यह पता चलता है कि उन्होंने विभिन्न राजनीतिक दलों से हाथ मिलाया और जो कुछ पाना चाहते थे, उसे लेकर उनमें से निकल आए। उन सरकारों का समर्थन किया, जो उनकी योजनाओं को आगे बढ़ाती हों और सरकार बनाने की कोशिशों में दूसरी पार्टियों को तोड़ा।

राष्ट्रीय स्तर पर उन्होंने विभिन्न राजनीतिक शक्तियों से गठजोड़ कायम किया। जब उनकी उपयोगिता खत्म हो गई, तो उसे तोड़ दिया, ये काम कांशीराम ने तब किया, जब ये पार्टियाँ सरकार बनना चाहती थीं और ऐसी परिस्थितियाँ भी पैदा कीं

कि अन्य पार्टियाँ सरकार न बना सकें। इस तरीके से वह स्थिरता की जगह अस्थिरता के महारथी के रूप में उभरे।[12] इस अस्थिरता के माध्यम से वह और उनकी पार्टी भी ताकतवर बनी। उनके अनोखे राजनीतिक दृष्टिकोण को, उनकी तेजी से बदलती रणनीतियों और समझौतों में देखा जा सकता है। 23 फरवरी, 1997 को कांशीराम ने हुमायूँ रोड बँगला पर उत्तर प्रदेश के विधायकों से कहा कि वे चुनाव की तैयारी शुरू कर दें, लेकिन ठीक पाँच दिन बाद ही भाजपा के नेता एल.के. आडवाणी से मिलकर उत्तर प्रदेश में गठबन्धन सरकार की योजना बना डाली। 19 मार्च को भाजपा-बसपा सरकार के पहले छह महीने की मुख्यमंत्री के रूप में मायावती के शपथ ग्रहण समारोह में उपस्थित सभी लोगों में वे सबसे शान्त नजर आए। कांशीराम के उलट, भाजपा के नेता उदास और हताश दिखे। वे सोच रहे थे कि कांशीराम ने कौन-सी चाल चली। उनकी चिन्ता का मुख्य विषय यह था कि बसपा इस समझौते को बनाए रखेगी कि नहीं : छह महीने बाद भाजपा का नेता मायावती की जगह मुख्यमंत्री बनेगा और वह सरकार चलने देंगी या नहीं ?

भाजपा इससे पहले कांशीराम के हाथों झटका खा चुकी थी, जब ठीक इसी गठबन्धन के तहत 1995 में मायावती साढ़े चार महीने मुख्यमंत्री रहीं। इस दौरान बसपा ने अपने राजनीतिक एजेंडे को मजबूत बनाया और उसके मतों में 10 से 12 प्रतिशत तक की वृद्धि हुई, जबकि भाजपा अपने पुराने मत प्रतिशत को ही बनाए रख पाई। इस बार भाजपा के नेताओं को उम्मीद थी कि वे अखिल भारतीय गठबन्धन बनाने के लिए कांशीराम को सहमत करने के लिए सफल होंगे। जब ऐसा समय आया, तो उन्होंने पाया कि कांशीराम ने अपना स्टैंड बदल दिया है।

> उन्होंने दो-टूक कहा कि भविष्य के गठबन्धन के बारे में वे कोई वादा नहीं कर सकते थे। उन्होंने साफतौर पर कहा कि बसपा केवल अपने मिशन को पूरा करने के अवसरों को देखती थी। चूँकि भाजपा मनुवादी पार्टी है, जबकि बसपा मानववादी पार्टी है, इसलिए उसके साथ लम्बे समय के लिए बड़े पैमाने का गठबन्धन कायम कर पाना सम्भव नहीं था। जब कभी भाजपा ये सोचती थी कि कांशीराम की सहायता से वो दलितों का वोट प्राप्त कर सकती थी तो उन्होंने उसकी उम्मीदों को तोड़ दिया। जब अटल बिहारी वाजपेयी कांशीराम के पास गए और उन्हें राष्ट्रपति पद का प्रस्ताव दिया तो उन्होंने इसे खारिज कर दिया और कहा कि वह प्रधानमंत्री बनना चाहते थे, राष्ट्रपति नहीं।[13]

1993 के बाद से गुप्त समझौतों के माध्यम से गठबन्धन बनाने और तोड़ने की ये कहानियाँ कांशीराम द्वारा कई बार दोहराई गईं। उन्होंने एक बार भाजपा को हराने के लिए सपा से हाथ मिलाया, जबकि दूसरी बार सपा के खिलाफ भाजपा से गठजोड़ किया। पंजाब में कांग्रेस पार्टी के खिलाफ

> अकाली दल (बादल) से गठजोड़ किया और उत्तर प्रदेश में उसी कांग्रेस से गठबन्धन बनाया। बाद में पंजाब में अकाली दल (मान) से गठबन्धन किया और विधानसभा चुनावों के बाद उन्होंने भाजपा से हाथ मिला लिया। अवसरवादी होने के आरोपों का जवाब देते हुए उन्होंने कहा कि वह यथास्थिति में विश्वास नहीं करते, बल्कि स्थिति को लगातार बदलते रहते हैं।[14]

वह यह भी कहते थे कि यदि ब्राह्मण अवसरवादी रास्ते से आगे बढ़ते हैं, जब इसमें कुछ भी गलत नहीं है तो ऐसा ही दलित भी करें।[15]

कांशीराम ने अवसरवाद को एक विचारधारा के रूप में बदल दिया था और व्यावहारिक राजनीति को अपना सबसे बड़ा सिद्धान्त बनाया था। गांधीवादियों से गठजोड़ करते हुए भी वह गांधी को बुरा-भला कहते थे, जब मायावती भाजपा के समर्थन से उत्तर प्रदेश की मुख्यमंत्री बनी थीं, तो उस समय भी वह भगवान राम की आलोचना करते थे। भगवान राम की आलोचना करने का निहित उद्देश्य अपने दलित आधार को खुश करना था। उनकी राजनीति भले ही अल्पकालिक हो सकती है, लेकिन बाद में ये बात प्रमाणित होकर सामने आई कि इसके पीछे एक दीर्घकालिक एजेंडा था।[16]

एक तरफ कमजोरों को ताकतवर बनाने के साथ ही वह अन्य लोगों को शक्तिशाली बनने से रोकना चाहते थे। उन्होंने विभिन्न समयों पर, अपनी योजना के अनुरूप मजबूत या कमजोर पार्टियों से गठजोड़ कायम किया। शुद्ध रूप से इस सबका उद्देश्य दूसरी पार्टियों को मात देना था। एक के बाद दूसरी पार्टियों को सत्ता से हटाने के लिए उन्होंने चालें चलीं। दूसरी ओर, अन्य दूसरे कमजोर तबकों को भी वह शक्तिशाली बनाना चाहते थे। उनके 'अप्रत्याशित' कदम उनके कार्यकर्ताओं और समर्थकों को भ्रम में डाल देते थे, लेकिन यह उनके काम करने का एक तरीका था। उनके उद्देश्य में निरन्तरता थी।[17]

कांशीराम के राजनीतिक जीवन की सबसे निर्णायक घड़ी 1990 का दशक था, जब भाजपा द्वारा चलाए जा रहे राम जन्मभूमि आन्दोलन के ज्वार में उत्तर प्रदेश घिरा हुआ था और साम्प्रदायिक ताकतें राज्य में आजाद घूम रही थीं। बसपा और सपा ने एक साथ मिलकर निम्न और पिछड़ी जातियों को गोलबन्द किया और 1993 के विधानसभा चुनावों में भाजपा को पराजित कर दिया। दोनों पार्टियों के बीच एक राजनीतिक समझौते के तहत मुलायम सिंह को उत्तर प्रदेश का मुख्यमंत्री बनाया गया। कांशीराम मानते थे कि निम्न जातियों और अल्पसंख्यकों के जीवन, सम्पत्ति और धार्मिक विश्वासों की सुरक्षा के लिए यह एक सामाजिक और राजनीतिक बाध्यता थी। हालाँकि, मुलायम सिंह ने बसपा को खत्म करने के लिए व्यवस्थित तरीके से काम करना शुरू कर दिया था। इस सबका उद्देश्य कांशीराम को कमजोर

बनाना था। इधर कांशीराम उनके भविष्य के खेल की योजना समझ गए, उन्होंने सपा से समर्थन वापस ले लिया और भाजपा से हाथ मिला लिया। भाजपा से गठबन्धन करने का उद्‌देश्य सपा की सरकार गिराना था। उस समय की मौजूदा स्थिति का वर्णन करते हुए कांशीराम ने कहा कि "मुलायम सिंह की गलत मंशा पंचायत चुनावों में सामने आई और अपना समर्थन वापस लेने के लिए हम बाध्य हो गए थे। यहाँ तक कि भाजपा भी मुलायम सिंह की गुंडागर्दी से परेशान हो गई थी और मायावती की सरकार को बिना शर्त समर्थन देने के लिए तैयार हो गई थी।"[18]

कांशीराम ने अपने राजनीतिक जीवन में सबसे तीखे हमले का सामना तब किया, जब भाजपा के समर्थन से बसपा दो बार उत्तर प्रदेश की सत्ता में आई। आंबेडकरवादियों, वामपंथियों, स्थापित बुद्धिजीवियों और पत्रकारों ने प्रगतिशील नजरिए से उनकी और बसपा की, साम्प्रदायिक पार्टी को खुलेआम समर्थन देने के लिए निन्दा और आलोचना की। भाजपा से गठबन्धन करके कांशीराम ने जब सरकार बनाई तो आंबेडकरवादी के. नाथ ने आलोचना की थी और कहा था कि जो लोग ब्राह्मणवाद के खिलाफ थे और मनुवाद की निन्दा करते थे, उन्होंने सत्ता के लिए उन्हें स्वीकार कर लिया। उन्होंने आगे कहा, "किसी भी आंबेडकरवादी नेता ने इस बात पर सवाल नहीं उठाया कि क्यों बसपा ने मनुवादियों से समझौता किया।"[19]

दलित मोर्चा के संगठनकर्ता महिपाल सिंह ने कहा कि "बसपा का हाथी, अब दलितों का समर्थक नहीं रह गया है, इसकी जगह मनुवादियों का गणेश बन गया है, जो दलितों को अपना दास बनाना चाहते हैं।"[20] एस.आर. दारापुरी और संगम लाल विद्रोही जैसे अन्य आंबेडकरवादियों ने बसपा के इस कदम की आलोचना की थी।

हालाँकि कांशीराम इस बात को लेकर बिलकुल साफ थे कि यद्यपि भाजपा एक मनुवादी पार्टी थी, लेकिन उन्होंने उससे राजनीतिक बाध्यताओं के चलते गठबन्धन कायम किया। अपने निर्णय को जायज ठहराते हुए उन्होंने कहा कि "इसमें क्या गलत है, यदि मैंने भाजपा का केवल एक सीढ़ी के रूप में इस्तेमाल किया।"[21]

कांशीराम इस बात पर जोर देते थे कि बसपा हमेशा समाज की निम्न जातियों और पददलित समुदाय के मुद्‌दों को आगे बढ़ाती है, यहाँ तक कि उन्होंने भाजपा के सहयोग से सरकार बनाई तब भी। अपनी सरकार के शुरुआती छह महीने में घोषणा की थी कि निम्न जातियों को छह लाख एकड़ जमीन पर मालिकाना हक दिया गया था। दलित सन्तों के नाम पर नये जिलों का निर्माण किया गया था, जिनमें आंबेडकर नगर, फुले नगर और साहूजी नगर शामिल हैं। जब अटल बिहारी वाजपेयी ने एक नये जिले का नामकरण दीनदयाल उपाध्याय के नाम पर करने का आग्रह किया, तो कांशीराम ने इनकार करते हुए कहा कि जब बसपा की जगह भाजपा के मुख्यमंत्री के नेतृत्व वाली सरकार कायम होगी, तब वह ऐसा कर सकते हैं।[22]

बसपा ने भाजपा पर दबाव बनाकर दलितों के सशक्तिकरण के कार्यक्रम को लागू किया, जिसने अन्ततोगत्वा बसपा को दलितों का ज्यादा वोट पाने में मदद की। इस सन्दर्भ में कांशीराम का बयान स्पष्ट करता है कि गठबन्धन में भाजपा ने बसपा की तुलना में ज्यादा समझौता किया और इससे बसपा को फायदा पहुँचा। कांशीराम ने घोषणा की कि यदि भाजपा के साथ गठबन्धन उनके अनुकूल होता है और उन्हें ऐसी सरकार बनाने में सहयोग देता है, जो हमारे समुदाय के मुद्दों को आगे बढ़ाती है, तो वह उस गठबन्धन को सम्मान देंगे।[23]

चारों तरफ से होने वाली कड़ी निन्दा के बावजूद गुजरात में मुसलमानों के खिलाफ 2002 में हुए दंगों के मामले में कांशीराम आश्चर्यजनक रूप से चुप रहे। इस दौरान नरेन्द्र मोदी (भाजपा) गुजरात में मुख्यमंत्री थे। अपने इस कृत्य के समर्थन में दो टूक कहा कि उनकी गुजरात में कोई रुचि नहीं है, क्योंकि वहाँ की जनसंख्या में केवल सात प्रतिशत अनुसूचित जाति के लोग हैं और वहाँ वह अपना आधार बनाने की कोई सम्भावना नहीं देखते थे।[24] कथित तौर पर बहुजन समाज का एक हिस्सा होने के बावजूद कांशीराम मुसलमानों के खिलाफ होने वाले अन्यायों के प्रति चुप रहे। इन विवादों और आलोचनाओं के बावजूद, कांशीराम राजनीति के एक ऐसे कुशल रणनीतिकार थे, जिन्होंने बसपा को एक ऐसी शक्ति बना दिया जिसे गम्भीरता से लिया जाए। उनकी सर्वजन राजनीति उत्तर प्रदेश के दलितों की स्थिति पर उनकी मजबूत पकड़ के चलते बनी थी। 2007 में सत्ता में आने से पहले हर चुनाव में बसपा को 23 प्रतिशत मत प्राप्त होते थे। चार प्रतिशत और अधिक पाकर वो सरकार बना सकती थी। यह अलग बात है कि पार्टी सभी गैर दलितों को अपने साथ जोड़ने का इरादा रखती थी, लेकिन केवल ब्राह्मणों और मुसलमानों तक ही पहुँच पाई। यह रणनीति पंजाब में काम नहीं कर पाई, जहाँ कोई स्वतंत्र दलित पार्टी नहीं थी और कांग्रेस तथा अकाली दल (भाजपा के साथ) ने क्रमशः चमारों और वाल्मीकियों तथा मजहबी सिखों के मतों को अपनी ओर खींचा। न तो यह रणनीति महाराष्ट्र में लागू हो पाई, जहाँ दलित विभिन्न समूहों में बँटे हुए थे और दूसरी जातियों से गठजोड़ कायम करना कठिन था। कांशीराम ने इस बात को स्वीकार भी किया। शायद यह चीज बसपा के वर्तमान नेतृत्व के लिए एक सबक है। जीवन की तरह कांशीराम की मृत्यु भी काफी विवादों के लिए जानी जाती है। निहित स्वार्थों के विभिन्न लोगों के बीच कानूनी संघर्षों की लम्बी लड़ाई चली। अगले अध्याय में हम उनकी बीमारी और बाद में मृत्यु के इर्द-गिर्द चले तमाम विवादों की जाँच-पड़ताल करेंगे।

अध्याय–7

अन्तिम समय
पार्टी और परिवार के बीच संघर्ष

जैसा कि पहले अध्याय में चर्चा की गई है कि कांशीराम ने परिवार से जान–बूझकर अपने सभी सम्बन्ध खत्म कर लिए थे और अविवाहित रहने का फैसला किया था, ताकि पारिवारिक सम्बन्ध और शादी का भावनात्मक लगाव उन्हें उनके मिशन से भटका न पाए। कांशीराम के लिए दलित समाज ही परिवार था और कई वर्षों तक अपने परिवार के बारे में बिना कुछ सोचे दलित समाज के लिए काम किया और जिया। 1960 के दशक के मध्य में पूना में नौकरी छोड़ने के बाद उन्होंने परिवार से मिलने का कोई प्रयास नहीं किया। मीडिया में कांशीराम की चर्चा शुरू होने से पहले उनके परिवार के सदस्यों को उनके पते–ठिकाने के बारे में कोई जानकारी नहीं थी। असल में चंडीगढ़ की एक बैठक में मिलने आए उनके छोटे भाई दलबारा सिंह ने जब कांशीराम के पैर छुए तो वो पहचान नहीं पाए। दलबारा सिंह को उन्होंने कभी देखा नहीं था। जब इस 24 साल के नौजवान ने अपना परिचय दिया, तो कांशीराम की आँखों से आँसू बहने लगे।

कांशीराम के परिवार के अन्य सदस्य भी उनसे पुनर्मिलन की ऐसी ही अनोखी कहानियाँ बताते हैं, जब वह अपने परिजनों को पहचान नहीं पाए। कई वर्षों बाद एक साझे मित्र के आवास पर उनसे मिलने वाली उनकी बहन सबरन कौर ने भी ऐसा ही अनुभव साझा किया। कांशीराम की माता बिशन कौर पुणे में उनके नौकरी छोड़ने के 18 वर्षों बाद उनसे मिलीं। यह समयान्तराल उनके लिए भारी व्यथा भरा रहा, क्योंकि उन्हें नहीं पता था कि उनका बेटा किन परिस्थितियों में है। कांशीराम के पुणे ऑफिस को उनके रजिस्टर्ड डाक से भेजे गए पत्र, इस सूचना के साथ लौट आए कि वे पाँच वर्ष की छुट्टी पर चले गए हैं। चारों ओर उनके विदेश चले जाने या गायब हो जाने की अफवाहें थीं। अन्तिम तौर पर 18 साल बाद, जब परिवार ने यह जाना कि वह कर्मचारियों का सम्मेलन आयोजित कर रहे हैं, तो नागपुर में हो रहे ऐसे ही एक सम्मेलन में बिशन कौर उनसे मिलने पहुँचीं, लेकिन उन्हें अपने

पैतृक गाँव लौट चलने के लिए मनाने में असफल रहीं। यहाँ तक कि वह अपने पिता हरी सिंह के अन्तिम संस्कार में शामिल नहीं हुए, हालाँकि वह मृत्युभोज में शामिल हुए थे।[1] उस समय तक वह स्थापित दलित नेता बन चुके थे, बामसेफ स्थापित कर चुके थे और डीएस-4 तथा बसपा को लॉन्च करने की तैयारी कर रहे थे।

जो व्यक्ति उनके जीवन और राजनीति में सबसे करीब था, वह थीं उनकी अनुगामी मायावती। उन्होंने खुद ही उनकी देखभाल की जिम्मेदारी अपने कन्धों पर ले ली और मृत्य तक उनकी सेवा की। उनकी बीमारी और मौत, मायावती और कांशीराम के परिवार के बीच एक लम्बे समय के उबाऊ कानूनी विवाद का विषय बन गया था। इस अध्याय में हम 2003 से लेकर 2006 के बीच के घटनाक्रम का वर्णन करेंगे। 2003 में उन्हें पहला मस्तिष्कीय आघात लगा और 2006 में उनकी मृत्यु हुई।

***

जिस बेताबी से कांशीराम काम कर रहे थे, उसने उनके स्वास्थ्य पर गम्भीर असर डाला। उन्हें उच्च्व रक्तचाप तथा मधुमेह हो गया, जिसने उनकी राजनीतिक गतिविधियों को अक्सर प्रभावित किया। 1995 की गर्मियों में, जब कांशीराम बसपा की सरकार (उत्तर प्रदेश में सपा-बसपा गठबन्धन की सरकार थी और मुख्यमंत्री के रूप में मुलायम सिंह थे और गठबन्धन में गतिरोध आ गया था) बनाने के लिए भाजपा के साथ एक गुप्त कार्य योजना पर काम कर रहे थे, उनकी तबीयत काफी खराब हो गई। बीमारी का कुछ कारण तो पूरे भारत की यात्रा से पैदा हुई थकान और दीर्घकालीन उच्च्व मधुमेह तथा रक्तचाप से पैदा हुई चिकित्सीय जटिलताएँ थीं।[2] भाजपा नेतृत्व पहले ही कांशीराम को समर्थन का पत्र दे चुका था, लेकिन वह इतना कमजोर हो चुके थे कि मुख्यमंत्री की जिम्मेदारी नहीं सँभाल पाते। जल्दी ही उन्हें समाचार मिला कि मुलायम सिंह बसपा को तोड़ने वाले हैं। जल्दबाजी में उन्होंने मायावती को बुलाया और उन्हें राज्यपाल के पास जाने और सरकार बनाने के दावा करने वाले दस्तावेज सौंपने के लिए सहमत किया। जैसा कि पहले चर्चा की गई है, 3 जून, 1995 को वह उत्तर प्रदेश की मुख्यमंत्री नियुक्त हुईं।[3] बीमारी से ठीक होने के बाद कांशीराम बसपा के अध्यक्ष के तौर पर काम करते रहे और जब-जब बसपा सत्ता में आई मायावती मुख्यमंत्री के तौर पर काम करती रहीं।

जल्दी ही उनको एहसास हुआ कि उनका स्वास्थ्य तेजी से गिर रहा है। 2001 में लखनऊ में एक विशाल रैली में उन्होंने मायावती को अपना वारिस घोषित करके और अपनी शिष्या में अपने भरोसे और विश्वास को सार्वजनिक करके,

बसपा की विरासत उन्हें सौंप दी। दलित समुदाय नें उनकी घोषणा का स्वागत किया और नये नेतृत्व को गर्मजोशी से स्वीकार किया।[4] यह समय रहते लिया गया निर्णय था, क्योंकि 14 सितम्बर, 2003 को हैदराबाद में कांशीराम को एक गम्भीर मस्तिष्क पक्षाघात हुआ। उन्हें तुरन्त वहीं के अपोलो अस्पताल ले जाया गया और अगले दिन एयर एम्बुलेंस से नई दिल्ली पहुँचाया गया और बत्रा अस्पताल में भर्ती किया गया। 29 अप्रैल, 2004 को अस्पताल से उन्हें छुट्टी मिली, लेकिन अगले ही दिन उन्हें पुनः भर्ती होना पड़ा। आखिरकार 1 जुलाई, 2004 को उन्हें छुट्टी मिली। कांशीराम की सेहत को लेकर 2005 में सुप्रीम कोर्ट द्वारा गठित जिस मेडिकल बोर्ड ने अपनी निर्णायक रिपोर्ट अदालत में जमा की थी, उसी बोर्ड के सदस्य डॉ. ओंकार मित्तल द्वारा तैयार की गई प्रेस विज्ञप्ति में ये सारी तफसीलें दर्ज की गई थीं।[5]

दोनों बार, कांशीराम को रक्तचाप में तेज वृद्धि के चलते हुए मस्तिष्क पक्षाघात के कारण अस्पताल में भर्ती होना पड़ा था। इसने उनके शरीर के दाहिने हिस्से को पूरी तरह लकवाग्रस्त कर दिया और बोलने तथा समझने की शक्ति को बुरी तरह प्रभावित किया। 16 जून, 2004 को प्रस्तुत एक चिकित्सीय रिपोर्ट में उनके न्यूरो फिजीशियन डॉ. एस.के. चौधरी ने कहा था कि वह बातचीत और सामान्य समझने-बूझने में असमर्थ रहने के अलावा समय व स्थान का ज्ञान न रहने की समस्या से पीड़ित थे। रिपोर्ट के अनुसार, जब 30 अप्रैल, 2004 को कांशीराम को दूसरी बार बत्रा अस्पताल में भर्ती किया गया तो वह अत्यधिक बेचैनी और आंशिक लकवे के शिकार थे। उनकी लकवाग्रस्त स्थिति और बदतर हो गई और उनके बोलने की क्षमता बुरी तरह कमजोर हो गई। 1 मई 2004, को एम.आर.आई. रिपोर्ट से नई जटिलता सामने आई। दूसरी रिपोर्ट में कांशीराम की स्थिति के बारे में स्पष्ट और ज्यादा विस्तृत जानकारी थी। यह रिपोर्ट 1 जुलाई, 2004 को बत्रा अस्पताल से उनकी छुट्टी के समय दिए गए प्रमाण-पत्र के साथ संलग्न थी।[6]

रिपोर्ट में कहा गया है कि चूँकि मरीज की हालात स्थिर थी और बेहतर हुई है। निम्न टिप्पणियों के साथ उन्हें छुट्टी दी जा रही है :

1. रोगी की वर्तमान स्थिति, इसी बीमारी के साथ कई वर्षों तक ऐसी ही बनी रह सकती है। इसीलिए सलाह दी जाती है कि मरीज को दिल्ली में रहना चाहिए, ताकि आपातकालीन स्थिति में तत्काल चिकित्सकीय सहायता उपलब्ध कराई जा सके। इन्हें यात्रा करने की इजाजत नहीं दी जानी चाहिए और न ही किसी प्रकार के दबाव या तनाव की स्थिति में डालना चाहिए, क्योंकि यह उनके हृदय और मस्तिष्क को बुरी तरह प्रभावित कर सकती है।

2. मस्तिष्क और हृदय को दबाव से बचाने के लिए सलाह दी जाती है कि इनसे मिलने वालों की संख्या को सीमित रखा जाए, वो भी बहुत कम समय के लिए।
3. इन्हें समय-समय पर पर्याप्त सेवा-शुश्रूषा/ परिचर्या सुविधा उपलब्ध कराई जाए। उनकी नियमित देखरेख करने वाले डॉक्टर जब बुलाएँ, तो वरिष्ठ डॉक्टर देखने आएँगे।

डॉ. एम.एल. सिंधवानी (वरिष्ठ परामर्शदाता) और डॉ. एस.के. चौधरी द्वारा हस्ताक्षरित छुट्टी की रिपोर्ट में यह भी सलाह दी गई थी कि कांशीराम की दवाएँ और फिजियोथेरैपी जारी रहनी चाहिए और मरीज को सितम्बर 2003 से पहले के माहौल में ही रखा जाना चाहिए, जब उन्हें मस्तिष्क पक्षाघात हुआ था। यह चीज उनकी स्थिति को तेजी से सुधारने में सहयोग करेगी। 16 जून, 2004 और 1 जुलाई, 2004 की दोनों रिपोर्टों में ये बात पर्याप्त रूप से स्पष्ट है कि जब कांशीराम अस्पताल निकले, तो वह बोलने और समझने की क्षमता खो चुके थे। वह आंशिक तौर पर लकवाग्रस्त थे और अपनी इच्छा और राय जाहिर करने की स्थिति में नहीं थे।

***

सितम्बर 2003 में जब कांशीराम बीमार पड़े, तो उत्तर प्रदेश की तत्कालीन मुख्यमंत्री मायावती ने उनकी देखभाल की सारी जिम्मेदारी अपने हाथों में ले ली। जब कांशीराम को 1 जुलाई, 2004 को अस्पताल से छुट्टी मिली, तो वह उनको नई दिल्ली में हुमायूँ रोड स्थित अपने घर ले गईं, जहाँ वह अपनी मृत्यु तक रहे। अक्टूबर 2006 में उनकी मृत्यु हुई।[7] कांशीराम के परिवार ने मायावती की इस कार्यवाही का तीखा विरोध किया और उन्हें उनके पंजाब स्थित पैतृक गाँव ले जाने पर जोर दिया। उनकी बीमारी के शुरुआती दौर में ही उनके भाई दलबारा सिंह ने पहले तो मायावती को इस पर सहमत करने की कोशिश की कि वह कांशीराम को बत्रा अस्पताल से सीधे घर ले जाने के लिए परिजनों को अनुमति दें। लेकिन कथित तौर पर उन्हें दो-टूक मना कर दिया गया। इसके बाद उन्होंने कांशीराम को अस्पताल से जबरदस्ती ले जाने की कोशिश की और जब वे असफल हुए तो उन्होंने अपने मामले को मजबूत बनाने के लिए कानून की मदद ली। हालाँकि, उनके मुकदमे को दिल्ली उच्च न्यायालय ने खारिज कर दिया और बाद में सर्वोच्च न्यायालय में भी यह खारिज हो गया। तब उन्होंने एक राजनीतिक पार्टी स्थापित की और कांशीराम को मुक्त करने के लिए मायावती को बाध्य करने हेतु, बसपा के कुछ बागी सदस्यों के समर्थन से कई सारे प्रदर्शन किए। उनका प्रयास बेकार गया और कांशीराम का थोड़े ही समय बाद देहान्त हो गया।

दलबारा सिंह ने अपने तीन वर्ष के लम्बे संघर्ष को एक छोटी-सी पुस्तिका में संगृहीत किया, जिसे उन्होंने लोगों के बीच बाँटा।[8] उन्होंने दावा किया कि राष्ट्रीय चैनल पर अपने भाई को मस्तिष्क आघात का समाचार सुनते ही वह बत्रा अस्पताल पहुँचे, लेकिन उन्हें मिलने की अनुमति नहीं दी गई; क्योंकि कांशीराम की स्थिति नाजुक थी। तब वह मायावती से मिले, जिन्होंने उन्हें बताया कि कम से कम एक महीने तक कांशीराम को किसी से मिलने की अनुमति नहीं दी जाएगी। हालाँकि उन्होंने वादा किया कि जब भी डॉक्टर लोगों से मिलने की अनुमति देंगे, उन्हें बुला लेंगी। यह सुनने के बाद दलबारा सिंह अपने गाँव लौट आए। बाद में उन्होंने दूरदर्शन और आकाशवाणी से जाना कि कई राजनेता कांशीराम से मिलने अस्पताल गए थे। उन्होंने मायावती से सम्पर्क किया और कांशीराम से मिलने की अनुमति के लिए अनुरोध किया, लेकिन उन्होंने कहा कि चूँकि वे कांशीराम के परिवार के सदस्य हैं, इसलिए उन्हें मिलने की अनुमति नहीं दी जाएगी, क्योंकि उन्हें देखकर उनकी पुरानी स्मृतियाँ जग सकती हैं और दूसरा आघात लग सकता है। उन्होंने पुनः वादा किया कि ज्यों ही डॉक्टर अनुमति देंगे, उन्हें सूचना दे दी जाएगी। उन्होंने साथ ही यह भी कहा कि वे तब उनके घर आ सकते हैं और वह उन्हें स्वयं अस्पताल ले चलेंगी।

इसके बाद दलबारा सिंह और उनके परिवार के सदस्यों ने दिल्ली उच्च न्यायालय में एक मुकदमा दायर किया। इस अर्जी पर विचार करते हुए उच्च न्यायालय की खंडपीठ ने 14 जुलाई, 2004 को कांशीराम का बयान लेने के लिए स्थानीय आयुक्त के बतौर एक न्यायिक रजिस्ट्रार को भेजा। कांशीराम इस समय अस्पताल से छुट्टी पाने के बाद मायावती के घर पर ठहरे हुए थे। डॉ. ओंकार मित्तल ने न्यायिक रजिस्ट्रार की रिपोर्ट को दस्तावेज में दर्ज किया है :

> मैं स्टेशन हाउस ऑफिसर के साथ C-1/11 हुमायूँ रोड गया था। अपराह्न लगभग 2.40 बजे मुझे पहली मंजिल पर स्थित कांशीराम के कमरे में ले जाया गया। कांशीराम कुर्सी पर बैठे थे। एक नर्स और कमरा साफ करने के लिए एक परिचारक भी वहाँ मौजूद थे। कमरे में प्रवेश करने के बाद मैंने कांशीराम को अपना परिचय दिया। उन्होंने मेरा परिचय सुना और नमस्कार स्वीकार की। मैंने उनसे कहा कि मैं उनका बयान दर्ज करने आया हूँ और उन्हें मेरे प्रश्नों का उत्तर देना चाहिए। उन्होंने सहमति में अपना सिर हिलाया। इसके बाद मैंने उनका बयान दर्ज किया। अपने बयान में उन्होंने कहा कि वह C-1/11 हुमायूँ रोड स्थित घर में अपनी मर्जी से रह रहे हैं और यहाँ रहने के लिए किसी ने उन पर कोई दबाव नहीं बनाया था। जब मैंने सीधे उनसे प्रश्न किया कि क्या यहाँ प्रसन्न हैं तो उन्होंने जवाब दिया कि वह बहुत खुश हैं। मेरे इस प्रश्न के उत्तर में कि क्या वह यहाँ रहना चाहते हैं, उन्होंने सकारात्मक उत्तर दिया।[9]

न्यायिक रजिस्ट्रार की रिपोर्ट के आधार पर दिल्ली उच्च न्यायालय की खंडपीठ ने कांशीराम के परिवार की अर्जी को खारिज कर दिया। दलबारा सिंह ने सर्वोच्च न्यायालय में अपील की, जिसमें कांशीराम की माँ मुख्य याचिकाकर्ता थीं। सर्वोच्च न्यायालय ने कांशीराम की स्थिति का निरीक्षण करने के लिए एक मेडिकल बोर्ड का गठन किया, जिसने अपनी प्राथमिक रिपोर्ट 20 अप्रैल, 2005[10] को तथा अन्तिम रिपोर्ट 5 दिसम्बर, 2005 को दी।[11]

अन्तिम रिपोर्ट के आधार पर सर्वोच्च न्यायालय अपना निर्णय देता, इसके पहले ही कांशीराम की माँ का देहान्त हो गया और न्यायाधीश ने दलबारा सिंह के वकील से कहा कि मुख्य याचिकाकर्ता की मृत्यु हो गई है, इसलिए वह मुकदमा वापस ले लें।

अनुमानों के विपरीत मीडिया का एक हिस्सा यह विश्वास करता था कि मायावती ने बीमारी के दौरान कांशीराम की सेवा-शुश्रूषा ठीक से नहीं की थी। वरिष्ठ पत्रकार और मायावती की जीवनी 'बहन जी' के लेखक अजय बोस का मानना है, असल में सच्चाई इसके बिलकुल उलट थी। इस आरोप पर भी उनका अलग मत है कि मायावती ने जान-बूझकर कांशीराम को कैद कर रखा था। यह सम्भव था कि उन्होंने अपने संरक्षण में 'मतिभ्रम' (डिमेंशिया) के लक्षण देखे हों और 'उनके प्रति सच्चे सरोकार ने कांशीराम को बाहरी दुनिया से धीरे-धीरे अलग करने को प्रेरित किया हो।' वे लिखते हैं :

> उनका सच्चा लगाव उस समय दिखाई दिया, जब 2003 में अचानक मस्तिष्क आघात के चलते कांशीराम असमर्थ और असहाय हो गए थे। इसके बाद तीन वर्षों तक वे उनके घर में रहे, मायावती ने दुर्लभ प्रतिबद्धता के साथ उनकी सेवा की। प्रायः वे सहृदयता के साथ खुद नहलातीं और खिलाती थीं, ये दिखाता है कि उनके कांशीराम के प्रति उनकी कितनी गहरी भावनाएँ थीं। उस समय कांशीराम के पास उन्हें देने के लिए कुछ भी नहीं था। यह स्पष्ट है कि जो कुछ उन्होंने किया शुद्ध रूप से व्यक्तिगत लगाव था। कांशीराम के परिवार के कुछ सदस्यों का यह आरोप कि वह उनके साथ बुरा बर्ताव कर रही थीं, सच्चाई का गला घोंटना था और स्पष्ट तौर पर उनके राजनीतिक विरोधियों द्वारा फैलाया गया दुष्प्रचार था।[12]

मायावती ने स्वयं मीडिया को और एनडीटीवी के कार्यक्रम 'वॉक द टॉक' में कांशीराम की बीमारी और स्वास्थ्य लाभ के बारे में बताया था। यह कार्यक्रम 28 मई, 2005 को प्रसारित हुआ था, जब वे उनके घर में ही रह रहे थे। कार्यक्रम के संचालक शेखर गुप्ता ने जब उनसे पूछा कि इस मामले के इर्द-गिर्द इतना विवाद क्यों है? तो स्पष्टीकरण देते हुए उन्होंने कहा कि कांशीराम के परिवार के सदस्य साधारण और सीधे-सादे लोग हैं और कुछ लोग, जिसमें विरोधी पार्टियाँ शामिल

हैं, उन्हें समर्थन देकर फायदा लेने की कोशिश कर रहे थे, मानो वह मान्यवर कांशीराम को वापस लाने में मदद कर रहे हों। उन्होंने सन्तोष के साथ यह जोड़ा कि बहुजन समाज के एक भी व्यक्ति ने उनका समर्थन नहीं किया।

जब शेखर गुप्ता ने उनसे पूछा कि उन्होंने उनकी वैसी देखभाल की, जैसा उनका परिवार करता? मायावती ने जोर देकर कहा, 'मैं विश्वास करती हूँ कि मैं उनसे बेहतर करती हूँ। मैंने उन्हें हर प्रकार की सुविधा उपलब्ध कराई है और हर कोई कहता है कि जितना ज्यादा ध्यान मैंने दिया, उतना ध्यान एक बेटा भी नहीं दे सकता।'

'इसका मतलब है कि आपके पास उनके बारे में छिपाने के लिए कुछ नहीं है?'—शेखर गुप्ता ने पूछा। इसके प्रत्युत्तर में उन्होंने कहा कि मायावती ने जवाब दिया कि एम्स के चिकित्सकों ने खुद इस बात को प्रमाणित किया था कि इलाज बहुत अच्छा था और उन्हें अस्पताल में भर्ती करने की कोई जरूरत नहीं थी। उन्होंने कहा, 'विशेषज्ञों एवं डॉक्टरों की सात सदस्यीय टीम आई और कई घंटों तक मान्यवर का परीक्षण किया। उन्होंने उनकी सभी दवाओं को देखा और सर्वोच्च न्यायालय को रिपोर्ट की कि जो दवाएँ निर्देशित की गई हैं, वे जारी रहनी चाहिए।'

बातचीत के क्रम में वे मायावती के आवास पर आए। जैसे ही वे कांशीराम के कमरे में घुसे, मायावती ने उनका अभिवादन किया और कहा कि मीडिया के कुछ लोग उनका साक्षात्कार लेने आए हैं और वह कैमरे की ओर देखें।

शेखर गुप्ता कांशीराम के पास गए और उन्हें नमस्कार किया। इलाहाबाद उप चुनाव के दौरान दोनों लोगों के बीच की मुलाकात को याद किया। जब मायावती ने कहा कि शेखर गुप्ता उनके प्रशंसक थे, तो कांशीराम ने स्वीकृति में अपना सिर हिलाया। जब शेखर गुप्ता ने जानना चाहा कि क्या वह यहाँ प्रसन्न हैं, मायावती ने हँसते हुए प्रश्न को दोहराया और साथ में यह जोड़ा कि आपकी देखरेख आपकी इच्छा के अनुकूल हो रही है? इस पर कांशीराम ने धीमी आवाज में हाँ कहा और सिर हिलाया। मायावती ने स्पष्ट किया कि चूँकि वह आधे लकवाग्रस्त हैं, केवल हाँ या न में जवाब दे सकते हैं। इसके बाद मायावती ने पूछा कि वह चाय के साथ छोले-भटूरे या मिठाई पसन्द करेंगे। उन्होंने गुप्ता की ओर देखा और कहा कि 'वह छोले-भटूरे बहुत पसन्द करते हैं। डॉक्टरों ने इन्हें मिठाई खाने से मना किया है, इसलिए वह उसे खाना चाहते हैं।'

यह साक्षात्कार यह स्पष्ट कर देता है कि मायावती का कांशीराम से गहरा लगाव था, यह चीज तब सामने आ गई, जब वे बीमार और असमर्थ हो गए थे। उनकी प्रतिबद्धता और देखरेख विरोधी पार्टियों और उनके परिवार के सदस्यों की आलोचनाओं को पूरी तरह रद्द कर देती है कि कांशीराम को अपने घर लाने में मायावती का कोई अव्यक्त उद्देश्य था।

***

कानूनी तौर पर मायावती को हराने में असफल रहने पर दलबारा सिंह ने राजनीतिक तरीकों का सहारा लिया। कांशीराम की बीमारी अब राजनीति में उलझ गई। बसपा से अलग हुए कुछ सदस्यों के साथ मिलकर लखनऊ की एक प्रेस कॉन्फ्रेंस में 26 मार्च, 2006 को दलबारा सिंह ने मान्यवर कांशीराम बचाओ संघर्ष समिति (भारत) के गठन की घोषणा की। दलबारा सिंह इस समिति के राष्ट्रीय अध्यक्ष और हीरालाल जवाड़ी राष्ट्रीय सचिव थे। प्रेस कॉन्फ्रेंस को सम्बोधित करते हुए दलबारा सिंह ने घोषणा की कि समिति मायावती को इस बात के लिए बाध्य करने के लिए कार्यवाही करेगी कि वह कांशीराम को उनके परिवार को सौंप दें। इसकी शुरुआत नई दिल्ली में संसद भवन के पास जन्तर-मन्तर के बाहर 10 मई, 2006 को अनिश्चितकालीन प्रदर्शन से की जाएगी।[13] कार्यकर्ताओं ने 18 जुलाई को प्रदर्शन स्थल पर मायावती का पुतला जलाया।[14] समिति ने 11 अगस्त को 'कांशीराम को मायावती की व्यक्तिगत कैद से मुक्त किया जाए' के विषय में राष्ट्रपति को एक पत्र लिखा। पत्र की विषयवस्तु निम्नवत् थी :

> सम्माननीय आदरणीय श्रीमान,
>
> आपके ध्यान में हम लाना चाहते हैं कि मान्यवर कांशीराम बचाओ संघर्ष समिति (भारत) ने कुमारी मायावती की व्यक्तिगत कैद से कांशीराम को मुक्त कराने के लिए 10 मई, 2006 से जन्तर-मन्तर पर अनिश्चितकालीन आन्दोलन शुरू कर दिया है और निरन्तर यह माँग कर रही है कि इस मामले में प्रशासन हस्तक्षेप करे। समिति का कहना है कि यदि प्रशासन हस्तक्षेप करके इस बात को सुनिश्चित करे कि यदि कांशीराम साहब बीमार हों, तो उन्हें अस्पताल में भर्ती किया जाए और यदि वह ठीक हों तो वह व्यापक जनसमुदाय के बीच रहें। लेकिन दुर्भाग्य से कोई कदम न तो लोकसभा अध्यक्ष या राज्यसभा के नेता या सरकार द्वारा उठाया गया और लोकसभा तथा राज्यसभा के भूतपूर्व सदस्य मान्यवर कांशीराम साहेब को मायावती ने C-1/11 हुमायूँ रोड, नई दिल्ली के अपने सरकारी आवास में कैद कर रखा है।
>
> इसलिए, आपसे जनता का अनुरोध है कि आप एक निर्देश जारी करें कि मान्यवर कांशीराम को मायावती की व्यक्तिगत कैद से आजाद किया जाए और उन्हें सरकारी अस्पताल में भर्ती किया जाए, जहाँ से उनके स्वास्थ्य के बारे में नियमित बुलेटिन जारी हो, ताकि करोड़ों समर्थक तथा शुभेच्छु उनके बारे में वास्तविक तथ्य जान सकें।
>
> उम्मीद और विश्वास के साथ,
>
> दलबारा सिंह (अध्यक्ष, मान्यवर कांशीराम बचाओ संघर्ष समिति, भारत)[15]

पत्र में राष्ट्रीय अध्यक्ष दलबारा सिंह और राष्ट्रीय सचिव हीरालाल जवाड़ी का नाम दिया गया था और इसे बीआरएस नगर, लुधियाना, पंजाब से भेजा गया था।

15 अगस्त, 2006 को एक साइकिल रैली आयोजित की गई और कार्यकर्ता साइकिल से औरैया से चलकर दिल्ली में प्रदर्शन स्थल पर पहुँचे। आखिर में 15 सितम्बर, 2006 को औरैया के अजितमाल रोडवेज बस स्टैंड पर एक विशाल कांशीराम बचाओ कार्यकर्ता महासम्मेलन आयोजित किया गया। इस अवसर पर इस विशाल रैली की रूपरेखा बताने के उद्देश्य से एक पुस्तिका प्रकाशित की गई थी और जिसमें इस बात का उल्लेख था कि सम्मेलन के मुख्य अतिथि दलबारा सिंह हैं।

इस रैली में एक नई पार्टी बहुजन संघर्ष पार्टी (कांशीराम) की शुरुआत करने की घोषणा भी की गई। पार्टी के राष्ट्रीय अध्यक्ष दलबारा सिंह थे। 'बहुजन संघर्ष पार्टी क्यों?' शीर्षक से पार्टी के बारे में एक पुस्तिका जारी की गई थी। पुस्तिका के अनुसार, कांशीराम द्वारा गठित पार्टी को उसके मुखिया द्वारा एक प्राइवेट लिमिटेड कंपनी की तरह चलाया जा रहा था और उसके 'क्रियाकलापों से डॉ. आंबेडकर और कांशीराम के विचारों को नुकसान पहुँचाने का काम किया जा रहा था।' कोई भी गरीब आदमी सांसद या विधायक बनने की या ऊँचा पद पाने की प्रेरणा नहीं ले सकता था, क्योंकि बहुजन समाज के घर पर ब्राह्मणवादी हत्यारों, माफिया, डकैतों और उद्योगपतियों द्वारा कब्जा किया जा चुका है।[16]

पार्टी घोषणा-पत्र में 21 बिन्दु थे, जिसका उद्देश्य एक समतावादी समाज का निर्माण करके किसानों, दलितों, महिलाओं, बच्चों और अन्य कमजोर वर्गों को लाभ पहुँचाना तथा उनका उत्थान करना था। इस पर सुरेश राजपूत (फिरोजाबाद उप चुनाव में युवा उम्मीदवार, उत्तर प्रदेश राज्य के प्रदेश अध्यक्ष), बृजराम सिंह राठौर (एक संसदीय क्षेत्र में सक्रिय) और लालजी वर्मा (राष्ट्रीय सचिव) के हस्ताक्षर थे।

हालाँकि, पार्टी जब तक चुनावों में अपनी शक्ति आजमा पाती, इससे पहले ही 9 अक्टूबर, 2006 को कांशीराम का देहान्त हो गया और इसने देश में दलित राजनीति के एक महत्त्वपूर्ण अध्याय का अन्त कर दिया।

कांशीराम की मृत्यु के तत्काल बाद उनके भाई हरबंस सिंह और बहन सबरन कौर ने दिल्ली उच्च न्यायालय में एक याचिका दायर की, जिसमें कहा गया कि उनके भाई की मौत एक अप्राकृतिक मौत है और शव परीक्षण (पोस्टमार्टम) होना चाहिए। उन्होंने यह भी माँग की कि अन्तिम संस्कार करने के लिए उनके शव को, उनके परिवार को सौंपा जाना चाहिए। अदालत ने न तो शव परीक्षण कराया और न तो उनके शव को कांशीराम के परिवार को सौंपा। लेकिन अदालत ने यह सुनिश्चित कराया कि कांशीराम के अन्तिम संस्कार में पुलिस सुरक्षा में उनके रिश्तेदार शामिल हों।

उनका शरीर 12, गुरुद्वारा रकाबगंज रोड, नई दिल्ली के पार्टी मुख्यालय में कार्यकर्ताओं और समर्थकों के दर्शन के लिए रखा गया और अन्तिम संस्कार के लिए निगमबोध घाट ले जाया गया। अन्तिम संस्कार के समय बहुत बड़ी भीड़ इकट्ठी थी, जो 'कांशीराम अमर रहें', 'बच्चा-बच्चा भीम का, कांशीराम की टीम का' नारे लगा रही थी। कांशीराम का फूलों से ढकी अरथी अन्तिम संस्कार के लिए रखी गई तो उस समय मायावती और कांशीराम के परिजन मौजूद थे। बौद्ध धार्मिक रिवाज के अनुसार अन्त्येष्टि संस्कार समारोह सम्पन्न हुआ था। हालाँकि, जीवन में बौद्ध सिद्धान्तों को मानते रहे थे, लेकिन बौद्ध धर्मावलंबियों के एक बड़े हिस्से और दलित बुद्धिजीवियों के आग्रह के बावजूद उन्होंने कभी बौद्ध धर्म स्वीकार नहीं किया। इसके कारणों के बारे में पहले चर्चा की जा चुकी है (देखें अध्याय 3)। मायावती, जो कांशीराम के प्रति निष्ठावान और वफादार थीं और अन्त तक लगाव और प्रतिबद्धता के साथ उनकी सेवा करती रही थीं, ने चिता को आग देने की रस्म अदा की। जिस बौद्ध पुरोहित ने अन्तिम संस्कार सम्पन्न कराया, उनका नाम था भन्ते धम्म वीरियोजी।[17]

अन्तेष्टि संस्कार समारोह में बड़े पैमाने पर कांशीराम के उत्साही प्रशंसक और शुभेच्छु शामिल हुए। मायावती ने कांशीराम की इच्छा को दोहराते हुए कहा कि उनकी अस्थियों को गंगा, यमुना या किसी अन्य नदी में बहाने की बजाय दिल्ली और लखनऊ के पार्टी मुख्यालय में रखा जाए।

कांशीराम के देहान्त पर सभी पार्टियों के बड़े नेताओं, अग्रणी लेखकों और पत्रकारों ने श्रद्धांजलि अर्पित किया। उस समय के राष्ट्रपति, डॉ. ए.पी.जे. अब्दुल कलाम ने अपने सन्देश में कहा कि देश ने एक ऐसा नेता खो दिया, जिसने देश के उत्पीड़ित समुदायों के अधिकारों की माँग की आवाज बुलंद करने में महत्त्वपूर्ण भूमिका निभाई। उन्होंने छोटी जातियों के लोगों के कल्याण के लिए दिल से काम किया। उस समय के उप राष्ट्रपति भैरो सिंह शेखावत ने भी गहरा दुख प्रकट किया।

तत्कालीन प्रधानमंत्री, डॉ. मनमोहन सिंह मायावती के घर गए और कांशीराम के शव को पुष्पहार अर्पित किया। कांग्रेस पार्टी की अध्यक्ष, सोनिया गांधी भी अपने पुत्र राहुल गांधी के साथ मायावती के आवास पर उनको अन्तिम सम्मान प्रकट करने के लिए गईं। श्रीमती गांधी ने अलग से एक शोक सन्देश मायावती को भेजा, जिसमें उन्होंने स्पष्ट तौर पर स्वीकार किया कि पिछले तीन दशकों में कांशीराम ने भारतीय राजनीति को बदल दिया था। उन्होंने यह भी जोड़ा कि कांशीराम ने कभी कोई राजनीतिक पद स्वीकार नहीं किया, लेकिन अपने व्यक्तित्व और विचारधारा से समाज के हर हिस्से पर अपना अमिट प्रभाव छोड़ा। उस समय के तमिलनाडु के मुख्यमंत्री एम. करुणानिधि ने अपने सन्देश में कहा कि कांशीराम एक बहादुर योद्धा थे, जिन्होंने सामाजिक न्याय के लिए संघर्ष किया और शोषित

समुदायों और देश की निम्न जातियों की विशाल आबादी के उत्थान के लिए जबरदस्त प्रयास किए।

यहाँ तक कि वी.पी. सिंह और रामविलास पासवान ने भी उनके प्रति हार्दिक श्रद्धांजलि अर्पित की, जिनके प्रति कांशीराम काफी आलोचनात्मक रहे थे। वी.पी. सिंह ने कांशीराम के साथ अपने सम्बन्धों को 'अच्छी दोस्ती' के रूप में याद किया और यह भी कि कैसे कांशीराम ने गरीबों, दलितों और पिछड़ों के आन्दोलन के विभिन्न आयोजनों में उन्हें बुलाया था। उन्होंने कहा कि 'जिस प्रतिबद्धता और गम्भीरता से उन्होंने गरीबों, दलितों तथा पिछड़ों के लिए संघर्ष किया, उसके लिए मैं उनके प्रति पूरे प्यार और आदर के साथ सम्मान देता हूँ।'[18] उस समय के रसायन और उर्वरक विभाग के केन्द्रीय मंत्री रहे रामविलास पासवान ने याद करते हुए कहा कि 'कांशीराम से उनके रिश्ते की शुरुआत 1977 में हुई थी। मैंने उनसे काफी कुछ सीखा। उन्होंने दलितों के उत्थान के लिए बहुत कुछ किया, लेकिन दुर्भाग्य से बसपा उनके द्वारा दिखाए गए रास्ते से भटक गई है...मैंने दलितों को एक मंच पर लाने की कोशिश की थी और कांशीराम ने भी इस प्रयास का स्वागत किया था। मैंने महसूस किया कि चूँकि कांशीराम सबसे वरिष्ठ नेता थे, इसलिए आन्दोलन उनके नेतृत्व में होना चाहिए।'[19]

उस समय के केन्द्रीय मंत्रियों—शिवराज पाटिल, लालू प्रसाद यादव, पंजाब के मुख्यमंत्री अमरिन्दर सिंह, विपक्ष (भाजपा) के नेता लालकृष्ण आडवाणी, भाजपा के नेता अरुण जेटली, दिल्ली के पूर्व मुख्यमंत्री मदनलाल खुराना और साहिब सिंह वर्मा जैसे बहुत सारे अन्य लोग भी कांशीराम को श्रद्धांजलि देने के लिए मायावती के घर गए।[20]

उल्लेखनीय बात यह है कि प्रतिष्ठित समाज वैज्ञानिकों और साहित्यकारों ने भी कांशीराम के प्रति आदर भाव प्रकट किया।

आशीष नन्दी ने उस नये रास्ते को याद किया, जो कांशीराम ने दलित मुक्ति के लिए खोला था, हालाँकि वे अपने पीछे कई अनुत्तरित प्रश्न छोड़ गए। आशीष नन्दी ने महसूस किया कि 'उनका जाना न केवल दलित समुदाय की अपूरणीय क्षति है, बल्कि पूरे देश की अपूरणीय क्षति है...इस लिहाज से (बसपा) दलित राजनीति सभी पार्टियों की बाध्यता बन चुकी है। कांशीराम की विचारधारा उनकी विरासत के तौर पर हमारे साथ बनी रहेगी, लेकिन यह केवल उनकी विचारधारा के रूप में ही नहीं होनी चाहिए।'[21]

राजेन्द्र यादव ने रेखांकित किया कि 'वह पहले व्यक्ति थे, जिन्होंने दलित चेतना को आन्दोलन में बदल दिया। इतिहास उन्हें आंबेडकर की विचारधारा को व्यावहारिक आकार देने के लिए याद रखेगा।'

खुशवंत सिंह ने थोड़ी आत्मीयता का पुट देते हुए याद किया कि कैसे सम्पादकों,

राज्यपालों और विद्वानों की एक तीन दिवसीय गोष्ठी में दोनों साथ रहे थे और कैसे कांशीराम उस गोष्ठी में शामिल अन्य लोगों से अलग थे। खुशवंत सिंह ने बताया, 'वो मुझसे पंजाबी में बात करने में ज्यादा आसानी महसूस करते थे... (और) उनकी पूरी बातचीत से मैं देश में दलितों की स्थिति के बारे में उनकी चिन्ता को समझ सका।'[22]

कांशीराम की मृत्यु की खबर जब उनके गाँव पहुँची, शोक की एक लहर उनके गाँव में फैल गई। जिन गलियों में कांशीराम ने अपना बचपन बिताया था, वो उदास हो गईं। उनके घर में कांशीराम के भाई की पत्नी राजरानी, उनके भतीजे बलविन्दर, उनकी भतीजियों तथा अन्य सम्बन्धी उनकी तस्वीर को सामने रखकर दुख प्रकट कर रहे थे और गाँव वाले उन्हें सांत्वना देने की कोशिश कर रहे थे। कांशीराम के सम्बन्धी उनसे अप्रसन्न थे कि वह अपनी माँ को उस समय भी देखने नहीं पहुँचे थे जब वे मृत्यु शैया पर पड़ी थीं, उस समय वह स्वयं भी बीमार थे।[23]

कांशीराम के सम्मान में 22 नवम्बर, 2006, बुधवार को संसद के अगले शीतकालीन सत्र के पहले दिन लोकसभा और राज्यसभा की कार्यवाही को स्थगित कर दिया गया।

बहुजन संघर्ष पार्टी (कांशीराम) एक बार फिर गतिशील हुई और बसपा की राष्ट्रीय अध्यक्ष मायावती को सम्बोधित 24 प्रश्नों वाला पम्फलेट सौंपा। पुस्तिका में उठाए गए प्रश्न निम्नवत् थे :

> क्या बहनजी हमें यह बताने की तकलीफ करेंगी कि क्या भारतीय दंड संहिता में कोई ऐसी धारा है, जो एक माँ को अपने बेटे से या एक भाई को अपने भाई से मिलने से रोकती हो, भले ही वो किसी महत्त्वपूर्ण पद पर हों, और जो उन्हें (रिश्तेदारों को) अदालत की शरण में जाने को मजबूर करती है? देश के सभी नेताओं का इलाज अखिल भारतीय आयुर्विज्ञान संस्थान, दिल्ली में होता है, तो बसपा के संस्थापक को क्यों वहाँ नहीं ले जाया गया? किसी भी दिवंगत राष्ट्रीय नेता के शरीर को लोगों को श्रद्धांजलि प्रकट करने का अवसर देने के लिए 24 घंटे सुरक्षित रखा जाता है। कांशीराम की मृत्यु सुबह 7 बजे हुई और आपने अन्तिम संस्कार समारोह की सारी कार्यवाही दोपहर 2 बजे तक पूरी करा दी। जबकि कांशीराम के देहावसान का समाचार सुनकर दलित और उत्पीड़ित समाज के सदस्य पूरे देश से भारी संख्या में अपने महान नायक को श्रद्धांजलि देने दिल्ली आ रहे थे। इस चीज ने करोड़ों दलितों और उत्पीड़कों की भावनाओं को चोट पहुँचाई। क्या मान्यवर कांशीराम की मृत्यु के पीछे कोई रहस्य है, जिसके चलते आपने इतनी जल्दबाजी में कदम उठाया? भारतीय संस्कृति के अनुसार, यदि मृतक व्यक्ति के पुत्र या पुत्री नहीं होते हैं, तब भाई या भतीजे का अधिकार होता है कि वह अन्तिम संस्कार सम्पन्न करे, जबकि कांशीराम के भाई दलबारा सिंह और हरबंस सिंह मौजूद थे, तो शव को उन्हें क्यों नहीं सौंपा गया?

> यहाँ तक कि मृत आतंकवादी के शरीर को भी उसके परिवार के सदस्यों को सौंप दिया जाता है। क्या बहनजी हमें बताने की तकलीफ करेंगी कि भारतीय दंड संहिता और भारतीय संस्कृति में कोई ऐसा प्रावधान है कि एक भाई अपने भाई की चिता को अग्नि नहीं दे सकता है, जबकि एक महिला, जिसका मृत व्यक्ति से कोई रिश्ता नहीं है, ऐसा कर सकती है?

मायावती और कांशीराम के परिवार के बीच कटुता भारतीय राजनीति में कोई असामान्य बात नहीं थी। एम.जी. रामचन्द्रन (एम.जी.आर.) के देहावसान के बाद जयललिता और एम.जी.आर. की पत्नी जानकी के समर्थकों के बीच सार्वजनिक तौर पर हाथापाई हुई थी। दोनों पक्षों की ओर से आरोप-प्रत्यारोपों की झड़ी लग गई थी। इसी प्रकार की कटुता तेलगुदेशम पार्टी के संस्थापक एन.टी. रामाराव के देहान्त के बाद देखने को मिली थी। सच तो यह है कि जो कुछ तमिलनाडु और आन्ध्र प्रदेश में घटित हुआ था, कांशीराम की मृत्यु के बाद उसके मुकाबले बहुत मामूली भोंडापन घटित हुआ। इन संघर्षों को व्यापक सन्दर्भ में देखा जाना चाहिए। सच इन्हीं के बीच कहीं मौजूद है।

हालाँकि, जहाँ तक कांशीराम का सवाल था, मायावती वास्तव में उनकी उत्तराधिकारी थीं। यह चीज स्पष्ट तौर पर उनके वसीयतनामे में सामने आती है, जो वह छोड़कर गए थे :

> मेरी ख्वाहिश है कि कुमारी मायावती दीर्घायु होकर उस मिशन के लिए काम करती रहें, जिसके लिए वे समर्पित हैं, लेकिन हर आदमी को एक न एक दिन मरना है। एक दिन मैं भी मृत्यु को प्राप्त हो जाऊँगा और एक दिन उनको भी मर जाना है। मेरी ख्वाहिश है कि मरने के बाद मेरी अस्थियाँ गंगा-जमुना में न बहाई जाएँ, बल्कि उन्हें बहुजन समाज केन्द्र में रखा जाए, ताकि हमारे कार्यकर्ता उससे प्रेरणा ले सकें। मैं यह ख्वाहिश भी रखता हूँ कि मृत्यु के उपरान्त कुमारी मायावती की भी अस्थियाँ मेरी अस्थियों के पास पार्टी कार्यालय में रखी जाएँ। मैं उम्मीद करता हूँ कि कुमारी मायावती के माता-पिता, भाई-बहन बहुजन समाज पार्टी तथा बहुजन समाज के लोग मेरी ख्वाहिश को पूरा करेंगे।
>
> 10 अगस्त, 2003, नई दिल्ली
>
> कांशीराम,
पुत्र स्वर्गीय श्री हरी सिंह
12, गुरुद्वारा रकाबगंज रोड
नई दिल्ली, 110001

अध्याय-8

कांशीराम का सन्देश अमर रहे
कांशीराम की राजनीति की सीमाएँ

अनिच्छा वत् संखरा, उपदव्यधम्मिनो/
उपजित्वा निरुझंति एसाम वुप्सामो सुखो

(सभी संस्कार यानी पूर्व जन्मों के प्रभाव, अनश्वर हैं; जन्म लेना और मर कर प्रकृति में विलीन हो जाना/जन्म लेना और मर जाना एक निरन्तर प्रक्रिया है, ऐसी कल्पना करना सुखकर है।) *

ये 'अन्तिम धम्म' की वो पंक्तियाँ हैं, जिन्हें बौद्ध रीति के अनुसार सम्पन्न हुए कांशीराम के दाह-संस्कार के दौरान भिक्षु जप रहे थे। दिल्ली के निगमबोध घाट पर अन्तिम विदाई देने पहुँची विशाल भीड़ में उनके प्रशंसक और राजनीतिक प्रतिद्वंद्वी भी शामिल थे, दूसरी तरफ कांशीराम के शव को लपटें घेरे हुए थीं। इस आग में उत्तर प्रदेश ही नहीं भारत के दलित इतिहास का एक अध्याय भी खाक हो गया था, जिसका खाका कांशीराम द्वारा खुद तैयार किया गया था। उनके जाने के बाद, मायावती के नेतृत्व में बसपा खेमे में चीजें पहले जैसी नहीं रह गईं।

बसपा मायावती की सामाजिक इंजीनियरिंग की रणनीति के माध्यम से 2007 में पूर्ण बहुमत से सत्ता में आई। इस रणनीति के द्वारा उन्होंने निम्न जातियों अर्थात् बहुजन और उच्च जातियों का सतरंगी गठबन्धन बनाने की कोशिश की थी, जिसे 'सर्वजन' यानी सभी लोग, नाम दिया गया था। यह रणनीति कांशीराम के 'भागीदारी' के सिद्धान्त से निकाली गई थी, जिसमें सभी जातियों और समुदायों को, जातीय सोपान क्रम में उनकी स्थिति से निरपेक्ष राजनीतिक प्रतिनिधित्व देने की बात की

* गुरु प्रसाद मदन ने पाली से हिन्दी में अनूदित किया और हिन्दी से अंग्रेजी में अरिन्दम रॉय ने अनूदित किया।

गई थी। इस रणनीति ने विधानसभा चुनाव (2007) में सफलता दिलाई, लेकिन लोकसभा चुनाव (2009) में कारगर तरीके से काम करने में असफल रही। वोट बैंक की राजनीति के उद्देश्य से किया गया यह राजनीतिक गठजोड़, अपने मूल में ही दोषपूर्ण था, क्योंकि इसने ब्राह्मण और दलित गठजोड़ की शक्ल अख्तियार कर ली।

'बहुजन से सर्वजन' की राजनीति दलितों में बहुजन की पहचान की भावना को कमजोर बनाती है। यह सेतु तभी बन सकता था, जब दलितों का जीवन-स्तर वैसा ही हो जाए, जैसा ऊँची जातियों का है, यह स्थिति अभी केवल कल्पना की दुनिया में मौजूद है।[1] उत्तर प्रदेश की ऊँची जातियाँ भी, दलितों को अपनी सामाजिक बराबरी के रूप में स्वीकार नहीं कर सकती हैं, भले ही वे ऊँचे पदों पर पहुँच जाएँ। क्योंकि दोनों समूहों के बीच बहुत अधिक सांस्कृतिक भिन्नताएँ हैं। यह स्थिति सबसे अधिक इस बात से सामने आती है कि बसपा सर्वजन के लिए वैसा कोई प्रतीक या शब्दकोश विकसित नहीं कर पाई, जैसा उसने बहुजन के सन्दर्भ में उनके उत्पीड़न की अतीत की स्मृतियों और उनके मिथकों, महानायकों तथा जातीय नायकों के आधार पर सफलतापूर्वक किया था।[2]

मायावती की सर्वजन की राजनीति ने दलित समुदायों के बीच से नेतृत्व विकसित करने की प्रक्रिया को कमजोर किया है। ऊँची जातियों को खुश रखने के लिए मायावती को अपनी सरकार में उन्हें ब्लॉक से लेकर राज्य स्तर तक हिस्सेदारी देनी पड़ी। इसके अलावा इस रणनीति ने दलितों के बीच की नई जातियों को राजनीति में आने से रोका, जिनके राजनीतिकरण की सम्भावना थी। कांशीराम, जिनका नारा था, 'जाति तोड़ो, समाज जोड़ो' उनके लिए भी जातिवाद एक दुधारी तलवार थी। उन्होंने भी अनुमान लगाया था कि सामाजिक परिवर्तन की प्रक्रिया में 'समाज में कुछ समय के लिए थोड़ी उथल-पुथल होगी, लेकिन कुछ समय बाद चीजें सामान्य हो जाएँगी।'[3] जातिवाद का उपयोग ऊँची जातियों के वर्चस्व को तोड़ने के लिए किया जाना था, हालाँकि बाद में यह नुकसानदायक भी साबित हुआ। वास्तव में, जातिवाद ने निम्न दलित जातियों के लिए दरवाजे बन्द कर दिए, जो राजनीति में प्रवेश करना चाहती थीं। कांशीराम के भागीदारी सिद्धान्त के चलते, जिसका कहना था, 'जिसकी जितनी संख्या भारी, उसकी उतनी हिस्सेदारी', सभी दलित जातियों के बीच संसाधनों का समान बँटवारा हो नहीं सका।

चुनावी लोकतंत्र में हिस्सेदारी का जो सिद्धान्त उन्होंने सामने रखा था, उसका मकसद वर्णक्रम आधारित भारतीय समाज को अधिकाधिक समतामूलक बनाना था। जिस समाज की परिकल्पना उन्होंने की थी, उसमें संख्या के आधार पर हिस्सेदारी केवल दलितों और उपेक्षितों, जिसमें महिलाएँ भी शामिल हैं, तक ही सीमित नहीं थी, बल्कि उसमें कमजोर अगड़ी जातियाँ भी शामिल थीं, जो कि संख्या

के रूप में महत्त्वपूर्ण थीं। क्रान्तिकारी अन्तर्वस्तु के बावजूद, जमीन पर इस सिद्धान्त के अनचाहे नतीजे सामने आए।

जहाँ तक दलितों की बात है, उनके बीच सूक्ष्म गैर-बराबरी के रूप में नकारात्मकता का उभार हुआ। जनसंख्या की दृष्टि से मजबूत जातियाँ जैसे चमार और पासी ने जनसंख्या की दृष्टि से छोटी जातियों को हाशिए पर धकेल दिया। दुर्भाग्य से कांशीराम जैसा कोई दूरदर्शी बसपा में नहीं है, जो इन संघर्षों को सँभालता।

हाल के वर्षों में, मायावती भी दलितों को गोलबन्द करने के लिए आरक्षण को एक रणनीति के तौर पर इस्तेमाल करती रही हैं। यह कांशीराम की सोच के विपरीत है, जिन्होंने सरकार पर दलितों की पूर्ण निर्भरता को बढ़ावा नहीं दिया, यद्यपि उन्होंने दलितों के सामाजिक न्याय को सुनिश्चित करने के लिए राज्य की सत्ता को एक महत्त्वपूर्ण उपकरण माना। वह चाहते थे कि दलित आरक्षण की राजनीति से आगे जाएँ और अपने संसाधनों का इस्तेमाल करके स्वयं को सशक्त बनाएँ। वह चाहते थे कि दलित आत्मसम्मान और गरिमा के सिद्धान्तों को मन में बिठा लें और साथ ही अपने पेशे में विविधता लाएँ, ताकि वे पूरी तरह सरकारी रोजगार पर निर्भर न रहें।

***

हालाँकि, बसपा को 2007 के चुनावों में शानदार सफलता मिली थी, लेकिन कांशीराम द्वारा शुरू किए गए और मायावती द्वारा आगे बढ़ाए गए सर्वजन-बहुजन की लामबन्दी की प्रक्रिया को पार्टी कायम नहीं रख सकी। उत्तर प्रदेश में पार्टी की स्थिति में धीरे-धीरे गिरावट आने लगी, जो नाटकीय रूप से 2012 के चुनावों में सामने आया, जब बसपा अपनी मुख्य विरोधी समाजवादी पार्टी से हार गई। कुल 403 सीटों में से 224 सीटें जीतकर समाजवादी पार्टी ने पूर्ण बहुमत प्राप्त किया, हालाँकि बहुजन समाज पार्टी 80 सीटें ही पाने में सफल हो पाई। मेरे अनुसार, इस पराजय का सबसे बड़ा कारण था, मायावती की सर्वजन सामाजिक इंजीनियरिंग परियोजना की असफलता, जिसे मायावती ने 'भाईचारा समितियों' के माध्यम से 2007 में जमीनी स्तर पर विकसित किया था। जाटव और चमार जैसी दलित जातियों ने एकजुट होकर बसपा के लिए मतदान किया, लेकिन कोरी, धोबी, पासी, मुसहर जैसी दूसरी दलित जातियों और कम संख्या वाली अन्य जातियों के मत विभाजित थे। सतरंगी गठबन्धन में अन्य जातियों की जो उम्मीदें थीं, वो भी पूरी नहीं हुई थीं: उत्तर प्रदेश की जनसंख्या में 12 प्रतिशत की हिस्सेदारी रखने वाले ब्राह्मणों के वोट कांग्रेस, भाजपा और समाजवादी पार्टी में बँट गए। सतीश मिश्रा अपवाद थे, जो मायावती के करीब थे। इसके पहले ब्राह्मणों ने मुलायम की गुंडागर्दी का

विरोध करने के लिए मायावती को वोट दिया था। शहरी मध्यवर्ग और वैश्य समुदाय, जो 2007 में मायावती के साथ था, उन्होंने भी 2012 में भ्रष्टाचार और कमजोर सरकार के चलते, उनके खिलाफ मतदान किया। मुलायम सिंह की तुलना में लोगों को उनसे ज्यादा उम्मीदें थीं, जिसे वह अपने कार्यकाल में पूरा करने में असफल रहीं।

मायावती के इर्द-गिर्द रहने वाले नौकरशाहों की मंडली के चलते, मतदाताओं और जमीनी स्तर के बसपा काडरों से उनका अलगाव, हार का दूसरा कारण था। इसके अतिरिक्त सत्ता विरोधी लहर भी थी। उनके ऊपर और उनके नजदीकी बाबूलाल कुशवाहा, नसीमुद्दीन सिद्दीकी आदि मंत्रियों पर भ्रष्टाचार के आरोप भी थे, जो राहुल गांधी के नारे 'हाथी पैसा खाता है' में अच्छी तरह से अभिव्यक्त हुआ। कमजोर प्रशासन के चलते विकास समाज के सभी हिस्से तक पहुँचने में असफल रहा। उनकी सरकार द्वारा शुरू किए गए विभिन्न विकास कार्यों का फल दलालों, भू-माफिया और अभिजात वर्ग ने उठाया। कुल 62 दलित जातियों में से केवल चमार, पासी, कोरी और धोबी जैसी तीन या चार जातियों को फायदा हुआ। जब बसपा उत्तर प्रदेश में सत्ता में थी, उस समय की सरकार का यदि जाति के आधार पर विश्लेषण किया जाए तो यह प्रकट होता है कि कुल 52 मंत्रियों में से केवल आठ दलित समुदाय से सम्बन्धित थे। पाँच चमार जाति के और केवल एक-एक दुसाध, पासी और मल्लाह जाति के थे। बसपा की सरकार में बसोर, धानुक, वाल्मीकि, डोम, गोंड, कोल, धरिकार, मुसहर, बेलदार, भूमिहार, हेला, बैसवार, बाँसफोर, बेरिया, पनखा आदि जातियों का कोई प्रतिनिधित्व नहीं था। उत्तर प्रदेश की विधानसभा के कुल 403 सदस्यों में से 206 सदस्य बसपा के थे, उनमें से 100 दलित विधायक थे। दुर्भाग्य से, कैसे सभी या ज्यादातर अनुसूचित जातियों को लामबन्द किया जाए, इस समस्या को मायावती की पार्टी न तो पहचान पाई और न ही इसका समाधान कर पाई।[4]

सरकारी नौकरियों के आरक्षण में भी यह अन्तर साफ दिखाई देता है। 2001 की जनगणना रिपोर्ट के अनुसार चमार, धुनिया और जाटव जैसी अनुसूचित जातियों का विभिन्न सरकारी नौकरियों में 59.67 प्रतिशत प्रतिनिधित्व था, जबकि अहीर, यादव, यदुवंशी और ग्वाला जैसी अन्य पिछड़ी जातियों का सरकारी नौकरियों में प्रतिनिधित्व केवल 34.49 प्रतिशत था।[5]

यहाँ तक कि 2001 में राज्य सरकार द्वारा सरकारी नौकरियों में आरक्षण कोटे में सुधार को लेकर की गई पहलकदमी को लागू नहीं किया जा सका। आरक्षण नीति पर सुझाव देने के लिए एक 'सामाजिक न्याय समिति' बनाई गई थी। इसने अपनी रिपोर्ट में सुझाव दिया कि उत्तर प्रदेश की 66 अनुसूचित जातियों को दो समूहों में बाँट देना चाहिए। चमार, धुनिया और जाटव को, जो अनुसूचित जातियों की

जनसंख्या का 55.70 प्रतिशत हैं, 10 प्रतिशत आरक्षण देना चाहिए। बाकी बची 44.30 प्रतिशत दलित आबादी, जिनमें 63 जातियाँ शामिल थीं, को 11 प्रतिशत आरक्षण देना चाहिए। यह इस बात को साबित करता है कि चमार, धुनिया और जाटव जैसी कुछ प्रभावशाली जातियों की अहमियत, अन्य हाशिए की जातियों के मुकाबले अभी भी है।[6]

इस प्रकार की विसंगति ने कांग्रेस और अन्य पार्टियों को दलित विरोधी राजनीति विकसित करने का अवसर दिया, जिसने 2012 के चुनावों में बसपा की सम्भावना को और कमजोर बनाया। अन्य पिछड़ा वर्ग (ओबीसी) से एक पृथक् समूह के तौर पर अति पिछड़ी जातियों (एमबीसी-मोस्ट बैकवर्ड कास्ट) के उभार ने दलितों और ओबीसी तथा दलितों और एमबीसी के बीच के अन्तर्विरोध को तीखा कर दिया, जिसका फायदा बसपा को छोड़ बाकी सभी पार्टियों ने उठाया।

> अत्यधिक पिछड़ा वर्ग की पारिभाषिक शब्दावली का इस्तेमाल सबसे पहले पिछड़ा वर्ग को लेकर गठित काका कालेलकर आयोग की रिपोर्ट में किया गया था। यह आयोग, कुछ जातियों को उनके शैक्षणिक और निम्न सामाजिक आर्थिक स्थिति के आधार पर चिह्नित करने और नामित करने के लिए बनाया गया था। इन्हें जाति और वर्ग दोनों सन्दर्भों में, प्रचलित साहित्य में पहचाना जा सकता है। जैसा कि आमतौर पर साहित्य में इनका जिक्र मिलता है, अति पिछड़ी जातियाँ, पिछड़ी जातियों के सबसे पिछड़े हिस्से में आती हैं।
>
> ये निचले शूद्र समूह हैं, जो साफ-सफाई के आधार पर पवित्र और अपवित्र जातियों में बँटे हुए अनिश्चितता में लटके हुए हैं। ये करीब-करीब पूरी तरह से ग्रामीण इलाकों में पाए जाते हैं। परम्परागत रूप से चलने वाली जजमानी व्यवस्था के अन्तर्गत 'सेवक' या शिल्पकार जातियाँ थीं। ये ग्राम व्यवस्था के भीतर ऊपरी और मध्यम जातियों को कुछ निश्चित सेवाएँ प्रदान करती थीं। (के.एस. सिंह 1991)[7]
>
> पिछड़ा वर्ग का सबसे बड़ा हिस्सा बनाने वाली अत्यधिक पिछड़ी जातियों की अभी भी अलग और सामूहिक पहचान नहीं मिली है...(ये जातियाँ) जैसे कि गड़ेरिया, जोगी, धीवर, नाई, कुम्हार, आदि। अपनी विशेष माँगों को उठाने के लिए अभी भी इनके पास कोई मंच नहीं है। (अति पिछड़ा वर्ग) भारी संख्या में हैं, लेकिन ये पूरे प्रदेश में बिखरे हुए हैं और इसीलिए राजनीतिक आधार पर इनको लामबन्द करना कठिन है।[8]

2012 में भाजपा, कांग्रेस और सपा ने एमबीसी और ओबीसी के बीच सामाजिक-आर्थिक स्थिति के अन्तर को कम करने की कोशिश की। आमतौर पर बसपा को मत देने वाली अति पिछड़ी जातियाँ इस बात से खिन्न थीं कि बसपा सरकार के

दौरान उनके मुकाबले, कुर्मी और अन्य पिछड़ा वर्ग के समुदायों ने विकास का ज्यादा फायदा उठाया था। पाल और यादव जैसे समुदाय, जिन्होंने पहले बसपा को मत दिया था, इस बार उनसे अलग-थलग कर दिए गए थे। जमीनी स्तर पर विकास की आकांक्षा पर पहचान की राजनीति हावी हो गई थी। जिन्होंने पहले पहचान की राजनीति के लिए मत दिया था, वे अब विकास के मतलब और अहमियत को समझ गए थे। इसने चुनाव से पहले बसपा विरोधी हवा बनाई। इस प्रकार सभी पार्टियों ने बसपा को विकास विरोधी और भ्रष्ट पार्टी के रूप में प्रस्तुत किया, जिसके चलते उसने वोट खो दिया।

चुनाव के बाद मायावती ने एक संवाददाता सम्मेलन किया, जिसमें उन्होंने अपनी हार के कारणों का विश्लेषण किया। उनके अनुसार, 2007 में विजयी सर्वजन गठबन्धन की सबसे महत्त्वपूर्ण कारक रही उच्च जातियों के मतदाता विभाजित हो गए थे, जबकि मुस्लिम मतदाताओं ने साम्प्रदायिक दंगों के भय से एकजुट होकर सपा को मत दिया। मुसलमान मतदाताओं में भय का कारण था कि भाजपा की आक्रामक नेता उमा भारती ने ओबीसी को साम्प्रदायिक आधार पर लामबन्द करने की कोशिश शुरू कर दी थी, क्योंकि कांग्रेस ने घोषणा की थी वो ओबीसी के मौजूदा 27 प्रतिशत आरक्षण के कोटे में से ही 4.5 प्रतिशत आरक्षण मुसलमानों को देगी।[9]

मायावती ने आगे कहा कि कुछ लोगों ने उनके खिलाफ इस आधार पर प्रचार अभियान चलाया कि उन्होंने कांशीराम का रास्ता छोड़ दिया है। इसका कड़ाई से विरोध करते हुए, बसपा मुखिया ने घोषणा की कि वह अभी भी उनकी विचारधारा के प्रति प्रतिबद्ध हैं और पूरे हृदय से उसका पालन कर रही हैं। चुनाव बाद पार्टी कार्यकर्ताओं को दिए गए निर्देश में उन्होंने कहा कि बसपा को फिर से लामबन्द करने के लिए उन्हें बहुजन के सिद्धान्त को मजबूत करने पर ध्यान देना चाहिए। हर स्तर पर पार्टी को जब भी पुनर्गठित किया जाए, तो इस बात का ध्यान रखा जाना चाहिए कि जब दलित अध्यक्ष हो, तो सचिव ओबीसी का होना चाहिए।[10]

यद्यपि मायावती ने बसपा को कांशीराम द्वारा दिखाए रास्ते पर, पटरी पर लाने की कोशिश कर रही हैं, लेकिन बसपा नेताओं द्वारा हाल ही में की गई उत्पीड़न की घटनाओं की खबरों को दरकिनार नहीं किया जा सकता। इनमें से तीन घटनाएँ कुछ दिनों तक सुर्खियाँ बनी रहीं। ये तीन मामले बसपा विधायकों से जुड़े थे, जिनमें दो विधायक ब्राह्मण थे और उनके सहयोगियों को दोषी पाया गया और सजा हुई।

पहली घटना 2007 में घटी, जिसमें बसपा के विधायक आनन्द सेन शामिल थे। यह सपा के चर्चित नेता के बेटे और मायावती के कैबिनेट में पहले मंत्री थे। घटना में 24 वर्षीय दलित लड़की शशि पीड़िता थी, जो बसपा के कार्यकर्ता योगेन्द्र प्रसाद की बेटी तथा कानून की तृतीय वर्ष की छात्रा थी। चुनाव प्रचार के दौरान उसकी

आनन्द सेन से करीबी बनी। शशि जब फैजाबाद के साकेत डिग्री कॉलेज से वापस आ रही थी, उनका अपहरण कर लिया गया और हत्या कर दी गई। फैजाबाद की एससी/एसटी अदालत ने आनन्द और दो अन्य लोगों को हत्या के मामले में दोषी पाया और 16 मई, 2011 को उन्हें आजीवन कारावास की सजा हुई। इस मामले में अभियुक्त के तौर पर जब उनका नाम आया, तभी मुख्यमंत्री मायावती ने आनन्द को उत्तर प्रदेश की कैबिनेट से हटा दिया था। जून 2008 लखनऊ में आत्मसमर्पण करने के बाद, उन्हें फैजाबाद जेल भेज दिया गया।[11]

दूसरे मामले में 2008 में एक ब्राह्मण बसपा विधायक, शेखर तिवारी ने नौ अन्य सहअपराधियों के साथ मिलकर उत्तर प्रदेश के औरैया में पीडब्ल्यूडी के एक एक्जीक्यूटिव इंजीनियर मनोज गुप्ता की नृशंस तरीके से हत्या कर दी थी। गुप्ता ने मुख्यमंत्री मायावती के जन्मदिन समारोह के लिए धन संग्रह अभियान में निकले तिवारी का सहयोग करने से इनकार कर दिया था। 6 मई, 2011 को अतिरिक्त सत्र न्यायाधीश ने तिवारी और उनके नौ सहयोगियों को दोषी पाया और आजीवन कारावास की सजा दी। विधायक की पत्नी विभा तिवारी को साक्ष्यों को नष्ट करने के आरोप में ढाई साल की सजा हुई। इस घटना ने बसपा को बहुत शर्मसार किया।[12]

तीसरा मामला 10 दिसम्बर, 2010 को घटित हुआ, जिसमें एक 17 वर्षीय दलित लड़की के साथ, 48 वर्षीय बसपा विधायक पुरुषोत्तम नरेश द्विवेदी और तीन सहअपराधियों द्वारा बलात्कार किया गया था। पुरुषोत्तम नारायणी विधानसभा का प्रतिनिधित्व करते थे। बाकी तीन सहयोगियों का नाम राजेन्द्र शुक्ला, सुरेन्द्र नेता और रावण गर्ग था। इस अपराध को विधायक के आवास पर अंजाम दिया गया था। 12 दिसम्बर को वह लड़की किसी तरह भागने में सफल रही। लेकिन द्विवेदी ने अपने प्रभाव का इस्तेमाल कर, उसे चोरी के झूठे मामले में फँसाकर गिरफ्तार करा दिया। मीडिया में काफी आलोचना के बाद मुख्यमंत्री मायावती ने हस्तक्षेप किया। उन्होंने अपराधियों को गिरफ्तार करने तथा मामला सीबी-सीआईडी को सौंपने का आदेश जारी किया। जाँच अधिकारियों ने पाया बलात्कार का आरोप तथा चोरी के झूठे केस में फँसाए जाने की बात सत्य है। द्विवेदी और उनके दो सहयोगियों शुक्ला तथा नेता को 13 जनवरी, 2011 को गिरफ्तार कर लिया गया। तीसरा अभियुक्त गर्ग फरार था। जनवरी 2011 में बांदा के मुख्य न्यायिक न्यायाधीश ने गिरफ्तार अपराधियों को 14 दिन की न्यायिक हिरासत में भेज दिया।[13]

यदि कांशीराम आज जिन्दा होते, तो वह इन वारदातों से टूट जाते, क्योंकि वह दलितों, खासकर महिलाओं के खिलाफ अत्याचार बर्दाश्त नहीं कर सकते थे। जब बसपा और सपा का उत्तर प्रदेश में शासन था, इलाहाबाद में एक रैली के दौरान कांशीराम ने कहा था कि 'यदि सपा-बसपा की सरकार दलितों की गरिमा का सम्मान, अल्पसंख्यकों की सुरक्षा तथा राज्य के लोगों की सुरक्षा करने में असफल

रहती है, तो मैं मुलायम सिंह को जिम्मेदार मानूँगा।[14] जैसा कि हम देख चुके हैं, वास्तव में बसपा और सपा के रिश्ते में पहली दरार तब पड़ी, जब उत्तर प्रदेश के दौना गाँव में एक दलित महिला को उच्च जाति के लोगों द्वारा नंगा घुमाया गया और मुलायम सिंह की सरकार द्वारा उन्हें बिना सजा दिए छोड़ दिया गया। इसके तुरन्त बाद ही कांशीराम ने गठबन्धन तोड़ने की बात शुरू कर दी और पहले मौके में ही उन्होंने ऐसा कर दिया।

महिलाओं की दुर्दशा के प्रति कांशीराम की संवेदनशीलता जगजाहिर है। यह कोई अचरज की बात नहीं है, क्योंकि उनकी माँ से उनका गहरा लगाव था। फिल्म निर्माता और दलित कार्यकर्ता आनन्द रहाटे याद करते हैं कि महिलाओं की वेदना देखकर कैसे कांशीराम काफी विचलित हो जाते थे।

> एक बार कांशीराम को 'इंसाफ की आँधी' फिल्म की शूटिंग के उद्घाटन के लिए बुलाया गया। इस फिल्म के निर्माता दिलीप मेनगे थे, जो कि एक दलित महिला के शोषण के बारे में थी। फिल्म एक गाँव में रहने वाली शिवरी नारैन गाँव की आदिवासी महिला पर आधारित थी। आदिवासी महिला का नाम मीना कुमारी खुंटे था। जब वह एक स्थानीय मेले में गई, तो वहाँ मन्दिर के एक पुजारी, कुछ ठाकुरों तथा एक बनिया, जिसका नाम लाला केसरवानी था, ने मिलकर उसका सामूहिक बलात्कार किया था। जब भयानक रूप से व्यथित महिला प्राथमिकी दर्ज कराने के लिए पुलिस स्टेशन पहुँची, तो भ्रष्ट पुलिस अधिकारियों ने दबंग ऊँची जाति के खिलाफ मामला दर्ज करने से इनकार कर दिया और उसे डाँट-डपटकर भगा दिया...
>
> फिल्म के शुरुआती दृश्य में पीड़िता की भूमिका निभाने वाली अभिनेत्री शैल जैमिनी और पुलिस अधिकारी की भूमिका निभाने वाले रमेश लाखमापुरे थे। निर्देशक यश निकोज ने कांशीराम को क्लैपिंग बोर्ड दिया और कहा कि फिल्म की शूटिंग आरम्भ करने के लिए वह ताली बजाएँ। कांशीराम ने ताली बजाई और शूटिंग शुरू हो गई। रोती-बिलखती मीना कुमारी पुलिस अधिकारी के पास खड़ी थी...महिला की इस कारुणिक हालत के दृश्य देखकर कांशीराम की आँखें भर गईं, हालाँकि वे जानते थे कि यह केवल एक नाट्य रूपान्तरण था।[15]

रहाटे, जो उस समय कांशीराम के बगल में खड़े थे, ने बताया कि वह ये देखकर अवाक् रह गए कि कांशीराम, जिनका दिल चट्टान जैसा मजबूत था, ऊँची जातियों के उत्पीड़न की शिकार इस असहाय और पददलित महिला की निरीहता को देखकर कैसे पिघल गए थे।[16]

कांशीराम महिलाओं के राजनीति में प्रवेश करने के भी पक्षधर थे। वह अक्सर कहा करते थे कि देश के हर कोने में एक मायावती सामने आनी चाहिए, जो दलितों

के उत्थान के लिए कार्य कर सके। वह ये भी कहा करते थे कि एक दलित महिला को वह भारत का प्रधानमंत्री बनते देखना चाहेंगे।[17] वह राजनीति में सोनिया गांधी के प्रवेश और उभार की भी प्रशंसा करते थे। वो कहते थे कि सोनिया एक प्रभावशाली नेता के तौर पर उभर सकती हैं और कांग्रेस को मजबूत बना सकती हैं, जिसमें नरसिंह राव के नेतृत्व में गिरावट आ रही है। (निजी बातचीत में वह ये भी कहते थे कि राव को और दो वर्षों के लिए प्रधानमंत्री बने रहना चाहिए, ताकि कांग्रेस कमजोर हो जाएगी, जो कि बसपा के लिए फायदेमन्द है।)[18]

कांशीराम ने 1981 में भारत के स्वतंत्रता के 44वें वर्ष को फूलन देवी के वर्ष के रूप में मनाया। ऐसा उन्होंने दलित महिलाओं के उत्पीड़न के खिलाफ फूलन देवी के संघर्ष को याद करने के लिए किया। वह कहते थे कि आने वाले वर्षों में फूलन देवी दलित और उत्पीड़ित महिलाओं के लिए एक प्रेरणास्त्रोत बन जाएँगी। उनका मानना था कि 'फूलन देवी ने सिखाया कि जब ऊँची जातियाँ और राज्य उनका उत्पीड़न करें और उन्हें कुचलें, तो कैसे पलटवार किया जाए और कैसे अत्याचारों के मामले में गोली का इस्तेमाल किया जाए। वह इस बात पर आश्चर्य प्रकट करते थे कि जब फूलन देवी पहले से ही मौजूद हैं तो दलितों को क्यों किसी देवी या देवा के लिए इन्तजार करना चाहिए। इसके साथ ही उन्होंने दलितों को बुलेट (गोली) और बैलेट (मत पत्र) के इस्तेमाल में सन्तुनल कायम रखने के लिए भी खबरदार किया, ताकि सभी उत्पीड़ित भारतीय, जिसमें दलित भी शामिल हैं, मानवीय जीवन जीने के स्तर से उठ सकें।'[19] विडम्बना यह थी कि बहुजन स्वयंसेवक दल की महिला सदस्यों को छोड़ दिया जाए, तो बसपा के पास महिलाओं का ही कोई विशेष जनसंगठन नहीं है।

2012 के विधानसभा चुनावों के बाद मायावती का सर्वजन राजनीति से कार्यनीतिक रूप से पीछे हटना और दलित वोट बैंक का पिछड़ों और अल्पसंख्यकों तक विस्तार करना, कांशीराम की मूल योजना के अनुरूप सटीक बैठता है। यद्यपि उत्तर प्रदेश की सभी निम्न और पिछड़ी जातियों को अगले चुनाव में बसपा को वोट देने के लिए संगठित करना एक कठिन कार्य है। दलितों में चमार संख्या के आधार पर शक्तिशाली हैं और बसपा की राजनीति में प्रभावशाली हैं। इनका वर्चस्व, संख्या के लिहाज से मजबूत है अन्य जाति समूहों, जैसे—पासी, धोबी, कोरी और बाल्मीकि को पार्टी से दूर किया है। इसके अलावा संख्याबल में छोटे समूह जैसे जोगी, नट, रंगरेज, मनिहार, भंगी, हेला, नाई, धानुक, खटिक और कंजड़ लोकतंत्रीकरण से अभी काफी कोसों दूर हैं। इन विभिन्न समूहों को कैसे पार्टी की छतरी के नीचे लाया जाए, यह एक बड़ी चुनौती है। दलितों में बिखराव की गुंजाइश है और इस परिस्थिति में इस बात की सम्भावना ज्यादा है कि दलित पहचान के साम्प्रदायिककरण करने के लिए तैयार की गई हिन्दुत्व की परियोजना में उन्हें शामिल कर लिया जाए।[20]

भाजपा, एक हिन्दू के तौर पर दलितों के अतीत और उनकी पहचान को हथियाने और उन्हें अपने खेमे में लाकर राज्य की सत्ता पर कब्जा करने की कोशिश कर रही है। दलितों के अपने मिथकों, नायकों और जाति के इतिहासों के माध्यम से भाजपा विभिन्न दलित जातियों की स्मृतियों को पुनर्निर्मित करने की कोशिश कर रही है।[21] वे (भाजपाई) इस काम को जिस तरीके से कर रहे हैं, वो बहुत दिलचस्प है। भाजपा चुने गए प्रत्येक दलित पुरुष नायक के इर्द-गिर्द प्रायः बड़ा समारोह करती है और उसे एक निश्चित हिन्दुत्ववादी सौन्दर्यबोध से जोड़ देती है। लोगों के बीच बाँटने के लिए उस दलित नायक की तस्वीरों के साथ बैज, स्टिकर और कार्ड छापे जाते हैं। दलितों के नायकों के काफी चटक रंगों के इस्तेमाल और सजावट के माध्यम से वे उन्हें महाराणा प्रताप जैसे हिन्दू महानायकों के महान योद्धाओं के रूप में चित्रित करते हैं।[22]

उत्तर प्रदेश की विभिन्न दलित जातियों को सामूहिक के बजाय अलग-अलग संगठित करने की रणनीति, असल में राज्य की अति जाति विभाजित प्रकृति को ध्यान में रखकर बनाई जाती है। इसीलिए उत्तर प्रदेश में चुनाव जीतना, सभी लोगों को फायदा पहुँचाने वाले वादों, जैसे—सड़क, अस्पताल और स्कूल बनाने की जगह कई सारी जातियों को अपने दायरे में समेटने की क्षमता पर ज्यादा निर्भर करता है।[23]

बसपा में चमारों का वर्चस्व एक महत्त्वपूर्ण चिन्ता का विषय है। हाल ही में नोएडा प्राधिकरण में अनुसूचित जातियों के 200 उम्मीदवारों की भर्ती की गई थी, जिनमें 199 चमार जाति से थे। अन्य दलित जातियों के सदस्यों ने इसके लिए मायावती की आलोचना की, जो कि खुद चमार जाति से हैं। इन लोगों ने दलित एकता में दरार पैदा करने के लिए मायावती को जिम्मेदार ठहराया। लखनऊ के चारबाग के रवीन्द्रालय भवन में पूरे उत्तर प्रदेश और देश के विभिन्न हिस्सों में फैली उपेक्षित और वंचित जातियों को एक साथ एक मंच पर लाने के लिए एक कार्यक्रम आयोजित किया गया था। इस कार्यक्रम में एक वक्ता ने कहा कि लगता है कि बसपा यह बात भूल चुकी है कि 2007 के विधानसभा चुनावों में पार्टी की विजय सुनिश्चित करने के लिए सभी दलित जातियाँ एक हो गई थीं।[24] यह चीज निश्चित रूप से अन्य दलितों को बसपा से अलग करेगी, इसका फायदा हिन्दुत्ववादी शक्तियों को मिलेगा, जो दलितों के वोट बैंक को अपनी ओर खींचने में लगी हैं। कांशीराम भी ये मानते थे कि चमारों का प्रभुत्व पार्टी का आधार तैयार करेगा और वे इस बात के भी हिमायती थे कि चमारों के नेतृत्व में दलितों को एकजुट किया जाएगा, क्योंकि वे संख्याबल में अधिक थे। आज की बसपा कांशीराम की विचारधारा को ही आगे बढ़ाती है, लेकिन इसके साथ ही उसके सामने मजबूत जातीय समूहों को एकजुट करने की चुनौती है।

कांशीराम अपनी ग्रामीण जड़ों को लेकर हमेशा गर्व का अनुभव करते थे। वह साफतौर पर कहते थे कि राज्य सरकार द्वारा भट्टा पारसौल में दमनात्मक तरीके

इस्तेमाल कर किए गए भूमि अधिग्रहण का विरोध किया होता। मई, 2011 में दमन के चलते भट्टा पारसौल गाँव के किसानों और पुलिस के बीच संघर्ष हुआ, किसान भूमि अधिग्रहण का विरोध कर रहे थे। भूमि अधिग्रहण के चलते बहुत सारे सीमान्त और छोटे किसानों के सामने, जिनमें दलित भी शामिल थे, जो कुछ थोड़ी-बहुत जमीन के वे मालिक थे, उसके भी हाथ से चले जाने का डर पैदा हो गया था। भूमिहीन मजदूरों, मुख्यत: दलितों के लिए यह भूमि सपना थी। कांशीराम की कृषि नीति पूर्णतया भिन्न थी। वह भूमिहीन किसानों में जमीन बाँटने के लिए भी बड़े किसानों और यहाँ तक कि छोटे किसानों की जमीन जब्त कर लेने की कल्पना भी नहीं कर सकते थे। उनका नारा कि 'जो जमीन सरकारी है, वो जमीन हमारी है', उनकी सोच को दिखाती है।[25] कांशीराम की राय थी कि सरकार को बड़े किसानों से जमीन लेकर भूमिहीन किसानों को बाँटने की जगह बंजर जमीनों को लेकर भूमिहीन किसानों में बाँटना चाहिए।[26] उन्होंने इस नीति को आकार देने के लिए उत्तर प्रदेश में अपने राजनीतिक प्रभाव का इस्तेमाल किया।

भट्टा पारसौल की घटनाएँ, पश्चिम बंगाल के नन्दीग्राम और सिंगूर में जो कुछ हुआ उसकी प्रतिध्वनि थीं, जिसकी वजह से 2011 के विधानसभा चुनावों में वहाँ सीपीआई (एम) की हार हुई। वो 34 वर्षों के लम्बे शासन के बाद उखाड़ फेंक दी गई। इस बात का डर था कि किसानों की बहुमूल्य भूमि को लेने के लिए किए जाने वाले अत्याचारों की कीमत, ठीक उसी तरह उत्तर प्रदेश में बसपा को चुकानी पड़ सकती है। राहुल गांधी का पीड़ित किसानों के प्रति दोस्ती का हाथ बढ़ाना और बसपा से दलित वोटों को अपनी ओर खींचने का उनका मकसद, मायावती के लिए एक बड़ी चिन्ता का विषय बन गया।

यदि बसपा फिर से उभरना चाहती है, तो उसे उन उद्देश्यों की ओर वापस आना होगा, जिनके साथ कांशीराम ने पार्टी की नींव रखी थी। पार्टी का उद्देश्य पहले दलितों का राजनीतिक सशक्तिकरण के माध्यम से सामाजिक और सांस्कृतिक उत्थान करना था और उत्तर प्रदेश में एक सामाजिक रूपान्तरण लाना और दीर्घकालिक तौर पर पूरे भारत में इसे साकार करना था। अल्पकालिक राजनीतिक उद्देश्यों को पूरा करने के लिए, किसी भी हद तक चले जाना कांशीराम की रणनीति के मूल तत्त्वों के खिलाफ जाता है। 'चमचा युग' किताब में कांशीराम ने उन दलितों पर तीखा हमला बोला, जो अपने व्यक्तिगत फायदों के लिए स्वयं को ऊँची जातियों के हाथों बेच देते हैं। दुर्भाग्य से आज बसपा को इसी तरह का अपराध करने का दोषी माना जा सकता है। हालाँकि कांशीराम को सत्ता पाने के लिए गलत साधन इस्तेमाल करने में कोई नैतिक हिचक नहीं थी, लेकिन उनका एकमात्र उद्देश्य हालात को पूरी तरह बदल देना था और स्वत्वहीन दलितों के हित में सत्ता संरचना को बदल देना था। चुनावी फायदा उठाना बसपा का मुख्य उद्देश्य लगा, जिसके

चलते कांशीराम पर अक्सर अवसरवादी होने का आरोप लगाया जाता था, लेकिन जैसा हमने पिछले अध्यायों में दिखाया है, उन्होंने कभी भी अपने दीर्घकालिक उद्देश्यों से नजर नहीं हटाई। यह दीर्घकालिक उद्देश्य था सामाजिक पिरामिड को उलट देना।

यद्यपि बसपा भारत की महत्त्वपूर्ण राष्ट्रीय पार्टियों में से एक है और उत्तर प्रेदश में प्रभावी स्थिति में है, जो सरकार बना सकती है, सरकार गिरा सकती है, लेकिन कांशीराम ने जिस उद्देश्य से इसकी नींव डाली थी, उससे वो बहुत दूर है। इसे करने के लिए उसे चुनावी सत्ता पाने की अल्पकालिक राजनीतिक रणनीतियों से आगे देखना पड़ेगा और इसकी जगह विशाल संख्या में दलितों और पिछड़ी जातियों के उत्थान पर अपना ध्यान केन्द्रित करना पड़ेगा। राजनीतिक सशक्तिकरण के बावजूद, पिछड़ी जातियाँ उत्तर भारत में सामाजिक पिरामिड के सबसे निचले पायदान पर अभी तक पड़ी हुई हैं। केवल तभी कांशीराम का सपना पूरा होगा, जब ये दलित अपनी नियति तय करने के लिए सत्ता सँभालेंगे, जैसा कांशीराम सोचते थे। यही उस महान दलित मसीहा के प्रति सच्ची श्रद्धांजलि होगी, जिसका पूरा जीवन दलितों के हितों के लिए समर्पित था।

स्वीकृतियाँ

यह जीवनी लिखने के मेरे प्रस्ताव को सहर्ष स्वीकार करने के लिए मैं पेंगुइन बुक्स इंडिया का कृतज्ञ हूँ। मैं विशेषकर कामिनी महादेवन का उनके सुझावों के लिए आभारी हूँ, जिन्होंने यह समझने में मेरी मदद की कि कांशीराम के उन कामों के प्रति श्रद्धांजलि का क्या अर्थ है, जिसने अपने समय के सामाजिक और राजनीतिक मुद्दों को समाहित कर लिया। रामचन्द्र गुहा ने इस चुनौतीपूर्ण काम को पूरा करने के लिए जिस धैर्य और समर्थन की जरूरत थी, वो बनाए रखने में मदद की। मैं गहरे स्तर पर प्रोफेसर जी.के. चड्ढा का ऋणी हूँ, जिन्होंने मुझे प्रेरणा प्रदान की और इलाहाबाद के जीबी पन्त सामाजिक विज्ञान संस्थान में शोध करने के लिए अनुकूल परिवेश प्रदान किया। इस किताब के अस्तित्व में आने के लिए मैं विजेंद्र गौतम, अरिंदम राय, निवेदिता सिंह, अर्चना सिंह, रितु सुरेका और तरुशिखा सर्वेश का भी ऋणी हूँ, जिन लोगों ने आरम्भ से ही इस परियोजना में विविध स्तरों पर मेरी मदद की। मैं प्रोफेसर सुधापाई और प्रोफेसर सुरिंदर एस. जोधका की पांडुलिपि पर गहरी अन्तर्दृष्टि वाली सामग्रियों के लिए कृतज्ञ हूँ, जिसने मुझे इस किताब को नया आयाम देने में काफी मदद की।

यह किताब रोपड़ और ख्वासपुर (पंजाब) के दलबारा सिंह, सबरन कौर और रजिंदर सिंह तथा नई दिल्ली के डॉ. ओमकार मित्तल जैसे लोगों के साथ-साथ गुरु प्रसाद मदन, आर.पी. राय, आर.बी. त्रिशरन, रामचेत राम 'तूफानी' और ए.आर. अकेला के प्रति कृतज्ञ है।

मैं उन सभी लोगों के प्रति धन्यवाद ज्ञापित करना चाहता हूँ, जिन्होंने मुझे कांशीराम के बारे में सूचनाएँ प्रदान कीं। मैं कांशीराम के बहुत सारे सहयोगियों को भी धन्यवाद देना चाहता हूँ, जिन्होंने सहृदयता के साथ अपना साक्षात्कार दिया और कांशीराम के पत्रों, डायरियों और व्यक्तिगत संस्मरणों को मुझसे साझा किया।

यह किताब रोपड़ और खवासपुर, लखनऊ, रायबरेली और इलाहाबाद (उत्तर प्रदेश) पुणे, मुम्बई, नागपुर, चन्द्रपुर (महाराष्ट्र), बपटल और हैदाराबाद (आन्ध्र प्रदेश) के लोगों के प्रति हार्दिक तौर पर ऋणी है।

मैं गोविन्द बल्लभ पन्त सामाजिक अध्ययन संस्थान के प्रोफेसर प्रदीप भार्गव

के प्रति भी कृतज्ञता दर्ज कराना चाहता हूँ, जिन्होंने इस किताब को पूर्ण करने के लिए आवश्यक सुविधाएँ मुहैया कराईं। मैं गोविन्द बल्लभ पन्त सामाजिक अध्ययन संस्थान के मानव विकास संग्रहालय के कर्मचारियों के प्रति भी उनके सहयोग के लिए धन्यवाद ज्ञापित करना चाहता हूँ। अन्त में मैं अपने परिवार के सदस्यों के नैतिक समर्थन और सहयोग के लिए उन्हें धन्यवाद देना चाहता हूँ।

—बद्री नारायण

टिप्पणियाँ

लेखक की बात

1. A.R. Akela, *Kanshiram Ke Saakshatkaar* (Delhi : Manak Publications, 2007), p. 18.
2. Sudha Pai, *Dalit Assertion and the Unfinished Democratic Revolution : The Bahujan Samaj Party in Uttar Pradesh* (New Delhi : Sage Publications, 2002), p. 1.
3. *Sahara Samachar,* Lucknow, 23 January 1994, pp. 1-2.
4. R.V. Sharma, *Rag Virag* (Allahabad : Lokbharti Prakashan, 1992), p. 137.

अध्याय-1 : दलितों के नेता कांशीराम : जीवन के शुरुआती वर्ष

1. A.R. Akela, ed., *Mananiya Behan Kumari Mayawati Ke Saakshatkaar* (Aligarh : Anand Sahitya Sadan, 2008), p. 22.
2. R. Tilak, *Bharat Ki Pehli Shikshika Savitri Bai Phule* (New Delhi : Centre for Alternative Dalit Media, 2002), p. 2.
3. Mohandas Naimishraye, *Bhartiya Dalit Aandolan Ka Itihaas,* vol. 2 (New Delhi : Radhakrishna Prakashan, 2013), pp. 303-04.
4. www.ambedkartimes.com, 11 June 2012; and Mohandas Naimishraye, *Bhartiya Dalit Aandolan Ka Itihaas,* vol. 1 (New Delhi : Radhakrishna Prakashan, 2013), p. 480.
5. Bharat Patankar and Gail Omvedt, *The Dalit Liberation Movement in Colonial Period* (New Delhi : Critical Quest, 2004), p. 13.
6. Mark Juergensmeyer, *Religious Rebels in the Punjab : The Ad Dharm Challenge to Caste* (New Delhi : Navayana Publishing, 2009), p. 90.
7. Patankar and Gail, *Dalit Liberation Movement,* p. 13.
8. Suratha Malik, 'Analysing Dalit Movement: Interpreting the History', p. 4, https://www.academia.edu/3849348/analysing_dalit_ movement.
9. R.K. Kshirsagar, *Dalit Movement in India and Its Leaders* (New Delhi : M.D. Publications Pvt. Ltd., 1994) p. 345.
10. Nandini Gooptu, *Swami Acchutanand and the Adi Hindu Movement* (Cambridge : Cambridge University Press, 2006), p. 14.
11. Ibid., p. 12.

12. Badri Narayan and A.R. Mishra, eds., *Multiple Marginalities : An Anthology of Identified Dalit Writings* (New Delhi : Manohar, 2004), p. 105.
13. Gooptu, *Swami Acchutanand,* p. 13.
14. Dr. Rajpal Singh 'Raj', *Swami Acchutanand Harihar* (Delhi : Rajlakshmi Prakashan, 2002), p. 28.
15. Narayan and Mishra, *Multiple Marginalities,* pp. 105-06.
16. Ibid., p. 107.
17. Kshirsagar, *Dalit Movement,* p. 398. Other leaders included Prithvi Singh Azad (Ambala), Prabhati Ram (Amritsar), Kartar Chand Sulekh (Jalandhar), Mihan Singh (Patiala), Nanak Chand Rattu (Hoshiarpur), Keharsing Choturam Gondi (Rohtak), Charan Singh (Shimla), Chanan Ram (Shimla), Chand Ram (Rohtak), Prabharam Boudh (Panipat).
18. Ronki Ram, 'Untouchability, Dalit Consciousness, and the Ad-Dharm Movement in Punjab', *Contributions to Indian Sociology,* n.s., 38, no. 3 (2004) : 327. Posted on www.ambedkartimes.com on 11 June 2012.
19. Naimishraye, *Bhartiya Dalit Aandolan Ka Itihaas,* vol. 1, pp. 420-21.
20. Kshirsagar, *Dalit Movement,* p. 93.
21. Juergensmeyer, *Religious Rebels,* p. 38.
22. S.L. Malhotra, 'Hindu Politics and Untouchability in Punjab, 1900-1935', *Social Science Research Journal* 1 (1976) : 74-88.
23. Juergensmeyer, *Religious Rebels,* pp. 47-49.
24. Eleanor Zelliot, *Dr. Ambedkar and the Mahar Movement* (Philadelphia : University of Pennsylvania Press, 1969).
25. Gail Omvedt, *Dalits and the Democratic Revolution : Dr. Ambedkar and the Dalit Movement in Colonial India* (New Delhi : Sage Publications, 1994), pp. 223-59.
26. Dalbara Singh, interview by Brijendra Gautam in Khawaspur, 22 October 2010. Sabran Kaur, interview by Brijendra Gautam at Kanshiram's birthplace in Bunga Sahib on 23 October 2010.
27. S. Singh, *Bahujan Nayak : Kanshiram* (New Delhi : Samyak Publications, 2005), p. 14.
28. Ibid., p. 18.
29. Ibid., p. 20.
30. S.S. Gautam, *Bahujan Nayak Manyavar Kanshiram Smriti Granth* (New Delhi : Gautam Book Centre, 2006), p. 55.
31. Sabran Kaur, interview by Brijendra Gautam.
32. Singh, *Bahujan Nayak,* pp. 20-21.
33. Ibid.
34. Y.K. Yaad, *Samajik Parivartan Ke Mahanayak Manya Kanshiram Sahab* (Lucknow : Bahujan Sahitya Sanstha Ltd., 2005), p. 9.
35. Singh, *Bahujan Nayak,* p. 22.
36. Ibid., p. 21.
37. Yaad, *Samajik Parivartan,* p. 9.
38. Ibid., p. 8.

39. M.P. Ahirvaar, *'Manyavar Kanshiram : Tathya Evam Bhrantiyaan'*, *Ambedkar in India,* October 2008, p. 7.
40. Ibid.
41. Singh, *Bahujan Nayak,* pp. 22-24.
42. Ibid., p. 24.
43. Yaad, *Samajik Parivartan,* pp. 26-27.
44. Ibid., p. 12.
45. Ibid.
46. Kshirsagar, *Dalit Movement,* pp. 415-16.
47. Yaad, *Samajik Parivartan,* p. 13.
48. Ibid.
49. Ibid., p. 14.
50. Singh, *Bahujan Nayak,* pp. 27-28; and S. Sonik, *Yug Purush Kanshiram Ka Bahujan Sangharsh* (Delhi : Siddhartha Publication, 2007), p. 39.
51. Singh, *Bahujan Nayak,* p. 28.
52. Ibid., p. 28-29.
53. Singh, *Bahujan Nayak,* pp. 29-30; and Yaad, *Samajik Parivartan,* p. 14.
54. V. Kumar, *'Aadhunik Bhartiya Rajneeti Ke Mahan Nayak', Ambedkar in India,* March 2010, pp. 8-9.
55. Ibid.
56. R.P. Ram, a BSP political activist, who worked with Kanshiram, interview by Brijendra Gautam on 5 November 2010 in Raebareli, UP.
57. Kumar, *'Aadhunik Bhartiya Rajneeti',* pp. 8-9.

अध्याय-2 : मास्टर कुंजी की खोज : आरपीआई से बामसेफ तक की यात्रा

1. A Mukul, '"Maya Jaal" Spreads over Maharashtra', *Times of India,* 17 June 2004.
   There has been some debate on what was the 'master key' for Ambedkar. Bhagwan Das holds that Ambedkar is being misquoted as saying that political power is the master key. This was meant for the audience of political leaders that he addressed at a particular time. Ambedkar did not emphasize political power alone. He felt that the weakness within society was as important and had to be overcome by promoting education. Without a sound ideology, political power would amount to nothing. (Bhagwan Das, interviewed by Vidya Bhushan Rawat, http://www.countercurrents.org/rawat021007.htm. 2 Oct 2007.)
   KC. Das suggests that Kanshiram turned the above view of the master key on its head-and thus subverted its spirit. He says this was because Kanshiram had observed in UP that the Chamars, and also the Pasis and Koris, had produced an educated class from within the castes, thanks partly to the welfare policies initiated by the government. Kanshiram's problem was, therefore, to campaign for these dalit castes to acquire political power, not education. (Reply to above at http://www.countercurrents.org/ rawat021007.htm, 2 Oct

2007.)

2. Ibid.
3. A.R. Akela, *Kanshiram Ke Saakshatkaar* (Delhi : Manak Publications, 2007), p. 115.
4. Ibid., p. 263.
5. A.R. Akela, ed., *The Oppressed Indian : Mananiya Kanshiram Saheb Ke Sampadakiya Lekh* (Aligarh : Anand Sahitya Sadan, 2012), p. 81.
6. Harish S. Wankhede, 'Dalit/RPI Politics in Maharashtra', Dalit Perspectives blog, 28 April 2012, dalitperspectivejnu.blogspot.in/2012/04/dalitrpi-politics-in-maharashtra.html.
7. Ibid.
8. Ibid.
9. A.K. Dubey, *Kanshiram : Ek Alochanatmak Adhyayan* (New Delhi : Rajkamal Prakashan, 1997), pp. 40-41.
10. Wankhede, 'Dalit/RPI Politics'.
11. Ibid.
12. Harish S. Wankhede, 'The Political and the Social in the Dalit Movement Today', *Economic and Political Weekly* 43, no. 6 (2008) : 52.
13. L. Murugkar, *Dalit Panther Movement in Maharashtra* (Bombay : Popular Prakashan, 1991), p. 51.
14. Anand Teltumbde, 'Crisis of Ambedkarites and Future Challenges', Counter Currents.org, 22 April 2011, www.countercurrents.org/teltumbde 220411.htm.
15. Murugkar, *Dalit Panther Movement,* p. 91.
16. Gail Omvedt, 'Ambedkar and After : The Dalit Movement in India', in *Dalit Identity and Politics,* ed. Ghanshyam Shah (New Delhi : Sage Publications, 2001), p. 53, quoted in Wankhede, 'The Political and the Social', p. 53.
17. Ibid.
18. Christophe Jaffrelot, *India's Silent Revolution* (New Delhi : Permanent Black, 2006), p. 390, quoted in Wankhede, 'The Political and the Social', p. 53.
19. Sudha Pai, 'Kanshi Ram : The Man and His Legacy', *eSocialSciences,* 13 October 2006, http://www.esocialsciences.org/Articles/ShowArticle.aspx?acat=Current+Affairs&aid=639.
20. S.S. Gautam, *Bahujan Nayak Manyavar Kanshiram Smriti Granth* (Delhi : Gautam Book Centre, 2006), p. 56.
21. Ibid., pp. 59-60.
22. *Bahujan Sangathan,* 27 February 1989, quoted in R.K. Singh, *Kanshiram Aur BSP : Dalit Aandolan Ka Vaicharik Aadhar Brahmanvaad Virodh* (Allahabad : Kushwaha Book Distributors, 1994), p. 30.
23. Akela, *Kanshiram Ke Saakshatkaar,* p. 13.
24. Y.K. Yaad, *Samajik Parivartan Ke Mahanayak Manya Kanshiram Sahab* (Lucknow : Bahujan Sahitya Sanstha Ltd., 2005), p. 15.
25. Ibid., p. 16.
26. Ibid.

27. Ibid., p. 46.
28. A. Kumar, ed., *Bahujan Nayak Kanshiram Ke Avismarniya Bhashan* (Delhi : Gautam Book Centre, 2007), p. 89.
29. Yaad, *Samajik Parivartan,* p. 17.
30. Ibid., p.18.
31. Ibid.
32. Ibid.
33. Akela, *Kanshiram Ke Saakshatkaar,* p. 256.
34. Gautam, *Bahujan Nayak,* p. 70.
35. Ibid., p. 64 and p. 68.
36. Ibid., p. 70.
37. Ramchet Ram, interview by Brijendra Gautam, 13 March 2011.
38. Badri Narayan, *The Making of the Dalit Public in North India : Uttar Pradesh, 1950-Present* (New Delhi : Oxford University Press India, 2011), pp. 35-58.
39. Akela, *Kanshiram Ke Saakshatkaar,* p. 256.
40. Yaad, *Samajik Parivartan,* p. 18.
41. Ibid., pp. 18-19.
42. Dubey, *Kanshiram,* p. 50.
43. Yaad, *Samajik Parivartan,* p. 19.
44. S.D. Gulde, *Jai Bheem Jagriti Geetmala* (New Delhi : Samyak Prakashan, 2000), p. 11.
45. R.B. Trisharan, *Bhim Ekta Geet* (Basti, UP : Samaj Sudhar Prakashan, 1994), p. 16.
46. Yaad, *Samajik Parivartan,* p. 19.
47. Ibid., pp. 19-20.
48. Kamlakant, *Daliton Ke Messiah Kanshiram* (Delhi : Raja Pocket Books, 2006), pp. 10-11.
49. Dubey, *Kanshiram,* p. 51.
50. Ibid., pp. 52-53.
51. Ibid., p. 53.
52. S. Singh, *Bahujan Nayak : Kanshiram* (New Delhi : Samyak Publications, 2005), p. 35.
53. Kamlakant, *Daliton Ke Messiah Kanshiram,* p. 15.
54. Akela, *The Oppressed Indian,* p. 227 and pp. 228-29.
55. Ibid., p. 11, p. 12 and p. 14.
56. Ibid., pp. 230-32.
57. Singh, *Bahujan Nayak,* pp. 36-37.
58. Ibid.
59. K. Bharti, *Kanshiram Ke Do Chehre* (Rampur, UP : Bodhisattva Prakashan, 1996), p. 13.
60. Dubey, *Kanshiram,* p. 53.
61. Ibid.
62. Ajoy Bose, *Behenji : A Political Biography of Mayawati* (New Delhi :

Penguin, 2008), p. 40.
63. Mayawati, quoted in A.R. Akela, ed., *Mananiya Behan Kumari Mayawati Ke Saakshatkaar* (Aligarh : Anand Sahitya Sadan, 2008), pp. 49-50.
64. Ibid.,p.149.
65. Ibid., pp. 21-22.
66. Ibid., p. 65.

अध्याय-3 : चमचा युग : आंबेडकर से आगे का एजेंडा

1. Nicolas Jaoul, 'Political and "Non-political" Means in the Dalit Movement', in *Political Process in Uttar Pradesh : Identity, Economic Reforms and Governance,* ed. Sudha Pai (New Delhi : Pearson Education, 2007), p. 194.
2. Prasanna Kumar Choudhary and Srikant, *Swarg Par Dhawa : Bihar Mein Dalit Aandolan 1912-2000* (New Delhi : Vani Prakashan, 2005), p. 280.
3. K.C. Das, *Indian Dalits : Voices, Visions and Politics* (Delhi : Global Vision Publishing House, 2004), p. 217.
4. *The Telegraph,* 3 December 1989.
5. *The Week,* 16 April 1992.
6. *Surya India, 1992.*
7. Kanshiram, *Chamcha Yug : An Era of the Stooges,* translated into Hindi by Moses Michael (New Delhi : Samyak Prakashan, 2008), p. 72.
8. Ibid., pp. 76-77.
9. Ibid., p. 77.
10. Ibid.
11. Ibid., pp. 82-86.
12. Ibid., pp. 86-87.
13. Ibid., pp 107-08.
14. Ibid., pp 109-10.
15. A.R. Akela, ed., *The Oppressed Indian : Mananiya Kanshiram Saheb Ke Sampadakiya Lekh* (Aligarh : Anand Sahitya Sadan, 2012), p. 191.
16. Ibid., p. 211.
17. A. Kumar, ed., *Bahujan Nayak Kanshiram Ke Avismarniya Bhashan* (Delhi : Gautam Book Centre, 2007), pp. 77-78.
18. Dhananjay Keer, *Dr. Ambedkar : Life and Mission* (Bombay : Popular Prakashan, 1971), p. 124 and p. 491.
19. B.R. Ambedkar, *The Annihilation of Caste* (New Delhi : Arnold Publishers, 1990).
20. Ibid., p. 63.
21. Ibid., p. 54.
22. Ibid., p. 64.
23. Ibid., p. 81.
24. Ibid., p. 83.
25. Ibid., p. 84.
26. Ibid.

27. Ibid., pp. 83-84.
28. Ambedkar, *The Annihilation of Caste* (annotated and extended version by The Multimedia Study Environment), available online at http://ccnmtl.columbia.edu/projects/mmt/ambedkar/web/ section_21.html.
29. Ibid.
30. Kumar, *Bahujan Nayak Kanshiram,* p. 71.
31. Kanshiram, cited in Kumar, *Bahujan Nayak Kanshiram,* pp. 69-70.
32. B.R. Ambedkar, *'Gaon',* translated in English as *Poems of Ambedkar* in Badri Narayan and A.R. Mishra, eds., *Multiple Marginalities : An Anthology of Identified Dalit Writings* (New Delhi : Manohar, 2004), p. 229.
33. S. Singh, *Bahujan Nayak : Kanshiram* (New Delhi : Samyak Publications, 2005), p. 122.
34. Cited in A.R. Akela, *Kanshiram Ke Saakshatkaar* (Delhi : Manak Publications, 2007), p. 34.
35. Ibid., p. 25.
36. Singh, *Bahujan Nayak,* p. 123.
37. A.R. Akela, *Mananiya Kanshiram Saheb Ke Saakshatkaar* (Aligarh : Anand Sahitya Sadan, 2009), p. 194.
38. Badri Narayan, *Women Heroes and Dalit Assertion in North India* (New Delhi : Sage Publications, 2006), p. 81.
39. Ibid., p. 77.
40. S.S. Bechain, *Hindi Ki Dalit Patrakarita Par Patrakar Ambedkar Ka Prabhav* (Delhi : Samta Prakashan, 1997), p. 137.
41. Ibid., p. 187.
42. Ibid., p. 185.
43. Ibid., p. 219.
44. Jean Dreze, 'Dr. Ambedkar and the Future of Indian Democracy', South Asia Citizens Web, 31 January 2012, www.sacw.net/article2523.html.
45. Anand Teltumbde, *Ambedkar in and for the Post-Ambedkar Dalit Movement,* originally presented as a paper in a seminar on the post-Ambedkar dalit movement, Department of Political Science, University of Pune, 27-29 March 1997 (Pune : Sugawa Prakashan), p.19.
46. D. Keer, *Dr. Babasaheb Ambedkar : Jeevan Charit* (New Delhi : Popular Prakashan, 2006), p. 477.
47. Akela, *Kanshiram Ke Saakshatkaar,* p. 232.
48. Ibid., p. 229.
49. A.R. Akela, ed., *Mananiya Behan Kumari Mayawati Ke Saakshatkaar* (Aligarh : Anand Sahitya Sadan, 2008), pp. 164-65 and p. 171.
50. Cited in H.L. Dusadh, *Bahujan Samaj Ka Hit Bhagedaari Siddhant Mein : Kanshiram Ke Aarthik Darshan Par Ek Addhyayan* (New Delhi : Bahujan Diversity Mission, 2007), p. 26.
51. Ibid., p. 29.
52. Cited in Akela, *Kanshiram Ke Saakshatkaar,* p. 256.
53. Ibid., p. 257.

54. Akela, *Mananiya Kanshiram Saheb Ke Saakshatkaar,* pp. 350-51.
55. Ibid., p. 352.
56. Ibid.
57. Akela, *Kanshiram Ke Saakshatkaar,* p. 270.
58. Ibid., p. 265.
59. Ibid.
60. R.K. Singh, *Kanshiram Aur BSP : Dalit Aandolan Ka Vaicharik Aadhar Brahmanvaad Virodh* (Allahabad : Kushwaha Book Distributors, 1994), p. 30.
61. Ibid., p. 31.
62. Dusadh, *Bahujan Samaj Ka Hit,* p. 39.
63. Akela, *The Oppressed Indian,* p. 134.
64. Ibid., pp. 46-47.
65. Ibid., p. 39.
66. Ibid.
67. Ibid., pp. 84-85.
68. Akela, *Kanshiram Ke Saakshatkaar,* p. 19.
69. Teltumbde, *Ambedkar in and for the Post-Ambedkar,* p. 17.
70. Kanshiram, cited in Akela, *Kanshiram Ke Saakshatkaar,* p. 59.
71. Ibid., p. 69.
72. Ibid., p. 106.
73. S.S. Gautam, *Bahujan Nayak Manyavar Kanshiram Smriti Granth* (Delhi : Gautam Book Centre, 2006), p. 62.
74. Akela, *The Oppressed Indian,* p. 223.
75. Ibid., p. 243.
76. Raj Sekhar Vundru, 'The Other Father', *Outlook,* 20 August 2012, pp. 46-47.

अध्याय-4 : कांशीराम की सांस्कृतिक राजनीति और बसपा का गठन

1. *Reservation as a Welfare Measure,* Report of the National Commission for Religious and Linguistic Minorities, chapter 8, *Communalism Combat,* April 201 0, p. 14, http://www.sabrang.com/cc/archive/2010/apr10/chapter8.pdf.
2. G.K. Lieten and R. Srivastava, *Unequal Partners : Power Relations, Devolution and Development in Uttar Pradesh* (New Delhi : Sage Publications, 1999), pp. 57-58.
3. A.K. Verma, 'Uttar Pradesh : Politics of Social Polarisation and its Limits', *Journal of Indian School of Political Economy* 15, nos. 1 & 2 (2003) : 252.
4. Ibid., p. 253.
5. Harish K. Puri, 'Scheduled Castes in Sikh Community : A Historical Perspective', *Economic and Political Weekly* 38, no. 26 (2003) : pp. 2693-701.
6. Inderjit Singh, 'Bahujan Samaj Party in Punjab : Organization, Support Base and Performance' (unpublished thesis, Punjabi University, Patiala, 2011), chapter 6, p. 243, http://shodhganga.inflibnet.ac.in/bitstream/10603/4286/13/

13_chapter% 206.pdf.

7. Ibid., pp. 244-47.
8. Owen M. Lynch, *The Politics of Untouchability* (New Delhi : National Publishing House, 1974), pp. 67-68.
9. B.S. Hans, *Gau Brahmin Namo-Namo : Ko Rakshati Vedah* (Patna : Ambedkar Mission Prakashan, 2003), p. 77.
10. Owen M. Lynch, *The Politics of Untouchability* (New York : Columbia University Press, 1969), p. 95.
11. Ibid.
12. Ibid., p. 86.
13. A.R. Akela, *Kanshiram Ke Saakshatkaar* (Delhi : Manak Publications, 2007), p. 20.
14. R. Patel, *Mahamana Ram Swaroop Verma Ka Sankshipta Jeevan Parichay* (Basti, UP : Samta Prakashan, 2001), p. 6.
15. R.K. Singh, *Kanshiram Aur BSP : Dalit Aandolan Ka Vaicharik Aadhar Brahmanvaad Virodh* (Allahabad : Kushwaha Book Distributors, 1994), p. 93.
16. S. Singh, *Bahujan Nayak : Kanshiram* (New Delhi : Samyak Publications, 2005), p. 41.
17. Ibid.
18. Ibid., p. 42.
19. Singh, *Kanshiram Aur BSP,* p. 95.
20. Maikulal Varishtha Chintansheel Nagrik, *Gurudev Bhagwan Ravidas Ka Sankshipta Jeevan Parichay* (Lucknow : Maikulal Varishtha Chintansheel Nagrik, 2005), p. 3.
21. Badri Narayan, *Women Heroes and Dalit Assertion in North India* (New Delhi : Sage Publications, 2006), p. 53.
22. Compiled from *Jansatta,* 28 July 1997; B.S. Visharad, *Virangana Jhalkari Bai* (Aligarh : Anand Sahitya Sadan, 1964); R.K. Choudhary, *Pasi Samrajya* (Lucknow : Shruti Prakashan, 1997); and M.R. Vidrohi, *Dalit Dastavej* (New Delhi : Samyak Prakashan, 2004).
23. Vidrohi, *Dalit Dastavej;* pp. 74-82.
24. R.P. Saroj, *Krantiveer Madari Pasi Evam Eka Aandolan* (Lucknow : Sushila Saroj, 1997), p. 27.
25. Vidrohi, *Dalit Dastavej,* p. 176.
26. Ibid., p. 81.
27. Narayan, *Women Heroes,* pp. 140-41.
28. Ibid., p. 71.
29. Badri Narayan, *Fascinating Hindutva : Saffron Politics and Dalit Mobilisation* (New Delhi : Sage Publications, 2009), p. 86.
30. D.C. Dinkar, *Swatantrata Sangram Mein Achhuton Ka Yogdan.* (Lucknow : Bodhisattva Prakashan, 1990), p. 23.
31. S.S. Bechain, *Hindi Ki Dalit Patrakarita Par Patrakar Ambedkar Ka Prabhav* (Delhi : Samta Prakashan, 1997), p. 145.
32. Badri Narayan, *Documenting Dissent : Contesting Fables, Contested*

Memories and Dalit Political Discourse (Shimla : Indian Institute of Advanced Study, 2001), p. 144.
33. A.R. Akela, ed., *The Oppressed Indian : Mananiya Kanshiram Saheb Ke Sampadakiya Lekh* (Aligarh : Anand Sahitya Sadan, 2012), p. 83.
34. Ibid., pp. 100-02.
35. Ibid., p. 83.
36. Ibid., p. 103.
37. Akela, *Kanshiram Ke Saakshatkaar,* p. 8.
38. Singh, *Kanshiram Aur BSP,* pp. 89-90.
39. Ibid., p. 90.
40. Ibid., p. 94.
41. Ibid.
42. Ibid.
43. Ibid., p. 86.
44. *Amrit Prabhat,* 2 June 1988, Allahabad.
45. Singh, *Kanshiram Aur BSP,* p. 96.
46. Ibid., p. 95.
47. A.K. Dubey, *Kanshiram : Ek Alochanatmak Adhyayan* (New Delhi : Rajkamal Prakashan, 1997), p. 70.
48. Singh, *Kanshiram Aur BSP,* p. 95.
49. Ibid.
50. Ibid., p. 96.
51. A. Kumar, ed., *Bahujan Nayak Kanshiram Ke Avismarniya Bhashan* (Delhi : Gautam Book Centre, 2007), p. 80.
52. K. Bharti, *Kanshiram Ke Do Chehre* (Rampur, UP : Bodhisattva Prakashan, 1996), p. 14.
53. Ibid. The Khoti system was a system of land tenure in the Konkan region, which treated agricultural tenants as serfs. Zamindars gave the land to farmers to cultivate, and in return the farmers became their slaves for generations as they could not claim any right on the produce of the land. Ambedkar introduced a bill in 1937 to abolish this system.
54. Ibid., p. 15.

अध्याय-5 : सत्ता के लिए दावेदारी : बसपा की चुनावी राजनीति

1. A.K. Dubey, *Kanshiram: Ek Alochanatmak Adhyayan* (New Delhi : Rajkamal Prakashan, 1997), p. 57.
2. Ajoy Bose, *Behenji : A Political Biography of Mayawati* (New Delhi : Penguin, 2008), p. 64.
3. Dubey, *Kanshiram,* pp. 82-83.
4. Kamlakant, *Daliton Ke Messiah Kanshiram* (Delhi : Raja Pocket Books, 2006), pp. 17-18.
5. Dubey, *Kanshiram,* p. 58.
6. Ibid., pp. 66-67.
7. Ibid., p. 67.

8. Kamlakant, *Daliton Ke Messiah Kanshiram,* p. 18.
9. Ibid., p. 31.
10. Ibid., p. 30.
11. Bose, *Behenji,* pp. 70-71.
12. Ibid., p. 79.
13. Kamlakant, *Daliton Ke Messiah Kanshiram,* p. 32.
14. Dubey, *Kanshiram,* p. 68.
15. Ibid., p. 69.
16. Ibid., p. 104.
17. Ibid., p. 105.
18. Ibid., p. 106.
19. Bose, *Behenji,* pp. 73-74.
20. Ibid., pp. 74-75.
21. Ibid., pp. 75-77.
22. Ibid., p. 95 and p. 101.
23. Ibid., p. 109.
24. Ibid., pp. 122-24.
25. Ibid., p. 126.
26. Ibid., p. 141.
27. Ibid., p. 143.
28. Ibid., p. 146.
29. Ibid., pp. 161-62.
30. Ibid., p. 165.
31. A.R. Akela, *Kanshiram Ke Saakshatkaar* (Delhi : Manak Publications, 2007), pp.171-72.
32. Ibid., p. 168.
33. Ibid., p. 171.
34. Ibid., pp. 168-70.
35. Nisar Ahmed Quraishi, *Safar DS-4 Se BS-4 Tak* (Lucknow : BS4 UP unit, n.d.), p. 4 and p. 5.
36. S.S. Gautam, *Bahujan Nayak Manyavar Kanshiram Smriti Granth* (Delhi : Gautam Book Centre, 2006), p. 66.
37. A.R. Akela, ed., *Mananiya Behan Kumari Mayawati Ke Saakshatkaar* (Aligarh : Anand Sahitya Sadan, 2008), front flap cover.
38. Akela, *Kanshiram Ke Saakshatkaar,* p. 260.
39. Ibid., p. 263.
40. K. Bharti, *Kanshiram Ke Do Chehre* (Rampur, UP : Bodhisattva Prakashan, 1996), p. 62.
41. Kancha Ilaiah, 'A Paradigm Shift Called Kanshi Ram', http: roundtable india.co.in/index.php?option=com_content&view=article&id=4813:a paradigm-shift-called-kanshiram&catid=127:post-ambedkar leaders &Itemid=158).
42. Harish S. Wankhede, 'The Political and the Social in the Dalit Movement Today', *Economic and Political Weekly* 43, no. 6 (2008) : 53.
43. Akela, *Kanshiram Ke Saakshatkaar,* p. 13.

44. A. Kumar, ed., *Bahujan Nayak Kanshiram Ke Avismarniya Bhashan* (Delhi : Gautam Book Centre, 2007), pp. 82-83.
45. Gautam, *Bahujan Nayak,* p. 102.
46. Ibid.
47. H.L. Dusadh, *Bahujan Samaj Ka Hit Bhagedaari Siddhant Mein : Kanshiram Ke Aarthik Darshan Par Ek Addhyayan* (New Delhi : Bahujan Diversity Mission, 2007), p. 31.
48. Akela, *Kanshiram Ke Saakshatkaar,* p. 36.
49. Ibid., p. 26.
50. Bharti, *Kanshiram Ke Do Chehre,* p. 62
51. Dubey, *Kanshiram,* p. 27.
52. Akela, *Kanshiram Ke Saakshatkaar,* p. 15.
53. Bharti, *Kanshiram Ke Do Chehre,* p. 62.
54. Ajay Singh, editor, *Governance Now,* interview by Brijendra Gautam, New Delhi, 23 March 2011.
55. Akela, *Kanshiram Ke Saakshatkaar,* p. 263.
56. Bharti, *Kanshiram Ke Do Chehre,* p. 63.
57. A. Singh, 'Caste in Their Eyes', *The Telegraph,* 1995.
58. Bharti, *Kanshiram Ke Do Chehre,* p. 63.
59. Ibid., p. 64.
60. Akela, *Kanshiram Ke Saakshatkaar,* p. 25.

अध्याय-6 : आलोचकों की नजर में : अवसरवाद एक रणनीति

1. Priya Sahgal, 10 Questions : Akbar Ahmad Dumpy, *Outlook,* 18 February 2002, www.outlookindia.com/article.aspx?214613.
2. Ibid.
3. Anand Teltumbde, *Ambedkar in and for the Post-Ambedkar Dalit Movement,* originally presented as a paper in a seminar on the post-Ambedkar dalit movement, Department of Political Science, University of Pune, 27-29 March 1997 (Pune : Sugawa Prakashan).
4. K. Bharti, *Kanshiram Ke Do Chehre* (Rampur, UP : Bodhisattva Prakashan, 1996), p. 64.
5. *'Mere Sahare Bina Koi Gaddinashi Nahi Ho Sakega', Maya,* 30 September 1989, cited in A.R. Akela, *Kanshiram Ke Saakshatkaar* (Delhi : Manak Publications, 2007), p. 35.
6. Kanshiram, interview published in *Abhay Bharti,* 27 May 1987, cited in Akela, *Kanshiram Ke Saakshatkaar,* p. 17.
7. Kumari Mayawati, *Mere Sangharshmaya Jeevan Evam Bahujan Movement Ka Safarnama Part 1* (New Delhi : BSP, 2006), p. 129.
8. *'Varga Sangharsh Chidne Ke Dar Se Main Chup Nahi Rahunga', Abhay Bharti,* 27 May 1987, cited in Akela, *Kanshiram Ke Saakshatkaar,* p. 20.
9. *'BSP Inka Ke Liye Naya Khatra', Maya,* first fortnightly, 1986, cited in Akela, *Kanshiram Ke Saakshatkaar,* p. 15.
10. *'Mere' Sahare Bina Koi Gaddinashi Nahi Ho Sakega', Maya,* 30 September

1989, cited in Akela, *Kanshiram Ke Saakshatkaar,* p. 35.

11. Ibid., p. 36.
12. A.K. Dubey, *Kanshiram : Ek Alochanatmak Adhyayan* (New Delhi : Rajkamal Prakashan, 1997), p. 21. See *Outlook,* 2 April 1997, for aspersions on Kanshiram being an opportunist.
13. Ibid., p. 20. See also Bhavdeep Kang, 'Will the BJP-BSP Coalition Last beyond Mayawati's Six Months as Chief Minister?' *Outlook,* 2 April 1997.
14. Ibid., pp. 20-21. See also Kang, 'Will the BJP-BSP Coalition'.
15. A. Kumar, ed., *Bahujan Nayak Kanshiram Ke Avismarniya Bhashan* (Delhi : Gautam Book Centre, 2007), p. 71.
16. Dubey, *Kanshiram,* p. 21.
17. Ibid., p. 22.
18. Bharti, *Kanshiram Ke Do Chehre,* p. 66 and p. 69.
19. K. Nath, 'Shant Ho Gaya Dalit Aandolan', *Dalit Today,* August 2009, p. 20.
20. 'Dalit Morcha Ki Chetavani,' *Dalit Today',* May 2008, p. 25.
21. A.R. Akela, *Mananiya Kanshiram Saheb Ke Saakshatkaar* (Aligarh : Anand Sahitya Sadan, 2009), p. 327. See also *'Bhajpa Ka Kewal Seedhi Ke Roop Mein Istemaal', Aaj Ka Surekh Bharat,* Nagpur, October 2002.
22. Akela, *Kanshiram Ke Saakshatkaar,* p. 238.
23. Ibid., p. 237.
24. Ibid., p. 239. See also *'Uttar Pradesh Mein Baspa Ka Agenda Laagu Hoga : Kanshiram', Aaj Ka Surekh Bharat,* Nagpur, May 2002.

अध्याय-7 : अन्तिम समय : पार्टी और परिवार के बीच संघर्ष

1. S. Singh, *Bahujan Nayak : Kanshiram* (New Delhi : Samyak Publications, 2005), p. 29.
2. Ajoy Bose, *Behenji : A Political Biography of Mayawati* (New Delhi : Penguin, 2008), p. 94.
3. Ibid., pp. 94-95.
4. Kamlakant, *Daliton Ke Messiah Kanshiram* (Delhi : Raja Pocket Books, 2006), p. 80.
5. The details of all the reports on Kanshiram's medical condition were part of the press release prepared by Dr. Mittal. The press release was given by Kanshiram's brother Dalbara Singh to Brijendra Kumar Gautam who went on a field visit to Kanshiram's home in Ropar district, Punjab.
6. Ibid. According to this report his neurological status was (a) Right ataxic hemiparesis; (b) Speech : in monosyllables–only "yes"'. The report also included a list of questions which Kanshiram was asked at the time of his discharge. These were :

   (1) Have you eaten? Answer : yes

   (2) Have you not eaten? Answer : yes

   (3) Do you want to eat? Answer : yes

   (4) Do you want to go back home? Answer : yes

   (5) Do you want to stay in the hospital? Answer : yes

7. Kamlakant, *Daliton Ke Messiah Kanshiram,* p. 81.
8. Dalbara Singh, *Bahujan Samaj Party Ke Rashtriya Sansthapakadhyaksh Manyavar Kanshiramji Ki Bimari Va Jail Ke Teen Saal,* a leaflet written by Kanshiram's brother.
9. Ibid.
10. From the press release prepared by Dr Mittal :

    Kanshiram had been suffering from high blood pressure and diabetes for many years. He has triple vessel disease in his heart for which stenting and Coronary Artery Bypass Graft Surgery (CABG) had been done in the year 2004. He had cerebrovascular accident twice in 2004. While examining him it was found that he was conscious and cooperative. His understanding was not good. He could understand only simple oral instructions. He had emotional instability and frequently answered only the single words 'yes' and 'no' and that too without comprehension. Both his sides were paralysed, right side 1/5, more than the left side which was 3/5, along with spasticity. He needed assistance for standing and walking. There were no injury marks on his legs. The opinion of the medical board is that Sri Kanshiram does not need hospitalization at present. He should be treated at home with medicines and nursing. *(Translated from Hindi)*
11. Ibid.

    Sri Kanshiram had been a patient of high blood pressure and diabetes and had also suffered from cerebrovascular accident. A detailed medical, psychiatric and neuropsychological examination was carried out. In the examination it was found that his right side was paralysed with spasticity and the right side of his face was also affected. In the examination it was found that he displayed symptoms of frontal lobe release. The patient was also undergoing treatment for thyroid deficiency. At the time of the examination it was found that the patient was conscious but he had no sense of time, place, ete. He had very short attention span and his cooperation was sometimes less sometimes more. He had global aphasia. He had a very limited vocabulary. He did not have the ability to understand questions and give proper replies and was also unable to concentrate and express his opinion in words. The medical board is of the opinion that in view of his present condition the patient was unable to comprehend the questions which the Supreme Court had asked him and in their context, to express his independent wishes and implement them. *(Translated from Hindi)*
12. Bose, *Behenji,* p. 50.
13. Singh, *Kanshiramji Ki Bimari,* p. 14.
14. Dalbara Singh, *Mayawati Ki Niji Jail Se Manyavar Kanshiram Ko Mukt Karane Hetu Ek Jut Ho,* a pamphlet printed by Manyawar Kanshiram Bachao Sangharsh Committee (India) in Khawaspur.
15. Ibid.
16. Dalbara Singh, *Bahujan Sangharsh Party (Kanshiram) Hi Kyon?,* a pamphlet

printed by Manyawar Kanshiram Bachao Sangharsh Committee (India) in Khawaspur.

17. S.S. Gautam, *Bahujan Nayak Manyavar Kanshiram Smriti Granth* (Delhi : Gautam Book Centre, 2006), p. 127.
18. *'Garibon Ke Andaaz Mein Ladi Garibon Ki Ladai', Rashtriya Sahara,* 10 October 2006, quoted in Gautam, *Bahujan Nayak,* p. 168.
19. *'Vishal Hridaya Ke Neta', Rashtriya Sahara,* 10 October 2006, quoted in Gautam, *Bahujan Nayak,* p. 168.
20. *'Baspa Sansthapak Kanshiram Ka Antim Sanskaar', Jansatta,* 10 October 2006, quoted in Gautam, *Bahujan Nayak,* p. 99.
21. *'Sapno Ke Aage Choti Padi Umar', Rashtriya Sahara,* 10 October 2006, quoted in Gautam, *Bahujan Nayak,* p. 168.
22. *'Daliton Ki Awaaz To Kanshiram Hi Thhe', Hindustan,* Delhi, 10 October 2006, quoted in Gautam, *Bahujan Nayak,* p. 87.
23. *'Paitrik Gaon Mein Chhaya Maatam', Amar Ujala,* Roopnagar, 10 October 2006, quoted in Gautam, *Bahujan Nayak,* p. 100.

अध्याय-8 : कांशीराम का सन्देश अमर रहे : कांशीराम की राजनीति की सीमाएँ

1. Badri Narayan, *'Asmita Ke Baad Chahiye Nayi Rajneeti', Hindustan,* 25 May 2009.
2. Badri Narayan, *Women Heroes and Dalit Assertion in North India* (New Delhi : Sage Publications, 2006), pp. 133-49.
3. A. Singh, 'Mulayam Government a Failure So Far : Kanshi', *Telegraph,* Lucknow, 6 April 1995.
4. This is based on the field data collected by the Dalit Resource Centre, at the G.B. Pant Social Science Institute, Allahabad.
5. 'Jitna Chahiye Usse Adhik Mil Chuka Hai Aarakshan', *Amar Ujala,* 12 September 2013.
6. *'Failon Mein Kaid Hai Aarakshan Mein Sanshodhan', Hindustan,* 13 September 2013.
7. Sudha Pai, 'Understanding "Backwardness" for Affirmative Action : The Most Backward Castes/Classes in Uttar Pradesh', *mySOCIETY* 1-4 (2008-09) : 33-54, http://www.scribd.com/doc/62215475 / Mysociety - 2008-2009.
8. Sudha Pai and Jagpal Singh, 'Politicisation of Dalits and Most Backward Castes : Study of Social Conflict and Political Preferences in Four Villages of Meerut District', *Economic and Political Weekly* 38, no. 23 (7 June 1997).
9. *'Bhajpa Aur Congress Ke Karan Haare : Mayawati', Amar Ujala,* Lucknow, 8 March 2012, p. 16.
10. *'Rajya Sabha Nahi Jayenge Shashank Shekhar', Amar Ujala,* Lucknow, 13 March 2012, p. 10.
11. M.M. Rai, 'BSP Legislator Anand Sen Gets Life Sentence for Dalit's Murder', *Economic Times,* 18 May 2011.
12. M.M. Rai, 'BSP MLA, Shekhar Tiwari Gets Life Imprisonment in PWD

Engineer Murder Case', *Economic Times,* 7 May 2011.

13. Headlines Today Bureau, 'SC to Hear Plea for Judicial Probe into Banda Girl Rape Case', New Delhi, 17 January 2011, http://indiatoday.intoday.in/story/sc-to-hear-plea-for-judicial-probe-into-banda-girl-rape/l/126892.html.
14. A. Singh, 'Kanshiram Tears Apart Mulayam', *Telegraph,* Allahabad, 5 March 1995.
15. S.S. Gautam, *Bahujan Nayak Manyavar Kanshiram Smriti Granth* (Delhi : Gautam Book Centre, 2006), pp. 57-58.
16. Ibid.
17. Ibid., p. 126.
18. *'Rao Do Saal Aur Rahen Taaki Congress Tabah Ho Jaaye', Nayi Zameen Weekly,* 28 September to 4 October 1993, compiled in A.R. Akela, *Kanshiram Ke Saakshatkaar* (Delhi : Manak Publications, 2007), p. 96.
19. A.R. Akela, ed., *The Oppressed Indian : Mananiya Kanshiram Saheb Ke Sampadakiya Lekh* (Aligarh : Anand Sahitya Sadan, 2012), p. 125.
20. Badri Narayan, 'Message for Mayawati', *Times of India,* 1 July 2009.
21. Badri Narayan, *Fascinating Hindutva : Saffron Politics and Dalit Mobilisation* (New Delhi : Sage Publications, 2009), p. 8.
22. Ibid., p. 9.
23. Ibid., pp. 9-10.
24. *'Baspa Ne Daliton Ki Ekta Todi', Hindustan,* Lucknow, 25 May 2011, p. 2.
25. H.L. Dusadh, *Bahujan Samaj Ka Hit Bhagedaari Siddhant Mein : Kanshiram Ke Aarthik Darshan Par Ek Addhyayan* (New Delhi : Bahujan Diversity Mission, 2007), p. 33.
26. Ibid., p. 32.

सन्दर्भ सूची

Ahirvaar, M.P. *'Manyavar Kanshiram : Tathya Evam Bhrantiyaan'*. *Ambedkar in India,* October 2008.

Akela, A.R. *Kanshiram Ke Saakshatkaar.* Delhi : Manak Publications, 2007.

—, ed. *Mananiya Behan Kumari Mayawati Ke Saakshatkaar.* Aligarh : Anand Sahitya Sadan, 2008.

—. *Mananiya Kanshiram Saheb Ke Saakshatkaar.* Aligarh : Anand Sahitya Sadan, 2009.

—, ed. *The Oppressed Indian : Mananiya Kanshiram Saheb Ke Sampadakiya Lekh.* Aligarh : Anand Sahitya Sadan, 2012.

Ambedkar, B.R. *The Annihilation of Caste.* New Delhi : Arnold Publishers, 1990.

Bechain, S.S. *Hindi Ki Dalit Patrakarita Par Patrakar Ambedkar Ka Prabhav.* Delhi : Samta Prakashan, 1997.

Bharti, K. *Kanshiram Ke Do Chehre.* Rampur, UP : Bodhisattva Prakashan, 1996.

Bose, Ajoy. *Behenji : A Political Biography of Mayawati.* New Delhi : Penguin, 2008.

Choudhary, P.K., and Srikant. *Swarg Par Dhawa : Bihar Mein Dalit Aandolan 1912-2000.* New Delhi : Vani Prakashan, 2005.

Das, K.C. *Indian Dalits : Voices, Visions and Politics.* Delhi : Global Vision Publishing House, 2004.

Dinkar, D.C. *Swatantrata Sangram Mein Achhuton Ka Yogdan.* Lucknow : Bodhisattva Prakashan, 1990.

Diwakar, R.A. *'Samaj Vigyaani Manyavar Kanshiram'*. *Kameri Duniya,* March 2010.

Dubey, A.K. *Kanshiram : Ek Alochanatmak Adhyayan.* New Delhi : Rajkamal Prakashan, 1997.

Dusadh, H.L. *Bahujan Samaj Ka Hit Bhagedaari Siddhant Mein : Kanshiram Ke Aarthik Darshan Par Ek Addhyayan.* New Delhi : Bahujan Diversity Mission, 2007.

Gautam, S.S. *Bahujan Nayak Manyavar Kanshiram Smriti Granth.* Delhi : Gautam Book Centre, 2006.

Gooptu, Nandini. *Swami Acchutanand and the Adi-Hindu Movement.* Cambridge : Cambridge University Press, 2006.

Gulde, Shayar D. *Jai Bheem Jagriti Geetmala.* New Delhi : Samyak Prakashan, 2000.

Hans, B.S. *Gau Brahmin Namo-Namo : Ko Rakshati Vedah.* Patna : Ambedkar Mission Prakashan, 2003.

Ilaiah, Kancha. 'A Paradigm Shift Called Kanshi Ram'. Round Table India, 15 March 2012. http://roundtableindia.co.in/index.php?option=com_content&view=article&id=4813:a-paradigm-shift-called-kanshiram&catid=127:post-ambedkar-leaders&Itemid=158.

Jaffrelot, Christophe. *India's Silent Revolution.* New Delhi : Permanent Black, 2006.

Jaoul, Nicolas. 'Political and "Non-political" Means in the Dalit Movement'. In *Political Process in Uttar Pradesh : Identity, Economic Reforms and Governance,* edited by Sudha Pai. New Delhi : Pearson Education, 2007.

Juergensmeyer, Mark. *Religious Rebels in the Punjab: The Ad Dharm Challenge to Caste.* New Delhi : Navayana Publishing, 2009.

Kamlakant. *Daliton Ke Messiah Kanshiram.* Delhi : Raja Pocket Books, 2006.

Kanshiram. *The Chamcha Age : An Era of the Stooges.* New Delhi : Kanshiram, 24 September 1982.

—. *Chamcha Yug : An Era of the Stooges.* Reprint, Nagpur : Samta Prakashan, 1998.

—. *Chamcha Yug : An Era of the Stooges.* Translated into Hindi by Moses Michael. New Delhi : Samyak Prakashan, 2008.

Katiyar, B.S. *'Samajik Parivartan Ke Yugpurush Manyavar Kanshiram'. Ambedkar in India,* October 2008.

Keer, Dhananjay. *Dr. Ambedkar : Life and Mission.* Bombay : Popular Prakashan, 1971.

—. *Dr. Babasaheb Ambedkar : Jeevan Charit.* New Delhi : Popular Prakashan, 2006.

Kshirsagar, R.K. *Dalit Movement in India and Its Leaders.* New Delhi : M.D. Publications Pvt. Ltd, 1994.

Kshirsagar, Ramchandra. *Political Thought of Dr Baba Saheb Ambedkar.* New Delhi : Intellectual Publishing House, 1992.

Kumar, A., ed. *Bahujan Nayak Kanshiram Ke Avismarniya Bhashan.* Delhi : Gautam Book Centre, 2007.

Kumar, V. *'Aadhunik Bhartiya Rajneeti Ke Mahan Nayak'. Ambedkar in India,* March 2010.

Lieten, G.K., and R. Srivastava. *Unequal Partners : Power Relations, Devolution and Development in Uttar Pradesh.* New Delhi : Sage Publications, 1999.

Lynch, Owen M. *The Politics of Untouchability.* New York : Columbia University Press, 1969.

—. *The Politics of Untouchability.* New Delhi : National Publishing House, 1974.

Maikulal Varishtha Chintansheel Nagrik. *Gurudev Bhagwan Ravidas Ka Sankshipta Jeevan Parichay.* Lucknow : Maikulal Varishtha Chintansheel Nagrik, 2005.

Malhotra, S.L. 'Hindu Politics and Untouchability in Punjab, 1900-1935', *Social Science Research Journal* 1 (1976) : 74-88.

Murugkar, L. *Dalit Panther Movement in Maharashtra.* Bombay : Popular Prakashan, 1991.

Naimishraye, Mohandas. *Bhartiya Dalit Aandolan Ka Itihaas.* Vols. 1 and 2. New Delhi : Radhakrishna Prakashan, 2013.

Narayan, Badri. *Documenting Dissent : Contesting Fables, Contested Memories and Dalit Political Discourse.* Shimla : Indian Institute of Advanced Study, 2001.

—. *The Making of the Dalit Public in North India : Uttar Pradesh, 1950-Present.* New Delhi : Oxford University Press India, 2011.

—. *Women Heroes and Dalit Assertion in North India.* New Delhi : Sage Publications, 2006.

Narayan, Badri, and A.R. Mishra, eds. *Multiple Marginalities : An Anthology of Identified Dalit Writings.* New Delhi : Manohar, 2004.

Omvedt, Gail. 'Ambedkar and After : The Dalit Movement in India'. In *Dalit Identity and Politics,* edited by Ghanshyam Shah. New Delhi : Sage Publications, 2001.

—. *Dalits and the Democratic Revolution : Dr Ambedkar and the Dalit Movement in Colonial India.* New Delhi : Sage Publications, 1994.

Pai, Sudha. *Dalit Assertion and the Unfinished Democratic Revolution : The Bahujan Samaj Parry in Uttar Pradesh.* New Delhi : Sage Publications, 2002.

—. 'Kanshi Ram : The Man and His Legacy'. *eSocialSciences* (13 October 2006), http://www.esocialsciences.org/Articles/ShowArticle.aspx?acat=Current+Affairs&aid=639.

—. 'Understanding "Backwardness" for Affirmative Action : The Most Backward Castes/Classes in Uttar Pradesh'. *mySOCIETY* 1-4 (2008-09) : 33-54. http://www.scribd.com/doc/62215475/Mysociety-2008-2009.

Pai, Sudha, and Jagpal Singh. 'Politicisation of Dalits and Most Backward Castes : Study of Social Conflict and Political Preferences in Four Villages of Meerut District'. *Economic and Political Weekly* 38, no. 23 (7 June 1997).

Patankar, Bharat, and Gail Omvedt. *The Dalit Liberation Movement in Colonial Period.* New Delhi : Critical Quest, 2004.

Patel, R. *Mahamana Ram Swaroop Verma Ka Sankshipta Jeevan Parichay.* Basti, UP : Samta Prakashan, 2001.

Puri, Harish K. 'Scheduled Castes in Sikh Community : A Historical Perspective'. *Economic and Political Weekly* 38, no. 26 (2003) : 2693-701.

Ram, Ronki. 'Untouchability, Dalit Consciousness, and the Ad-Dharm Movement in Punjab'. *Contributions to Indian Sociology,* n.s., 38, no. 3 (2004) : 323-49.

Saroj, R.P. *KrantiveerMadari Pasi Evam Eka Aandolan.* Lucknow : Sushila Saroj,1997.

Sharma, R.V. *Rag Virag.* Allahabad : Lokbharti Prakashan, 1992.

Singh, Inderjit. 'Bahujan Samaj Party in Punjab : Organization, Support Base and Performance'. Unpublished thesis, Punjabi University, Patiala, 2011.

http://shodhganga.inflibnet.ac.in/bitstream/10603/4286/13/13_chapter%206.pdf.
Singh, R.K. *Kanshiram Aur BSP : Dalit Aandolan Ka Vaicharik Aadhar Brahmanvaad Virodh.* Allahabad : Kushwaha Book Distributors, 1994.
Singh, S. *Bahujan Nayak : Kanshiram.* New Delhi : Samyak Publications, 2005.
Sonik, S. *Yug Purush Kanshiram Ka Bahujan Sangharsh.* Delhi : Siddhartha Publication, 2007.
Teltumbde, Anand. *Ambedkar in and for the Post-Ambedkar Dalit Movement.* Originally presented as a paper in a seminar on the post-Ambedkar dalit movement, Department of Political Science, University of Pune, 27-29 March 1997. Pune : Sugawa Prakashan.
—. 'Crisis of Ambedkarites and Future Challenges'. CounterCurrents.org, 22 April 2011. www.countercurrents.org/teltumbde220411.htm.
Tilak, R. *Bharat Ki Pehli Shikshika Savitri Bai Phule.* New Delhi : Centre for Alternative Dalit Media, 2002.
Trisharan, R.B. *Bhim Ekta Geet.* Basti, UP : Samaj Sudhar Prakashan, 1994.
Verma, A.K. 'Uttar Pradesh : Politics of Social Polarisation and Its Limits'. *Journal of Indian School of Political Economy* 15, nos. 1 & 2 (2003) : 249-77.
Vidrohi, M.R. *Dalit Dastavej.* New Delhi : Samyak Prakashan, 2004.
Wankhede, Harish S. 'Dalit/RPI Politics in Maharashtra'. Dalit Perspectives blog. 28 April 2012. dalitperspectivejnu.blogspot.in/2012/04/dalitrpi-politics-in-maharashtra.html.
—. 'The Political and the Social in the Dalit Movement Today'. *Economic and Political Weekly* 43, no. 6 (2008).
Whalley, P. 'Places and Names in the United Provinces of Agra and Awadh'. *Journal of United Provinces Historical Society* 4 (1928) : 91-129.
Yaad, Y.K. *Samajik Parivartan Ke Mahanayak Manya Kanshiram Sahab.* Lucknow : Bahujan Sahitya Sanstha Ltd, 2005.
Zelliot, Eleanor. *Dr Ambedkar and the Mahar Movement.* Philadelphia : University of Pennsylvania Press, 1969.

अनुक्रमणिका